L'AUTEUR :

Diplômée de l'Ecole Supérieure de Commerce de Nantes, Véronique Chavigny-Bouquet a débuté sa carrière professionnelle en entreprise. Elle a occupé des fonctions commerciales, puis marketing pendant 6 ans. Sa première grossesse et la naissance de son bébé représentent un bouleversement de ses valeurs et font naître ce livre et sa passion pour cette période de la vie : elle reprend des formations professionnelles pour se consacrer à l'aide aux autres.

Depuis elle est sophro-analyste et art-thérapeute. Elle accompagne régulièrement en séance des couples infertiles, des femmes enceintes et des jeunes parents. Son travail s'oriente depuis plusieurs années sur le vécu du bébé et de sa mère depuis la conception et sur le lien parents-enfant.

En parallèle, elle intervient encore régulièrement en entreprise en tant que formatrice conseil en conduite de changement, organisation du temps, communication et management.

Née en 1970, elle est aujourd'hui mariée et mère de deux enfants.

ISSN : 0397-4294
ISBN : 2-7033-0627-X

Bébé mon amour

Le lien mère-enfant
de la conception au sevrage

« Psycho-soma »
Une collection dirigée par Marie-France Muller

DANS LA MÊME COLLECTION

Affirmez et vous obtiendrez, Georges Barbarin.
Bonjour l'ambiance !, Patrick Estrade.
Chaleureuse rencontre avec soi-même, Thierry Tournebise.
Chassez la déprime... et profitez de la vie, Claude-Marc Aubry.
Cherche âme sœur, Chantal Hurteau-Mignon & Christophe Jaouën.
***Coachez votre stress**, Laurent Bertrel.
Cœur ouvert, esprit clair, La Vénérable Thubten Chödron.
Colère et agressivité, Betty Doty.
Comment acquérir la maîtrise de soi, Paul-Clément Jagot.
Comment attirer l'argent, Joseph Murphy.
Comment faire face aux gens difficiles, Alain Houel.
Comment développer votre mémoire, Paul-Clément Jagot.
Comment développer votre intuition, Judee Gee.
Comment vaincre peurs et angoisses, Georges Barbarin.
Comment vous libérer du tabac, Bruno Comby.
***Développer l'estime de soi en 8 leçons**, Agnès Payen de La Garanderie.
Développer votre humour !, Bernard Raquin.
Dire non, ça s'apprend !, Dominique Froom.
***Émotions : mode d'emploi**, Gilbert Garibal.
En finir avec le trac, Gilbert Garibal.
Énergie et bien-être par le mouvement, Moshe Feldenkrais.
Guérir du passé, Thierry Bernardin.
Guérir par la pensée, Dr Joseph Murphy.
Image et amour de soi, Doreen Virtue.
Je m'affirme, Robert Juveneton.
La dynamique du bonheur, Dr Joseph Murphy.
La Force de guérison de l'Arbre de Vie, Helmut Hark.
La joie retrouvée, Dr Alexazuder Lowen.
L'amour, énergie subtile de la guérison, Dr Leonard Laskow.
La timidité vaincue, Paul Clément Jagot.
La maîtrise de votre subconscient, Marcel Rouet.
La maîtrise du lacher-prise, Herbert Wagner.
La magie de Foi, Dr Joseph Murphy.
La morale retrouvée, Michel Anselme.
La photo Kirlian, Dr Banos.
La puissance de l'autosuggestion, Paul-Clément Jagot.
La paix est en vous !, Dr Joseph Murphy.
La prière guérit, Joseph Murphy.
La Santé de notre mémoire, Éric Dekany.
La spiritualité du corps, Dr Alexander Lowen.
La Symbolique des maladies, Roland Arnold.
La technique Alexander, Pedro de Alcantara.
La timidité vaincue, Paul Clément Jagot.
La puissance du regard, Antony Luzy.
La veine d'or, Julia Cameron.
La vie commence à 50 ans !, Georges Barbarin.
La vision bouddhiste du bonheur, Sylvia Boorstein.
La visualisation créatrice, Melita Denning & Osborne Phillips.
La voix de l'énergie, Jacques Bonhomme.
****La Voie sacrée des couleurs et des sons, tome I*** Hervé Bartos.
Le couple retrouvé, Michel Anselme.
L'éducation de la parole, Paul-Clément Jagot.
L'énergie cosmique, Dr Joseph Murphy.
Les miracles de votre esprit, Dr Joseph Murphy.
Les morts sont toujours vivants, Dr Mary Sterling.
Le sentiment de culpabilité, Douglas H. Ruben.
Les mots de la vie, Jean-Yves Anstet-Dangles.
Le pouvoir de la volonté, Paul-Clément Jagot.
Les mots qui guérissent, Dr Jean-Maurice Gillard de Saint-Gilles.
Le Pouvoir libérateur de la conscience, René Sidelsky.
Le toucher relationnel, Martine Montalescot
Le visage, reflet de l'âme, Jean Spinetta.
Libérez votre créativité, Julia Cameron.
L'intelligence du corps, Debbie Shapiro.
L'impossible est possible, Dr Joseph Murphy.
L'optimisme créateur, Georges Barbarin.
Maigrir et vaincre la cellulite par la détente nerveuse, Marcel Rouet.
Messages d'amour de l'au-delà, Mitch Finey.
Méthode de training mental, Kurt Tepperwein.
Nos 5 sourires cardinaux, Béatrice Borg-Hoffmeister.
****30 outils pour (se) dire, (se) raconter et l'écrire***, Isabelle Lecomte.
Parents-enfants, Patrick Estrade.
Puissance de la méditation, Dr Joseph Murphy.
Psychothérapie par les méthodes naturelles, André Passebecq.
Rebirth, Leonard Orr & Konrad Halbig.
***Réapprenez à vous alimenter**, Sandra Moret.
Relaxation psychosomatique, Marcel Rouet.
Renaître aux bonheur, Dr Joseph Murphy.
Stress-control, Bruno Comby.
****Soyez l'acteur de votre vie***, Maléna Claisse.
Tao, Dominique Jacquemay
Transformez votre vie par la sophrologie, Thierry Loussuoarn.
Vers la confiance en vous, Gilbert Garibal.
Vers une culture de non-violence, Jean-Marie Muller & Alain Refalo
Vieillir ou grandir ? Gérald Quitaud.
Vivre en harmonie avec son corps par l'eutonie, Marianne Kjellrup.
Vivre sa vie : comprendre, décider et agir, Patrick Estrade.

****nouveautés 2005***

Véronique Chavigny-Bouquet

Bébé mon amour

Le lien mère-enfant
de la conception au sevrage

Dangles
DEPUIS 1926
EDITIONS

18, rue Lavoisier - BP 30039
45 800 ST-JEAN-DE-BRAYE
www.editions-dangles.com

À Chloé.
À Marion.
À Guillaume.

PREMIER TRIMESTRE

L'annonce.

Un, deux, trois, quatre, cinq, six. Je recompte pour la quarantième fois les jours sur mon calendrier. Je suis tellement concentrée sur les cases de mon agenda que l'on pourrait me prendre pour une élève du primaire apprenant consciencieusement à compter. Six jours. J'ai six jours de retard. Pour un organisme comme le mien, réglé comme une horloge, cela signifie qu'il y a un doute. J'épluche les dates et je compte les jours pour trouver des éléments rationnels qui pourraient m'orienter vers le plutôt oui ou plutôt non. En fait, au fond de moi, intuitivement, je sais. Dès le moment où je me suis aperçue de ces six jours, je savais. J'ai compté pour faire sérieux et avoir des choses concrètes à raconter au deuxième principal intéressé, le père. Mais rien ne peut m'ôter ce sentiment que « oui, j'attends un bébé », et une grande joie m'envahit depuis.

Je passe la journée à rire nerveusement. Malgré tout, rationnellement, le doute demeure. Les périodes dites fécondes ne le sont pas toujours et un retard peut être dû au stress ou à la fatigue. Voilà, c'est cela, la fatigue. Mon esprit s'égare, virevolte, imagine. Pour cela, l'esprit est extraordinaire, il sait se projeter dans les différentes hypothèses et éveiller les joies comme les angoisses.

Quelle chance – mais est-ce bien un hasard ? – de me rendre compte de cette probabilité juste le jour où l'homme de ma vie vient me rejoindre, nous qui nous voyons peu puisqu'il travaille à quelques 400 kilomètres de là. Nous allons pouvoir partager ce moment ensemble. J'achète un test de grossesse dans une pharmacie. La pharmacienne devient ma complice et s'amuse de me voir si souriante. Je l'imagine frustrée de ne pas connaître la suite. J'élabore mon plan d'annonce officielle dans l'hypothèse où le test affiche un résultat positif. Je me rappelle avoir vu des séquences de films où la future mère annonce à son mari la nouvelle par des moyens plus ou moins originaux. Cela me fait un plaisir fou de me projeter dans « mon film » et d'imaginer la tête de mon homme.

Et puis, petit à petit, je réalise combien est agréable cette incertitude depuis le matin. Combien je me laisse aller pleinement à la joie, sans les angoisses qu'une maternité certaine ne manquerait pas de réveiller. Combien ces deux hypothèses du oui et du non s'alternent délicieusement dans mon esprit. Le oui, pour tout ce qu'un bébé peut représenter, puis le non, avec le soulagement – un peu lâche – de pouvoir encore profiter de notre vie à deux. Je ne trouve pas juste que mon conjoint ne puisse pas se laisser aller comme moi à ces deux hypothèses et laisser vivre en lui les sentiments qu'elles éveillent. Je ne trouve pas juste qu'il ne connaisse pas ce temps suspendu de ce doute délicieux, mais sans avoir encore la confirmation d'un oui ou d'un non qui sonne le « sans appel ». Je trouve soudain indécent de lui brandir sous le nez un test de grossesse affichant avec arrogance et certitude qu'il va être Papa. Aucun retranchement possible dans le doute, aucune préparation mentale à ce qui soudain engage toute sa vie. Je n'ai plus envie de le prendre par surprise, je n'ai plus envie de faire le test en cachette, solitaire face à quelque chose d'aussi grand et qui nous concerne tous les deux. J'ai envie de partager ce moment fort.

« À quoi penses-tu ? »

Je lui fais part de notre calcul plus qu'aléatoire d'un certain jour.

Il sait tout comme moi que, le jour J, nous n'avions pas envie de compter.

Il a tout de suite compris.

« Oooh… on a vraiment fait ça ? ! », dit-il avec un grand sourire.

« Ouiiiiiii… », dis-je avec le même sourire.

Curieusement, il était prêt avant moi. Il est le premier à avoir parlé de bébé. Mon effroi m'avait alors illustré combien je ne me sentais pas encore mûre pour assumer une telle responsabilité et donner autant de ma disponibilité. Puis, l'idée avait fait son chemin. Nous en parlions régulièrement. Nous évoquions cet engagement à vie dans lequel un homme et une femme se lancent, la place qu'un bébé pourrait prendre dans notre existence, notre passage d'un couple à une famille. Nous aimions notre vie pleine d'imprévus et de coups de tête, mais nous nous sentions plus ou moins prêts à la changer pour connaître autre chose. Et puis, si le désir est là, je ne pense pas qu'il faille attendre d'être complètement prêt pour avoir un enfant (d'ailleurs, peut-on être complètement prêt ?). Avoir un enfant est une folie, une folie très sensée, que notre vie matérielle prévoit rarement : je n'ai pas le temps disponible, l'appartement est trop petit, je ne me sens pas mûre, nous habitons à quatre cents kilomètres l'un de l'autre, je vais peut-être avoir une promotion à mon travail. C'est rarement le moment. Sans faire abstraction de la situation réelle que nous vivons, je crois aussi que nous pouvons faire confiance à la vie et à nous-mêmes pour nous organiser le moment venu. Quand on sent qu'on en a profondément envie, quand on se sait adulte responsable, on peut se lancer sans trop réfléchir, avec confiance.

La difficulté est justement de ne pas trop réfléchir. Avec la contraception, nous avons maintenant le sentiment de maîtriser la maternité. Avoir un enfant, donc arrêter la contraception, devient un choix conscient et exprimé laissant, a priori, moins de place au désir inconscient ou au mystère. Certes, c'est une chance extraordinaire, car, dans la majorité des cas, l'enfant devient désiré et « prévu ». Il est alors pleinement attendu pendant la grossesse et accueilli à sa naissance. En parallèle, ce choix d'avoir un enfant devient un acte volontaire pas toujours facile à faire, puisqu'il place les futurs parents face à toutes sortes de questions et de décisions. Face à des questions matérielles d'une part, pas forcément en phase avec la venue d'un enfant, mais également face à toutes les questions psychologiques. Celles-ci sont conscientes (suis-je prête à être mère, à assumer un enfant, saurai-je l'accompagner et lui donner beaucoup de mon temps ?) ou inconscientes. Moins maîtrisables, ces dernières sont souvent liées à des croyances sur la féminité, la maternité, le rapport au corps ou à la vie, cristallisées par son vécu depuis sa propre conception ou par la généalogie et sont parfois une cause de stérilité non organique (comme en témoignent ces stérilités qui sont levées lors d'un travail thérapeutique) (1) (2). Plus la naissance est « maîtrisée » par la contraception ou la procréation médicalement assistée, et plus les cas d'infertilité psychosomatique semblent augmenter… Il est vrai aussi que, moins patient, on a recourt plus vite – et parfois trop – aux traitements.

Depuis un an, je voyais mes cycles revenir tous les mois avec, à mon sens, une rapidité déconcertante. À vingt-huit ans, je commençais à ressentir intérieurement le sablier du temps, si spécifique aux femmes. Douze cycles par an, douze fois l'occasion d'avoir un enfant, me semblaient ridiculement peu. Je commençais réellement à prendre conscience que ma période de fécondité était bien une période, avec un début et une fin, fin vers laquelle je me dirigeais doucement mais fermement. Sentiment de quelque chose de précieux, comme si je gaspillais des cycles, du temps. Les hommes ne connaissent pas cette pression provoquée par cette échéance, ce compteur intérieur. C'est comme si nous rencontrions une porte, à un âge pas précisément connu – parfois plus tôt que nous aurions pu le penser puisque certaines femmes sont ménopausées très tôt – une porte au-delà de laquelle nous continuons à vivre, mais derrière laquelle nous devons laisser une part de nous-mêmes et nous accepter dans cette nouvelle étape de notre féminité. L'homme distribue les spermatozoïdes par centaines de millions, source inépuisable. La femme produit au cours de sa période de fécondité quelques centaines d'ovules et a donc une conscience aiguë de posséder un bien précieux.

Depuis quelques mois, à chacun de mes cycles, mon désir d'enfant devenait plus fort. Bien avant son existence physique, c'est dans ce désir profond – parfois inconscient – et dans ce projet d'avoir un enfant qu'un bébé commence pleinement à exister.

> Malgré les progrès scientifiques et médicaux, la maternité garde encore bien des mystères.

Nous décidons d'un commun accord d'attendre un peu pour faire le test de grossesse. Nous nous accordons deux jours délicieux pour laisser notre esprit vagabonder et vivre pleinement les émotions que nous ressentons. Si j'étais vraiment enceinte ? Nous parlons de notre joie, de notre engagement, de trouver notre place tous les trois. Nous parlons aussi de nos peurs. Nous ne savons pas comment être parents. Nous entendons fréquemment dire qu'il s'agit du métier le plus difficile au monde et le seul pour lequel il n'existe aucun mode d'emploi. Nous parlons de l'organisation de notre vie actuelle peu accueillante pour un bout de chou. Si je n'étais pas enceinte ? Nous allons savourer notre vie désorganisée que nous aurions pu perdre, savourer ces petits moments à deux. Nous sentons surtout combien il est difficile de trouver des arguments qui pourraient atténuer l'immense déception.

Le grand jour est arrivé, nous allons faire le test. On me demande de faire pipi sur une surface d'environ deux centimètres carrés, tout en évitant soigneusement la fenêtre dans laquelle doit apparaître le résultat. Nous connaissons tous la dextérité d'une femme pour orienter son jet d'urine. J'asperge donc soigneusement la surface en question, la fenêtre et… une grande partie de mon avant bras. La notice indique que les deux traits d'un résultat positif apparaissent au bout de trois à cinq minutes. Je viens à peine de commencer à faire pipi que ces deux traits sont déjà apparus, bien nets, affirmatifs. J'ai l'impression qu'ils hurlent le résultat tellement je suis enceinte. Il aurait été difficile que le test devienne positif plus vite ! Il n'a mis que quelques secondes, comme s'il partait lui aussi de ce grand éclat de rire qui nous prend alors !

Nous sommes une famille maintenant. Nous sommes heureux.

Mais bon, j'ai fait pipi sur la fenêtre et peut-être cela a-t-il pu fausser les résultats. Mon esprit est contrariant face à mon intuition qui m'affirme depuis le début que je suis bien enceinte. Nous avons envie de le crier sur tous les toits du monde et, en même temps, de le garder encore un peu pour nous.

Sixième semaine d'aménorrhée (soit quatrième semaine depuis la fécondation).

Tu viens donc d'avoir trois semaines, petite chose au fond de moi. Trois semaines. Tu ne mesures alors que quelques millimètres et tu prends déjà une place folle. Comme est incroyable ce sentiment qui me saisit à la seconde même où je sais enfin avec certitude que tu es là. Plénitude. Sérénité. Sentiment de la femme qui s'accomplit. Bonheur de me lancer dans cette grande aventure, dans cette joie d'avoir un enfant.

Je suis fascinée par toi, petit être. Je suis heureuse, et en même temps j'ai peur. Je me sens tout « chose ». Un peu triste aussi. Tout se bouscule. Il faut que je m'habitue à toi.

Créer la vie me semble un miracle. Un miracle physique, d'abord. Ainsi, au moment même où, parmi cent à cinq cents millions de spermatozoïdes, un seul est accueilli et pénètre dans l'ovule, un petit être, unique, est créé définitivement, avec tout son capital génétique. Dès ce moment sont définis la couleur de tes yeux, de tes cheveux, ton sexe, la forme de ton visage, tout toi, petit être, que je ne découvrirai que dans neuf mois. Tu as puisé dans le patrimoine génétique de tes parents, mais également dans celui des générations précédentes. Tu portes en toi les rencontres successives qui ont mené jusqu'à toi.

Ton développement me semble un miracle. De cette rencontre entre l'ovule et un spermatozoïde débute une série de multiplications cellulaires. Ces cellules, de plus en plus nombreuses, d'abord identiques, vont ensuite se différencier, se spécialiser et même se déplacer dans ton corps minuscule pour venir former l'organe qu'elles « doivent » former, à la place où ce dernier doit se trouver. Comme l'indique Dominique Simonnet (3) « ce petit embryon, qui se développe avec innocence, pose donc de graves questions. Comment toutes ces cellules connaissent-elles leur rôle? Comment s'ordonnent-elles en organes aussi différents que le foie et le cerveau? ». Nous ne disposons que d'une infime partie de la réponse. « On l'a découvert récemment, certains (gènes), les gènes du développement, guident les cellules dans leur migration, ordonnent (aux cellules) d'arrêter de se multiplier quand l'organe est constitué. (…) Les cellules communiqueraient directement par contact de voisinage et indirectement par l'intermédiaire de messagers chimiques ». Il reste encore une grande part de mystère à cette organisation miraculeuse.

Cette semaine, tu passes de deux à quatre millimètres et déjà ton cœur a commencé à battre. Tu inities ainsi une circulation sanguine primaire de ton petit corps. Ton système nerveux et ta tête s'ébauchent (4).

Créer la vie m'apparaît un miracle spirituel également. Il me semble que déjà tu as – ou bien devrais-je dire tu es ? – une âme. Une âme qui a décidé de s'incarner dans ce petit corps-là et de vivre cette vie-là, ta vie, avec nous (5).

Il est tout à fait possible que, déjà, tu aies une forme de « conscience » de ce qui se passe autour de toi. Tu perçois, au-delà des mots et d'un système nerveux et cérébral encore très immature, la façon dont nous t'accueillons et dont nous t'attendons.

Septième semaine - Deuxième mois.

Il se passe des choses dans mon ventre. J'ai la ferme impression que quelque chose s'organise. Des douleurs, des étirements, des tensions, une lourdeur. Oui, mon corps semble s'organiser pour mieux t'accueillir. Je sens que cette petite révolution tout au-dedans de moi puise allègrement dans mes réserves. Je me sens épuisée, mais par à-coups. Au bureau, je parle et, soudain, j'ai une absence, je dois m'asseoir.

Comme si toute mon énergie se concentrait soudain vers toi et rendait impossible toute autre chose. Mon patron, au travail, l'a remarqué :

– Je te sens toute bizarre. Tu as reçu une maison sur la tête ?

– Oui, c'est à peu près cela.

Nous devons mettre en place notre cohabitation, petit être. Je vais donc te nourrir, t'abriter, te protéger pendant neuf mois. Mais déjà tu te débrouilles très bien puisque c'est toi qui, dans ta division cellulaire, as prévu le cordon ombilical. Ce cordon qui va te nourrir et qui nous relie. Ce cordon dont tu garderas la marque indélébile sur ton ventre, souvenir de ton passage dans le mien. Ce cordon qui me rend encore plus responsable de ce que je mange et de ce que je bois.

Comme elle est étrange cette impression d'avoir un petit être dans mon ventre. Nous sommes deux maintenant et en permanence. Je ne me sens jamais seule. Je me promène en ville, radieuse, car je te sais avec moi. Je me sens dans un état extraordinaire, difficile à décrire. Je vis quelque chose d'unique qui me rend profondément heureuse. Je trouve insupportable que cela ne se voit pas encore : personne dans les rues ne semble remarquer que tu es là, toi si présent pourtant. Tu m'habites physiquement et mentalement.

Ton père a très envie de me découvrir « maman » et moi de le découvrir « papa ». Je m'attendris devant cette image projetée de lui où je l'imagine très bien.

Tu as quatre semaines. À six millimètres, tes bras et tes jambes s'ébauchent. Tes reins commencent à se former, ainsi que la gaine de tes nerfs. Je suis impressionnée par la rapidité avec laquelle tu as décidé de devenir un petit d'homme tout formé, alors que tu as encore la taille d'une groseille.

J'ai peur, et en même temps j'ai très envie. Peur de ce que tu vas changer dans notre vie. Très envie de ce que tu vas changer dans notre vie. La vie est ainsi faite de contradictions. Je les assume.

Huitième semaine.

Mon ventre n'a plus toutes ces tensions, comme si le plus gros était enfin organisé en moi. Il ne reste plus que les détails. J'ai acheté un livre pour suivre au fur et à mesure les évolutions de ta croissance dans mon ventre. La liste de tous les maux dont je peux être atteinte est vertigineuse : nausées, évanouissements, constipation et problèmes urinaires, varices et hémorroïdes, douleurs dans le dos, vergetures, troubles du sommeil, fièvre et infections. Bien sûr, cette liste ne concerne pas une grossesse à risque. Mon avenir est prédit, je vais enfanter dans d'atroces souffrances... Mon esprit rebelle refuse de faire une lecture plus poussée: je m'en tiens aux simples titres de chapitre. Je m'autorise à ne pas tout lire et à sélectionner ce qui me concerne. Inutile de me faire peur pour rien si je ne suis pas concernée par ces complications. Je n'ai pas non plus de nausées, et n'en aurai pas de toute ma grossesse. Visiblement, ce n'est ni une obligation ni une fatalité. Même si effectivement, c'est fréquent à cette période d'être sujette aux nausées, à des vomissements ou à une fatigue chronique. Ce décalage entre des ressentis intenses et le fait que la grossesse ne se voit pas encore de l'extérieur peut parfois conduire, bien à tort, la femme enceinte nauséeuse à ne pas être prise au sérieux. Ce serait à ce moment-là qu'on aurait le plus besoin d'une place assise dans un bus bondé, même si notre ventre encore plat est regardé avec suspicion par ceux à qui on s'adresse! À deux reprises simplement, je me sens barbouillée et j'ai envie de vomir. Je ne comprends pas: vomir me semble un acte fort. Une grossesse, dans mon fantasme, ça ne devait être que joie. Vomir quoi? Est-ce purement physique? Ou bien est-ce lié à une part de psychisme? L'expression d'une peur inconsciente ou d'angoisses liées à cette maternité, à la responsabilité ou aux craintes de voir ma vie changer radicalement, sans touche « review » possible? Ou bien est-ce une façon inconsciente de matérialiser des émotions par rapport à ma propre enfance ? Est-ce une demande de mon corps d'avoir plus d'attention ? En effet, les fortes nausées semblent se calmer quand on s'isole et se repose dans une pièce calme et sombre. De bonnes conditions pour s'intérioriser et se concentrer sur ce qui se passe à l'intérieur de soi…

Avoir un enfant. Je fais un saut à l'élastique dans la vie, en sachant d'avance que je ne pourrai jamais remonter sur le pont. Avec toi, petit être, j'en prends pour la vie. Cela me donne le vertige. Alors j'observe les femmes enceintes et les jeunes enfants que je croise dans la rue, pour me familiariser avec cette idée. À travers ces enfants, je me projette avec toi dans des âges présentés dans le désordre, au gré des rencontres. Je me vois bien avec un bébé mais m'imagine plus difficilement avec un enfant de sept ou huit ans. Je me dis que j'ai le temps de voir venir, de me renseigner, de sentir… Pour le moment, ce qui est bien présent, ce sont ces bouffées d'amour pour toi, petit être, et le désir fort de te serrer contre moi.

En me rendant pour la première fois chez le médecin, j'ai peur. Mon ventre se tend. C'est la première vraie démarche pour toi, par rapport à toi. Alors forcément, tu deviens plus concret. J'attends les résultats de l'analyse de mon sang, cette confirmation définitive de ta présence en moi.

Instinctivement, je sais que tu es là. Je le sens. Les amis que je croise me le renvoient : « tu as bonne mine, l'air reposé, en pleine forme ». Mes formes aussi s'épanouissent. Je sens cependant que la lettre du laboratoire ôtera les derniers soupçons. Et si c'était trop beau pour être vrai ?

Tu as bientôt six semaines. En moi, tu poursuis tes travaux de gros œuvre. Tes mains s'ébauchent, ainsi que ton visage. À presque dix millimètres, tu te préoccupes déjà de tes voies respiratoires.

Neuvième semaine.

« Heureuse, joie, lumineuse, chaude, douce ». Merci à vous, mes amies, pour ce que je vous inspire. Nous avons commencé à l'annoncer autour de nous. Je choisis avec attention les personnes à qui je l'annonce. Je ne souhaite le dire qu'aux personnes capables de t'accueillir avec joie, de nous envoyer de bonnes ondes. J'ai le sentiment que le fait que toutes ces personnes bienveillantes t'attendent avec attachement te relie à la vie et, d'une certaine façon, te protège, toi qui, à un centimètre et demi, te soucies maintenant de former tes dix petits doigts minuscules. Je refuse d'entendre la liste prévisible : mais comment ferez-vous à quatre cents kilomètres l'un de l'autre ? Et tes quatre étages sans ascenseur ? Comment vas-tu le concilier avec ton travail actuel ? Tout cela, et plus encore, c'est notre problème à tous les deux, ton père et moi.

Je refuse d'attendre les trois mois fatidiques pour annoncer ta présence. Bien sûr, statistiquement, tout est possible. Mais, me forcer à ne pas trop me réjouir de ta présence au cas où…, ne m'empêcherait pas de ressentir tout le chagrin et la déception que ce serait de te perdre. Je préfère vivre toutes mes émotions à fond et ne pas me priver de vivre pleinement l'attachement que je ressens déjà pour toi. Je suis profondément heureuse de te savoir là, comme je serais profondément triste s'il t'arrivait quelque chose. C'est bien trop tard maintenant pour ne pas t'aimer.

Ce matin, ma première pensée à été pour toi, et je n'ai pu m'empêcher de te dire « bonjour, bébé ». Les résultats sont formels. Mon taux de Béta-HCG indique avec certitude ta présence. Car si toi tu travailles dur, mon corps n'est pas en reste : avec l'aide de mes hormones, véritables organisatrices et gestionnaires logistiques, mon corps va évoluer et mettre quatre mois à réellement s'adapter à cette nouvelle situation : le développement de l'utérus provoque régulièrement des tiraillements – c'est logique quand on sait que de cinquante grammes initialement, il va passer à plus d'un kilogramme en fin de grossesse – mes seins se tendent et se préparent à fournir ton lait, ma quantité de sang augmente, donnant du travail supplémentaire à mon cœur et à mes reins. Merveilleuse mécanique vivante à qui nul n'a besoin d'expliquer ce qu'elle a à faire. Je sens que j'ai besoin de sortir, de respirer de l'air frais. Je vais régulièrement marcher le soir dans Paris, boire un petit bol d'air… de pollution. Ce besoin d'air est en fait réel puisque mes poumons en consomment plus. Mon odorat semble être exacerbé. Je peux sentir quelqu'un fumer à une dizaine de mètres. Cela me vaut quelques souffrances dans le métro où parfums bon marché et odeurs de transpiration se mélangent joyeusement. Je m'entraîne à des apnées de plus en plus longues en allant au travail. Je pourrai bientôt battre le record de Jacques Mayol.

J'ai faim aussi. Très faim. Tout le temps. Cette faim impérieuse comme un ordre prend tout le corps et provoque des crampes d'estomacs douloureuses si je n'y réponds pas dans les vingt secondes. Je me soumets donc à ce corps qui exige ainsi d'être rassasié sans aucun délai. J'en profite pour manger des choses bonnes pour toi. J'ai toujours des amandes ou un fruit dans un tiroir de mon bureau. Non, je ne mange pas pour deux, mais je mange mieux. Je me renseigne dans les livres sur ce qu'il convient de manger et… je suis mes envies. J'ai une envie frénétique de « frais » : fruits, crudités, légumes. Je fais aussi confiance à mon corps pour bien me conseiller.

Dixième semaine.

Commencer le deuil de sa vie d'avant pour mieux accueillir l'enfant à venir.

Je commence à appeler la mairie pour connaître les adresses des crèches et des assistantes maternelles. Dire que je cherche à qui te confier dans dix mois, toi qui maintenant es un petit humain de moins de deux centimètres. Je défriche un terrain où je ne connais rien, où je ne sais pas m'orienter, où je me demande que choisir. Ce temps passé en longues attentes et ces allers-retours d'un bureau à l'autre réveillent mes peurs. Peur de ma vie qui va changer. Peur de cette grasse matinée que j'aime et que je ne ferai plus. Peur du cinéma où je ne pourrai plus aller sur un coup de tête. Peur de ne plus avoir assez de temps pour mes activités personnelles. Ces éléments peuvent passer pour des choses très dérisoires au regard d'un enfant à venir, mais ils constituent ma vie de femme libre et indépendante. Ils appartiennent à une période importante de ma vie et j'ai l'impression que je vais les perdre. Cela correspond à mes yeux à une page qui se tourne. Je sais et je sens qu'avoir un enfant, c'est aussi me dire que plus rien ne sera jamais comme avant. Je commence le deuil de cette période pour mieux savoir accueillir, sans regrets ni aigreur, la vie avec toi. Je ne souhaite pas qu'à ta naissance, je vive dans la nostalgie de ce que je n'ai plus au lieu de me « nourrir » de cette nouvelle situation avec toi.

Cette première grossesse est une période de transformation intérieure. En effet, puisque nous allons passer à trois, je dois identifier et reconnaître ce que j'ai le sentiment de perdre puis m'en détacher et les lâcher pour accueillir du nouveau dans ma vie. Me détacher de ces moments où je vivais seule sans contraintes, et de cette période de couple où nous sommes très disponibles l'un pour l'autre. Je sens comme j'ai apprécié ces phases de mon existence, comme je les apprécie encore, mais parallèlement, je me prépare à vivre autre chose, sans pouvoir revenir en arrière ni être perturbée par de la nostalgie. Je vais vers une autre vie, d'une autre richesse. Différente, mais sûrement pas moins bien. Pour dépasser mes peurs, je m'affranchis des représentations erronées de la mère culpabilisée, perfectionniste, qui n'aurait plus de vie propre, pour qui la maternité serait plus lourde à porter que son enfant. Je m'aperçois que j'ai beaucoup d'idées fausses sur l'enfant et découvre qu'il n'empêche pas de vivre ! Je m'appuie sur des modèles de parents qui me font envie.

Je fais également le deuil de mon indépendance puisque tu seras dépendant de moi au début de ta vie et que je serai responsable de toi. Je m'identifie moins comme la fille de ma mère car je dois devenir à mon tour mère adulte pour toi. Beaucoup de pensées se télescopent par rapport à ma mère. J'imagine que pour elle, voir sa fille enceinte c'est accepter que je la « rejoigne », que je vive la seule chose qu'elle était jusque là seule à connaître, accepter que j'affiche ma sexualité d'adulte, accepter que je sois une femme autonome et non plus une petite fille. À cette occasion, nous devenons des femmes d'égale à égale dans la construction de nos vies. Il ne s'agit pas de faire de nous des concurrentes, mais d'apprendre à nous respecter dans ces nouvelles places. Je pense que ce n'est pas facile pour une mère de voir sa fille vivre quelque chose que soi-même on ne pourra plus vivre. Pas évident d'accepter ce décalage de génération que je lui impose en la faisant passer du statut de mère à celui de grand-mère. Pas facile non plus de respecter sa propre fille devenue mère à son tour sans céder à la tentation interventionniste du « moi, je l'ai vécu donc je sais faire ». En même temps, je sens au plus profond de mon corps ce qu'elle a vécu pour moi, je sens ces neuf mois passés dans son ventre. J'ai envie de savoir comment elle a vécu cette période. Cette grossesse me renvoie à son amour pour moi, avec également les manques, les erreurs. Je me sens me rapprocher d'elle et accepter à mon tour l'idée que je ne serai pas parfaite.

Je constate que cette première grossesse déclenche des peurs ou des angoisses irrationnelles, qui viennent de mon inconscient et trouvent leur origine dans ma propre vie et enfance (7) (8). Ces attitudes peuvent devenir de réels obstacles pour construire une vraie relation avec toi, mon bébé, si je les laisse accaparer tout mon esprit. Plus je prends conscience de ce que j'ai vécu et de comment je l'ai vécu, plus je transforme mon regard sur mon passé, plus je transforme ma vision sur ma maternité future et sur la féminité et plus je peux me libérer d'émotions ou de croyances irrationnelles.

Qui dit grossesse, dit également l'issue inévitable : l'accouchement. Cet accouchement dont je ne sais pas grand chose en dehors des cris terribles d'une douleur insupportable que l'on voit à la télévision. J'évite de trop penser à ce moment que je suis sensée vivre dans pas si longtemps… J'ai quand même le sentiment qu'un accouchement peut se passer autrement que submergée par la douleur.

J'ai peur également de ne pas savoir m'occuper de toi : je ne me suis jamais occupée d'un bébé et je n'ai aucun repère par rapport à un enfant. Je ne sais pas te changer, te nourrir, te manipuler. C'est simple, je ne sais rien. Heureusement, les quelques jours à la maternité ont aussi cet objectif de me donner les informations de base. De toute façon, il est impossible de savoir si je suis capable d'être bon parent avant de le vivre pour de bon. Je me lance donc dans l'inconnu avec énergie mais également avec une certaine dose d'appréhension.

Je n'ai pas honte d'avoir peur. Bien sûr, j'avais à l'esprit l'image de la femme enceinte idéale que rien ne pouvait altérer : femme resplendissante, heureuse, sereine, jolie, sans boutons, sans cernes, détendue, souriante. Je m'aperçois que la grossesse est aussi une période riche en émotions contrastées : désir, doutes, peurs, chagrin, joie, envie.

Enceintes, nous pouvons même être littéralement submergées par des peurs, parfois très profondes : peur d'un bébé anormal, peur de ne plus être désirable, peur d'être déformée, croyance que mettre au monde un enfant « pousse » quelqu'un d'autre dans la tombe… Ces peurs sont variées et ne peuvent pas être jugées car elles dépassent les raisonnements logiques et rationnels que l'entourage tente d'exprimer en face. Quand elles deviennent de véritables obsessions involontaires, elles peuvent perturber la sérénité de la grossesse et éventuellement de l'accouchement. Ces peurs sont parfois clairement identifiées et exprimées. Mais parfois, elles restent inconscientes et se manifestent alors sous formes différentes : hyperactivité ou prise de risque pendant la grossesse, irascibilité, crises d'angoisses…

Les émotions de la femme enceinte

La grossesse est une période riche en émotions contrastées. De nombreuses femmes enceintes osent à peine avouer leurs crises de larmes sans raisons apparentes véritables. Les hormones sécrétées peuvent contribuer également à se sentir à fleur de peau. Il est important de ne pas se juger, car ces émotions parlent de soi, de son lien à la féminité, à la maternité. Quand ces émotions sont comprises et accompagnées, elles peuvent permettre de se découvrir sous un nouveau jour, de s'approprier une image de soi positive. Il n'y a pas de grossesse « idéale », chacune est unique par son vécu. À chaque femme de ressentir si ce qu'elle vit est serein ou non, si elle se sent dans le lien affectif à son enfant ou non. Commencer à dénouer les émotions irrationnelles ou envahissantes dès la grossesse permet d'être plus sereine et disponible à son enfant après l'accouchement. Il est important d'oser en parler à son gynécologue.

Le rôle du papa ou de la famille est important dans ces moments : par son soutien, son amour, sa stabilité et son aide concrète au quotidien, le conjoint peut apporter un « contenant » sécurisant aux émotions de sa compagne. Quand le conjoint se sent impuissant ou que les émotions négatives prédominent, rechercher une aide psychologique extérieure permet de replacer le couple dans sa relation amoureuse et non dans celle de soignant-soigné.

Je ne cherche pas à nier mes peurs et préfère les observer réellement. En parallèle, je te parle, mon bébé, et je t'explique que mes peurs me concernent : elles sont liées à mon histoire personnelle et familiale. Ces peurs sont déclenchées par mon état de grossesse et l'idée d'un bébé, quel qu'il soit. Elles ne sont pas déclenchées par toi en personne, en tant qu'individu. Cela me semble important que tu ne te sentes pas personnellement responsable de mes peurs et que moi, je ne t'en rende pas responsable, consciemment ou inconsciemment !

Pour me libérer de mes peurs ou de mes limites dans l'accès à la maternité, j'identifie les croyances erronées ou effrayantes auxquelles je suis reliée pour les comprendre autrement et les restructurer (par exemple, un antécédent d'accouchement difficile dans la généalogie, mais à une époque où l'encadrement médical était moindre…). J'identifie de quelles ressources, qualités ou nouvelles croyances j'ai besoin pour les dépasser. Car je suis convaincue que, quand on rencontre une difficulté, on porte aussi en soi les ressources pour les dépasser. Je peux alors axer toute mon attention sur ces qualités que je suis amenée à faire grandir en moi. Petit à petit, je me rends sereine et disponible mentalement pour mieux t'accueillir.

Le lendemain, je rencontre une petite Marion de six mois. Ses parents ont des cernes jusqu'au bas des joues et ne savent plus comment faire avec elle tellement elle déborde d'énergie. Et pourtant, cette Marion me donne follement envie de te découvrir et de te prendre dans mes bras.

Onzième semaine.

Seulement dix semaines d'aménorrhée, soit huit semaines révolues depuis la fécondation, ont été nécessaires pour te former, petit être, petite merveille. Tu as tout mis en place : tes organes, ton cerveau, ta colonne vertébrale. Ton cœur irrigue ton corps. Tes reins filtrent le liquide amniotique dans lequel tu flottes. Ce liquide, que tu vas t'entraîner à avaler et à régurgiter, se renouvelle toutes les trois heures. Ton visage a des yeux, un nez, des oreilles et une bouche. Tu es un organisme complet de trois centimètres que le monde médical peut maintenant nommer fœtus.

Je suis sidérée par ce qui se passe dans mon ventre. Toi, petit être, tu vis dans ta bulle de liquide amniotique stérile qui te protège des chocs et des bactéries, tout en te maintenant au chaud. Le placenta, élaboré en partie par toi et solidement « ancré » dans mon utérus, est une véritable usine qui se charge de gérer les échanges entre nos deux corps : il est à la fois le poumon qui t'apporte de l'oxygène, l'estomac qui te nourrit, l'intestin et le rein qui trient ce qu'il faut absorber ou rejeter. Tout cela par l'intermédiaire du cordon ombilical.

Un miracle. Je ne cesse de me dire que la création de la vie, ta vie, est un miracle.

Depuis la première minute où j'ai appris et senti ta présence, je me sens extraordinairement attachée à toi, petit être. Ce sentiment ne me quittera pas de toute ma grossesse. Bien sûr, je m'intéresse à ce qui se passe dans mon ventre. Je suis ta croissance dans des livres et sais combien tu mesures et l'organe que tu es en train de former. Quand on me demande de nos nouvelles à tous les deux, je raconte où tu en es. Je me sens très attachée à toi. Non seulement je sais ce qui ce passe dans mon corps, mais surtout je le « sens ». En effet, je me sens très en contact et « à l'écoute » de mon ventre. Je suis à l'écoute des symptômes physiques d'abord. Je prends soin de moi et je prends soin de toi. Je fais attention et je suis « les conseils » de mon corps. Il me dit ce que je dois manger et quand je dois me reposer. C'est un bon baromètre, en qui je fais une grande confiance. Mais je suis surtout à l'écoute de toutes les émotions que cette grossesse suscite en moi et des fantasmes qu'elle réveille. Ces émotions et ces fantasmes, quels qu'ils soient, je les accueille sans jamais me juger.

Je peux d'autant plus m'attacher à toi, petit être au fond de moi, que je te considère depuis le début comme une personne à part entière. Je parle de toi et je te parle comme à l'être humain que tu es déjà. J'ai conscience de la place que j'ai déjà créée pour toi dans ma vie, présente et future. Je suis intimement convaincue que l'attachement que j'éprouve pour toi – et que tu éprouves peut-être pour moi ? – te protège et te relie à la vie. Je ne pense pas qu'il s'agisse uniquement d'une intuition personnelle. Le professeur Relier, chef du service des grands prématurés à l'hôpital de Port Royal, consacre un livre entier à ce rôle protecteur du lien mère-enfant pour le fœtus et le nouveau-né (9).

Je te parle aussi, petit être. J'ai appris que mon système hormonal te concerne pendant ton existence dans mon ventre. Toutes les émotions que je ressens, tu les ressens aussi. Si j'éprouve un stress, je sécrète une hormone qui traverse le placenta et te pénètre. Par conséquent, tu subis pleinement et de l'intérieur les manifestations du stress : ton cœur bat plus vite et tu t'agites. Un clonage d'émotions en direct en quelque sorte. Une transmission de mes joies, de mes peurs, de mes colères et de mes chagrins. Alors, je te parle quand j'ai peur ou que je me sens triste, je t'en explique la cause – que tu saches au moins pourquoi tu éprouves ces émotions-là – je t'explique que ce n'est pas à cause de toi. Je sens que cela te protège de savoir que mes émotions me concernent et qu'elles ne sont pas liées à toi. Quand je ressens des émotions négatives, je prends un moment pour recentrer mon attention dans mon corps puis sur toi et notre lien. Je ressens physiquement l'amour qui nous relie. Je te conforte alors verbalement et affectivement que c'est bien cela, ce calme, cette tendresse, que je ressens pour toi, et non les émotions de tout à l'heure.

De même les rares fois où je me rends dans des endroits enfumés, j'ai besoin de te prévenir – tu es concerné puisque la cigarette perturbe ton rythme cardiaque – et de m'en excuser d'avance auprès de toi. Je te raconte ce que je fais, donc ce que nous faisons : l'avion que nous prenons, la douche du matin, le plaisir d'un repas familial…

L'attachement que je ressens me rend déjà très responsable de toi. Je ne m'autorise que quelques gorgées d'alcool de toute ma grossesse et refuse de m'abriter derrière des lieux communs pour passer outre : « il paraît qu'un verre de vin par repas, c'est bon pour la mère et le bébé ». De même, j'éviterai, dans la mesure du possible, les longs déplacements en voiture. Même si je ne doute pas de ta volonté de vivre, tu me sembles encore si fragile. Et si je ne suis pas capable de te protéger et de faire ce qui est bon pour toi lorsque tu es dans mon ventre, qu'en sera-t-il quand tu seras né ?

J'ai le sentiment de vivre quelque chose de très précieux. Imaginons que j'aie deux ou trois enfants : je ne vivrai que deux ou trois grossesses de toute ma vie. C'est peu. C'est insupportablement peu. Alors je ne veux pas perdre une miette de ce bonheur quotidien que je ressens d'être enceinte. Même au plus fort des réunions au travail, je ne cesserai jamais de poser ma main sur mon ventre et de te sentir avec moi.

Créer le lien affectif à son bébé

Il est tout à fait possible et très enrichissant de ressentir affectivement le lien qui unit la maman à son bébé bien avant la naissance. Pour établir le lien, ce contact subtil, je vous propose de suivre les étapes suivantes :

• Installez-vous confortablement dans une pièce calme. Veillez à ne pas être dérangée.

• Posez les mains sur votre ventre et fermez les yeux.

• Faites quelques respirations calmes en portant votre attention sur l'air qui entre et sort de vos poumons. À chaque expiration, détendez les différents muscles de votre corps. À chaque inspiration, accueillez l'apaisement et le calme.

• Dans cette détente, dirigez votre attention vers votre bébé, sous vos mains. Ressentez sa présence en vous. Si cela peut vous aider, vous pouvez imaginer son petit corps blotti à l'intérieur de vous, la chaleur et le velouté de sa peau. Imaginez le caresser délicatement. En même temps, ouvrez-vous progressivement à l'émotion douce que cela vous procure. Prenez votre temps, jusqu'à ressentir physiquement une émotion d'amour, de chaleur, de tendresse située d'abord dans le centre de votre poitrine, entre vos deux seins (Il est parfois nécessaire de refaire plusieurs fois ces différentes étapes pour arriver à ressentir physiquement cet élan d'amour pour son bébé, et à l'inverse, pour certaines maman le ressenti est immédiat).

• Dans des respirations calmes, vous pouvez diffuser ce ressenti de chaleur et de douceur dans tout votre corps, et notamment vers votre utérus. Sans volonté particulière, restez simplement présente dans cet amour pour votre bébé et accueillez les ressentis, les mouvements de votre bébé. Vous pouvez ressentir ce lien subtil et permanent entre votre cœur et celui de votre bébé, dans lequel circule l'amour entre vous librement et de façon permanente.

• Dans cette affectivité, vous pouvez communiquer à votre bébé de la façon qui vous convient le mieux : le toucher, lui parler tout haut ou en pensée, être tout simplement présente dans cette chaleur.

« Photographiez » mentalement un élément fort de ce moment (une image, un mot ou un ressenti) sur lequel vous pourrez vous appuyer pour retrouver ultérieurement la même intensité de contact avec bébé.

Saluez votre bébé, puis reprenez conscience de votre corps et de la pièce ou vous vous trouvez.

Dans votre quotidien, à chaque fois que vous voudrez vivre un moment privilégié avec bébé ou vous apaiser après un stress, vous pourrez vous replacer dans cette affectivité.

Reprenez un temps pour vous recentrer sur vous et votre bébé, puis rappelez à votre esprit l'image, le mot ou le ressenti « photographié » associé au lien d'amour. Après plusieurs moments privilégiés avec bébé, le ressenti physique du lien à son enfant peut être contacté en quelques dizaines de secondes.

Quand vous sentirez votre bébé bouger dans votre ventre, vous constaterez très vite qu'il participe à ces séances !

Douzième semaine.

Attendre un enfant me donne le sentiment très net de m'inscrire dans le temps. Je sens dans mes tripes que je participe au cycle de la vie. Jusque là, j'étais dans la position très confortable du dernier maillon de la chaîne : la fille de mes parents. J'étais jeune, j'étais protégée, j'étais immortelle. Le temps semblait glisser sur moi sans incidence. Combien de fois me suis-je dit : « Comment, il y a déjà un an que s'est déroulé cet événement ! » ? Avec un enfant, aucune inattention possible : nous avons le décompte, le sablier du temps en permanence sous les yeux : l'enfant a trois, six, dix mois puis un, deux, trois ans. Son âge rythme le temps et illustre qu'il passe… Quand j'étais enfant, les réflexions de tante Suzette ou Tonton Marcel sur ma croissance m'horripilaient : « Oh, comme tu as poussé ! » ou pire, indifférents à la pudeur adolescente : « Dis donc, tu commences à avoir des seins ». Aujourd'hui, j'ai les mêmes exclamations naïves – mais pas sur les seins ! – sur la croissance des enfants de mes amis. En tant qu'adulte de trente ans, je n'ai pas l'impression de vieillir, de changer au fil des années alors qu'un enfant se métamorphose en deux ou trois ans. Les voir épisodiquement représente à chaque fois un choc. Soudain ils marchent, ils parlent, ils grandissent quand mon souvenir les imaginait encore dans un berceau.

C'est eux qui m'indiquent que, moi aussi, je grandis. Des adolescents de quinze ou vingt ans m'appellent maintenant madame. Je suis donc passée « de l'autre côté », du côté des adultes, sans m'en rendre compte…

Le cycle de la vie. Maintenant, je sens que je rajoute non pas un seul maillon, toi, à la chaîne humaine mais que je rejoins deux moitiés de chaîne. En effet, alors que tu n'es pas encore né, tu existes avec tout ton avenir potentiel qui m'échappe et ne m'appartient pas. Cette chaîne se complète de toi, de tes enfants, de tes petits-enfants… Dans deux cent cinquante ans ou dans cinq cents ans, des gens existeront, peut-être, parce que je suis née et que je t'ai donné la vie. Soudain, je deviens mortelle. Je m'inscris dans une vie, dans une époque, dans un contexte social et économique. J'ai un besoin physique de connaître mes racines et commence à dresser mon arbre généalogique. Mon oncle m'envoie les résultats de ses recherches généalogiques : il remonte en 1517. Je suis sidérée de voir le nombre immense de personnes qui mènent jusqu'à moi. Et je suis sidérée du nombre immense de personnes qu'un seul couple engendre sur plusieurs générations. Miracle des rencontres de la vie.

Mon arrière-grand-père est né en 1869. À la veille de la guerre de 1870 menée par Napoléon III et la chute de l'empire. Cela me semble proche en génération et si loin en date. Il vivait en un autre temps dans tous les sens du terme. Bientôt j'apparaîtrai aussi préhistorique à mes arrière-petits-enfants. Ces réflexions réveillent ma peur de la mort. Je suis donc bien mortelle. Même si je crois à la survivance de l'âme, un jour je ne serai plus là pour accompagner mon enfant et savourer toutes les choses terrestres. Je ressens aussi combien mes parents sont mortels. Mettre au monde un enfant me donne l'illusion de les décaler d'une génération et souligne le temps qui passe.

J'ai conscience que le fait même d'être physiquement mortel est une des conditions de la vie sur terre. Le cycle de vie et la reproduction n'auraient plus de raison d'être si nous étions sur terre pour l'éternité : notre planète serait vite surpeuplée et vouée à disparaître par manque de ressources. Et sans enfants, il y a fort à parier que le monde, habité en permanence par les mêmes êtres et les mêmes niveaux d'intelligence et de conscience, stagnerait, voire même dégénérerait. Le grand cycle de la vie et l'évolution de notre monde dépendent donc de notre capacité à nous reproduire. C'est donc parce que je vais mourir un jour que j'ai l'immense bonheur de pouvoir te donner la vie, petit être. Toi, petit bout de sept ou huit centimètres, alors que tu développes les premiers sillons de tes empreintes digitales, symboles de ton identité, tu me renvoies à des questions existentielles sur moi, ma vie et ma mort. Je sens le caractère très précieux de toute vie et l'importance d'être bien dans son époque. J'ai une furieuse envie de savourer ma vie.

Treizième semaine.

Le premier rendez-vous visuel, l'échographie.

Je suis dans la salle d'attente pour notre premier rendez-vous, l'échographie. Je suis à la fois très heureuse et un peu inquiète. Malgré toutes les sensations dans mon corps, parfois je me dis: « peut-être les médecins se trompent-ils. En fait, il n'y a rien dans mon ventre. » Mon esprit est décidément très rebelle car les signes de ma grossesse sont pourtant très concrets.

Et puis soudain, première rencontre. Tu es là. L'émotion me submerge et les larmes me montent aux yeux. Tu es là. Dix centimètres de bonheur intense. Ce moment est absolument magique. Tu n'arrêtes pas de bouger. Petit bonhomme tout formé, je vois tes petites jambes, tes doigts, ton petit profil avec ton nez un peu en trompette. Je vois ton cœur battre, si vite, comme avide de vie. Il bat à cent quarante neuf pulsations par minutes. Cela me semble un effort démesuré pour un muscle si petit. Comment peut-il tenir ce rythme jusqu'à ta naissance? Comment peut-il ne pas être déjà fatigué quand tu nais ? Quelles ressources tu as déjà, petit être !

Tu as l'air de vivre ta vie dans mon ventre. Je te vois là comme un petit être autonome dans tes mouvements. Tu ne m'appartiens pas. Au plus profond de moi, je te sens vraiment autonome dans la découverte de ton corps et de ton environnement.

Tes sens s'éveillent en même temps que tout ton être. Tu t'éveilles progressivement à la sensation du toucher depuis ta septième semaine d'existence. Les récepteurs cutanés apparaissent d'abord autour de ta bouche puis s'étendent petit à petit pour recouvrir l'ensemble de ton petit corps à vingt semaines. En parallèle se développent les voies nerveuses conductrices de la sensation du toucher. Le développement de tes sens est un ensemble bien orchestré : les éléments qui composent un sens commencent à se mettre en place et te permettent donc de commencer à percevoir, même de façon incomplète. À leur tour, les perceptions stimulent, améliorent et développent le système de perception.

Dès ta dixième semaine d'existence, ton « sens » de l'équilibre, situé dans l'oreille interne, commence à se développer. Il semble en grande partie fonctionnel à six mois de grossesse. C'est lui qui te permet de te situer dans l'espace. Je ne sais pas si tu réalises que tes mouvements suivent ceux d'une montagne russe de fête foraine, mais tu sembles savoir ajuster ta position par rapport à la mienne.

Ton système olfactif commence à s'ébaucher. Même s'il n'est pas facile d'imaginer que tu peux sentir alors que tu ne respires pas, le professeur Relier précise que « l'odorat est commandé par un mécanisme chimique dont rien ne s'oppose à ce qu'il fonctionne, au moins en partie, à l'intérieur du ventre maternel » (9). C'est donc de l'intérieur que tu vas te familiariser avec mon odeur.

Dans deux semaines, tu vas commencer à découvrir le goût. Des bourgeons gustatifs vont alors apparaître et se multiplier sans cesse jusqu'à ta naissance. Ton audition va également se mettre progressivement en place. C'est donc aussi un petit être capable de sensations que nous découvrons, émerveillés, sur l'écran.

Ton père a fait huit cents kilomètre pour vivre ces quelques minutes intenses. Jamais il ne le regrettera. Il reste sans voix. Jusqu'à ce moment, tu étais encore abstrait pour lui. Mes commentaires sur ce que je ressens ou sur ce que je vis sont difficiles à intégrer tant que mon ventre ne s'arrondit pas. Et soudain, ton image sur l'écran te rend incroyablement présent. S'impose à son esprit que mon ventre encore plat abrite ce petit être aux mouvements animés. Après l'échographie, ton père regarde avec attendrissement mon ventre. La différence est subtile, mais je sens que maintenant tu existes un peu plus pour lui. Ton profil est gravé dans notre esprit. Cette image nous émeut et nous fait ressentir très profondément l'amour qui nous lie l'un à l'autre et le bonheur d'avoir un enfant ensemble.

Quatorzième semaine.

Le vécu d'une fausse-couche, au-delà des statistiques.

Des personnes très proches ont fait une fausse couche à ce stade de la grossesse. Je l'apprends alors que je suis moi-même à cinq mois de grossesse. Je ressens un sentiment douloureux. Presque trois mois. Ce petit être avait presque trois mois. Trois mois pour lui, c'était plus que nécessaire pour former tous ses organes miniatures. Bien sûr, il n'était pas viable, mais il « était ». Un lui unique qui ne sera jamais plus. Un lui unique qu'aucune grossesse ultérieure ne pourra remplacer puisqu'il était lui, avec toute son identité. Trois mois. Il se passe tellement de choses dans la tête d'une femme dès l'instant où elle sait qu'elle attend un enfant. Elle se fantasme avec lui, elle sait à quelle date elle va le tenir dans ses bras, elle imagine les bouleversements qu'il va apporter dans sa vie.

Je me sens triste. Beaucoup de gens concernés s'appuient alors sur les statistiques : une fausse couche interrompt vingt-cinq pour cent des grossesses, voire plus. Bien sûr, c'est rassurant de savoir que l'on n'est pas seul à vivre cet événement. Bien sûr, il vaut mieux que la grossesse s'interrompe d'elle-même si le petit corps en formation devient un corps en malformation. Mais est-ce suffisant pour consoler ? Car le chagrin peut être fort, même si la fausse-couche se produit très tôt dans la grossesse. Les statistiques ne le divisent pas, ne l'amoindrissent pas. On peut ressentir une difficulté à arrêter l'aventure soudainement. On peut alors avoir besoin d'une aide pour identifier et se libérer d'un sentiment d'injustice, de déception, de révolte, de chagrin, d'échec, d'abandon, de trahison ou de culpabilité. Oui, combien de femmes souffrent en silence de la culpabilité – fausse et illusoire – de n'avoir pas été mère protectrice et nourrissante ?

On a besoin d'apprendre à dire au revoir à ce petit être. À laisser partir l'idée qu'il « aurait dû être » puisqu'il n'est pas. Cela peut être dur d'avoir à dire adieu à un petit être qu'on n'a même pas eu l'occasion de connaître. C'est justement ce qui rend le deuil de ce bébé si difficile : il n'a fait que passer dans notre vie, sans laisser de traces concrètes, sans laisser un objet à chérir, un visage à garder en mémoire, une tombe à fleurir. Il ne reste rien de matériel de ce bout de chou qui a pourtant occupé tout notre esprit et nos pensées et pour lequel nous avions déjà créé une place dans notre vie. Et pourtant, il est important de faire le deuil de cet enfant. Il faut dépasser son chagrin pour arriver à accueillir un autre enfant, plus tard. L'accueillir sans qu'il soit un « remplaçant », mais bien un petit être nouveau et unique. Pendant une nouvelle grossesse, je lui parlerais alors, à ce nouvel être en devenir, de ce qui s'est passé dans mon ventre. Je pourrais expliquer mon éventuelle peur de le perdre liée à ce précédent deuil et non à lui. Je confirmerais sa présence et sa place légitimes face à sa sœur ou son frère tôt disparu. Combien d'enfants nés « après » ont l'impression que c'est l'autre qui aurait dû être là et non eux ? Or, ce sont bien ceux qui sont effectivement nés qui « doivent » être là. En aucun cas, je ne pourrais donner le même prénom à un autre enfant. Un nouveau prénom m'aiderait à respecter ce nouvel être qui naît : respecter son identité et sa différence. Chaque attente, chaque grossesse, chaque enfant est unique.

Pour moi, il serait important de pouvoir parler d'une fausse-couche avec mon conjoint. Difficile de rester soudés dans l'incompréhension et le silence. Je pense très fort à ce couple et souhaite qu'ils prennent soin d'eux-mêmes au moment du terme de cette grossesse interrompue. Ce moment replace le couple face à l'absence physique du bébé et donc à l'acceptation du départ de cet enfant. En séance de sophro-analyse, nous proposons un « dialogue symbolique » avec ce bébé, en état de relaxation. Ce dialogue donne le sentiment puissant d'une « rencontre », y compris des années après, qui permet le au revoir et un apaisement profond.

Puis petit à petit, à son rythme, je pense qu'on peut se placer dans l'acceptation pleine et entière d'avoir vécu cette expérience de vie, qui, paradoxalement, peut faire grandir. On peut se découvrir une force intérieure méconnue jusque là, une nouvelle conception de la vie ou bien se détacher de croyances familiales anciennes… On peut alors se réconcilier avec la personne que l'on est devenue suite à cet événement. Alors, on donne du sens et ce sens est une clé pour s'apaiser profondément.

Quinzième semaine.

Je ne saurais dire le nombre d'heures passées devant le miroir à scruter l'évolution de mon ventre. Très discrètement encore, celui-ci commence enfin à s'arrondir. Je me sens très fière. Cette semaine, en vacances au soleil, je porte mon petit ventre en avant, dans des robes en mailles un peu moulantes. J'ai envie que tout le monde le voit. C'est ma façon de crier au monde entier ma joie. De toute ma grossesse, je me sentirai très fière et heureuse des modifications de mon corps. Il est vrai que je n'ai jamais eu de problèmes de poids. Une puberté mal vécue pourrait ici facilement perturber mon ressenti de mes nouvelles formes et me donner l'occasion de me réconcilier avec mon corps. Je prendrai onze kilos de façon très harmonieuse, surtout au niveau de mon ventre. J'accompagne physiquement et psychologiquement mon corps dans ses changements et je construis et assume mon image de femme enceinte. L'image vis-à-vis des autres mais surtout l'image que j'ai de moi-même en tant que femme enceinte. J'apprends à accepter avec chaleur et bienveillance ces modifications. Je n'hésiterai jamais à mettre mon ventre en valeur par des vêtements saillants. J'aime la mode actuelle qui contribue à valoriser cette silhouette, si belle, de femme enceinte. Le regard des autres, plein de bienveillance, aide aussi à se regarder avec émotion, à accepter avec sérénité les évolutions de son corps. Je suis surprise et émue par le nombre de regards complices échangés avec des inconnues, femmes enceintes ou jeunes mères. C'est comme s'il existait la confrérie de celles qui « savent », qui savent ce bonheur intime de la création d'une vie en elles.

Avant de partir en vacances, j'ai dû parcourir la ville pour trouver mon premier pantalon de grossesse. Au bureau, j'étais cette semaine avec mon dernier pantalon à taille ample, braguette montée à moitié et épingle à nourrice en guise de bouton. C'est sûr, j'en suis aux dernières extrémités de mes vêtements actuels. Il faut que je m'équipe plus efficacement. Entre les magasins bon marché, mais dont les vêtements difformes taillés à la hache ne vont à aucune morphologie ou les magasins dont les vêtements impeccables à taille évolutive se payent une petite fortune, le choix reste restreint. J'opte quand même pour l'investissement d'un bon pantalon. Le bricolage ne ferait qu'à moitié sérieux au bureau. Mais là, seconde surprise : les habits sont tous, je dis bien tous, noir, gris ou blanc. Pas une seule couleur à l'horizon. Porte-t-on un enfant ou porte-t-on le deuil ? Je sais que la mode cet hiver est tristement le gris, mais peut-on assombrir à ce point un corps et un esprit qui ne sont que joie ?

DEUXIÈME TRIMESTRE

Seizième semaine d'aménorrhée, soit quatorzième semaine depuis la fécondation. Quatrième mois.

Déjà l'aube de ton quatrième mois. Le temps passe si vite. Comme tous les mois, je sors juste du laboratoire d'analyses médicales. Mais cette fois un sentiment de malaise me tenaille. Je viens de faire d'une façon très anodine une prise de sang qui est tout sauf anodine : elle doit me dire le pourcentage de risque que tu sois trisomique 21. Tout s'est enchaîné si naturellement que je n'ai jamais imaginé les tenants et aboutissements de cette prise de sang.

Il y a tant d'examens lors d'une grossesse, entre les examens des urines et du sang. Je n'ai pas sourcillé quand la gynécologue me l'a prescrite. Elle m'a expliqué que cette prise de sang ne pouvait être affirmative. Je n'aurai pas une réponse précise si oui ou non tu es trisomique. J'aurai une probabilité. Maintenant, je suis avec ce malaise persistant : dans quelques jours, j'aurai les résultats et je me retrouverai devant des chiffres de pourcentage de risque. Dans quelques jours, il me faudra réagir face à ces chiffres. Oui, mais comment ? Nous n'en avons même pas parlé avec ton père.

Une évidence s'impose à moi : un examen n'a un sens que si nous savons ce que nous allons faire des résultats. J'ai le sentiment d'avoir fait les choses à l'envers en faisant cet examen avant de lui donner un sens. La soirée se passe donc en discussions tardives avec ton père. Si tu es trisomique : est-ce que nous te gardons ? Devons-nous, souhaitons-nous et pouvons-nous interrompre la vie que nous avons déjà créée ? Puisque là est le véritable enjeu de cet examen. Soit nous décidons de te garder coûte que coûte et dans ce cas l'examen était inutile. Mais aurons-nous la force de t'élever ? Notre couple résistera-t-il à cette difficulté, aux regards différents que les gens porteront sur nous ? Cette hypothèse, cette projection de nous avec un petit toi différent nous donne le vertige. Soit nous décidons de ne pas te garder. Dans ce cas, comment vivre ensuite sans me juger en sachant que j'ai avorté et que je n'ai pas voulu t'assumer ? Ma sensibilité se réveille. Cela serait inscrit dans mon corps et mon âme. L'acceptation de cet acte demande sans doute du temps et un cheminement.

Et si les résultats indiquent une probabilité de un risque sur deux cents que tu sois trisomique, ferons-nous l'amniocentèse avec un risque sur deux cents de te perdre lors de cet examen ? Préférons-nous le risque de te voir naître trisomique ou le risque de perdre un enfant sans doute sain ? Et dans l'intervalle de temps qui sépare le dépistage des résultats définitifs (parfois quinze jours, parfois plus), continuerons-nous à investir affectivement de la même façon la grossesse, et toi bébé, s'il y a un doute sur l'issue ? Tu sentiras, sans le comprendre, le désarroi et le désinvestissement de tes parents… peut-être pour rien. Je me demande si ce genre d'examen apporte un mieux quand il oblige à des choix hasardeux et à des crises de conscience. Et en même temps, je comprends le souhait d'avoir des « garanties » sur la vie familiale future… Aujourd'hui existent aussi des centres médicaux d'échographie en trois dimensions qui, par sa précision, peut aider à prendre la décision d'une amniocentèse.

Je n'en suis pas fière, mais je n'ai toujours pas la réponse quand je reçois les résultats. À mon soulagement, le risque est très faible.

Une autre interprétation du manque de fer ou du « diabète gestationnel »

Extrait de *L'amour scientifié, Les mécanisme de l'amour*, Michel Odent, Éditions Jouvence.

L'un des rôles du placenta est de constamment manipuler la physiologie maternelle pour le bénéfice du fœtus. Le placenta « parle » à l'organisme maternel au moyen d'hormones.

À propos d'un exemple

Un exemple suffit pour démontrer que cette fonction du placenta est habituellement mal connue.

Pendant la grossesse, le placenta "demande" à la mère de diluer son sang et ainsi de le rendre plus fluide. Il en résulte une augmentation du volume sanguin qui peut atteindre 40 %. Ceci explique que lorsqu'on mesure, dans le sang d'une femme enceinte, la concentration d'une substance telle que l'hémoglobine (le pigment des globules rouges), on évalue avant tout le processus de dilution, c'est-à-dire l'activité du placenta. Il est aisément prévisible que cette concentration, qui est de l'ordre de 12 à 13 (g/l) en dehors de la grossesse, s'abaissera chez la femme enceinte en fonction du degré de dilution du sang. Une énorme étude britannique, disposant des dossiers concernant la naissance de plus de 150 000 bébés, s'était fixée pour objectif d'évaluer les taux idéaux d'hémoglobine en cours de grossesse. La principale conclusion est qu'un taux de 9.5 va de pair avec un bon pronostic (…).

Bien que de telles données aient été publiées dans des journaux d'audience internationale, partout dans le monde, des millions de femmes sont déclarées anémiques et reçoivent des prescriptions de fer, alors même que les tests spécifiques susceptibles de déceler des carences en fer et les anémies n'ont pas été demandées.

Autre exemple

Le placenta ne demande pas seulement que le sang de la mère soit plus fluide. Il peut aussi faire savoir que le bébé en développement a besoin de plus de sucre. En d'autres termes, il demande à l'organisme maternel de modifier son métabolisme des hydrates de carbone. Exceptionnellement, le conflit peut aboutir à une véritable maladie. La demande du bébé dépasse les limites de ce qui permettrait à la mère de faire face à la situation sans se déséquilibrer elle-même.

Dans l'immense majorité des cas, la réponse de l'organisme maternel à la demande du placenta ne dépasse pas le cadre des réactions physiologiques. L'organisme maternel contrôle la situation. Parce qu'il ne s'agit pas de maladie, les seules recommandations pratiques sont d'éviter les sucres purs (boissons sucrées, bonbons, etc.), de préférer les hydrates de carbone complexes (pâtes, pain, riz, etc.) et aussi d'avoir une activité physique régulière. Malheureusement, de nombreux professionnels de santé n'hésitent pas à utiliser l'expression « diabète gestationnel » à propos de ce qui n'est qu'un signe d'activité placentaire. Beaucoup de femmes enceintes ne retiennent que le mot diabète et confondent leur état avec une maladie chronique sérieuse.

❧ Dix-septième semaine.

Apprendre à se réapproprier cet événement, même dans un cadre médical.

La gynécologue a ouvert de grands yeux ronds. « Comment, vous n'êtes pas encore inscrite dans une maternité ! Mais à Paris, tout est déjà complet ! ». Une chance pour moi, je n'accoucherai pas à Paris mais là où habite ton père. Quelle drôle de ville où il faut retenir le lieu d'accouchement avant de faire un enfant. J'imagine que, dans une société civilisée, on ne laisse pas les femmes accoucher sous un pont, mais cela m'alerte. Je pars donc à la découverte des maternités et de leurs drôles de mœurs.

Visiblement, on n'accouche pas partout de la même façon. Je choisis donc mes critères de sélection. Je souhaite me sentir en confiance avec le personnel encadrant plus qu'avec le médecin obstétricien. Lui ne sera peut-être présent que peu de temps lors de mon accouchement, et encore, s'il est de garde à ce moment-là. Je préfère me baser sur les personnes que je suis sûre de trouver sur place – les sages-femmes et puéricultrices –, sur l'ambiance que je perçois dans le service et sur leur approche d'une mère et de son bébé.

Mon critère principal : ne pas être séparée de mon enfant. Je découvre que certaines maternités obligent encore le bébé à dormir dans la nurserie, loin de sa mère. C'est pour moi un non-sens total. Je crois qu'il faut être très précis quand on souhaite quelque chose : alors qu'on m'avait confirmé que mon bébé dormirait dans ma chambre, les puéricultrices m'ont annoncé le soir de sa naissance qu'elles emmenaient toujours le bébé en nurserie la première nuit. Mon bébé a été emmené vers dix heures du soir et ramené vers cinq heures du matin pour la tétée. Cela représente un intervalle de sept heures, alors qu'il tétait toutes les deux ou trois heures. Je soupçonne donc, en plus de la séparation physique, qu'on n'a pas respecté mon choix d'allaiter à la demande. Soit on a supprimé au moins une tétée, soit on lui a donné un biberon. Quel non-sens également de placer d'office un bébé né à terme et en bonne santé pendant deux ou trois heures sous une lampe chauffante, séparé de sa mère, sous prétexte de le réchauffer, alors qu'il n'a besoin que de la chaleur de sa mère pour être au chaud et se sécuriser. Certes, pour moi l'hôpital et la clinique représentent par l'encadrement médical une sécurité et une sérénité que je suis la première à souhaiter. Certes, c'est grâce à cette médicalisation que la question de la survie de la mère et de l'enfant a été quasiment évincée et que nous pouvons avoir le luxe de nous interroger sur le bien-être psychique de la mère et du bébé à l'accouchement. Mais le personnel souhaite aujourd'hui apporter le maximum de sécurité en médicalisant et rationalisant un acte qui reste malgré tout un acte d'amour, un acte naturel. On oublie un peu trop le côté humain d'un enfant et d'une mère qui se découvrent pour la première fois. Je crois qu'en dehors des actes médicaux nécessaires pour la santé de la mère et de l'enfant, le corps médical devrait rester plus discret quand tout se passe bien. Je crois aussi que cette surmédicalisation existe parce que des futures mères l'acceptent, la cautionnent voire la réclament. La réflexion est à mener des deux côtés. Les femmes ont peut-être aussi à apprendre à se réapproprier cet événement, même dans un cadre médical.

Je me renseigne donc sur les maternités: Quels sont les pratiques concernant la péridurale, l'épisiotomie et les déclenchements? En cas de post-terme, combien de jours attendent-ils sous surveillance médicale avant de provoquer la naissance? Quels sont les équipements et services à disposition en cas d'urgence? Y a-t-il en permanence un anesthésiste? Quelle est leur philosophie et encouragent-ils une naissance naturelle? Comment accompagnent-ils la phase du travail (possibilité de marcher, monitoring par intermittence...)? Combien de temps puis-je garder mon bébé sur le ventre après sa naissance, si tout va bien, bien sûr? Les premiers soins et le bain sont-ils donnés en ma présence, dans la salle d'accouchement (sauf soins d'urgence)? Puis-je disposer d'une chambre seule? Puis-je garder mon bébé avec moi jour et nuit, et le placer contre moi dans mon lit?...

On se pose rarement la question de la naissance vue du côté de l'enfant.

Je suis particulièrement sensible à l'importance que l'on accorde à la relation entre la mère et son bébé et à « l'accueil » que reçoit le nouveau-né à sa naissance. Tout est souvent organisé par rapport au confort d'intervention du médecin : la fameuse position gynécologique semble être naturelle pour le médecin, mais l'est beaucoup moins pour la jeune accouchée. Quand on lui laisse le choix de la position, il n'est pas rare que celle-ci se mette accroupie. Dans ce cas, la pesanteur aide le bébé à descendre. La lumière vive permet à l'équipe médicale de bien surveiller l'accouchement. Nous sommes souvent loin de l'environnement préconisé par le gynécologue Leboyer dès 1975 (11). Il organisait l'accouchement en fonction du bébé : lumière tamisée, voix douces pour ne pas effrayer un nouveau-né qui sort de neuf mois d'obscurité relative et de bruits amoindris. Il lui laissait le temps de la rencontre sur le ventre de sa maman et attendait l'arrêt des pulsations dans le cordon pour le couper. Il proposait des massages et un bain tiède. Il a dévoilé ainsi qu'un bébé serein à sa naissance… ne crie pas pour respirer, contrairement à la croyance établie. Détendus, les nouveau-nés qu'il accouchait se montraient rapidement attentifs à l'environnement. La nervosité et les pleurs terrifiés ne semblent donc pas une fatalité. Même si les recommandations du docteur Leboyer ne sont pas prises à la lettre, elles ont fait beaucoup pour le respect de l'enfant et la prise en compte de la rencontre de la mère avec son bébé. Car, tout est dans le sens bien plus que dans les actes ou une méthode. L'exemple du bain du nouveau-né le montre. Il constitue une transition plus douce pour un bébé stressé. Mais il est inutile pour un bébé serein sur le ventre de sa mère, car il n'a aucune justification hygiénique (les sécrétions sont rapidement réabsorbées par la peau du bébé et constituent une crème antibactérienne et anti-déshydratation formidable !). Si le personnel et la mère sont centrés sur l'accueil du bébé, ils trouveront les bons gestes.

À la clinique, je n'ai pas la réponse à toutes mes questions. C'est aussi le bon contact avec le personnel soignant qui me décide. Mais, poser ces questions me permet de définir ce que moi, je souhaite. Rester bien en contact avec mes priorités m'évitera de me faire imposer trop de choses le jour J.

Le choix de la maternité

Il est important que la future mère ait confiance dans le lieu où elle décide d'accoucher. Cette confiance va venir nourrir un sentiment de sécurité intérieure. Le choix de la maternité peut donc aussi reposer sur un ressenti intime. Une femme enceinte peut, par exemple, être dans le souhait d'un accouchement physiologique peu médicalisé et se sentir néanmoins attirée par une structure médicale plus complète (service de néonatalogie, service d'anesthésie disponible 24 heures sur 24). Il est alors utile d'écouter son ressenti dans le lieu qui génère le plus de sérénité.

C'est ainsi que certaines femmes trouveront cette sécurité dans une structure médicalisée, d'autres dans une maison de la naissance ou encore accompagnée par une sage-femme à domicile. Il n'y a aucune règle, seulement un choix, une conviction intime qui doivent être entendus.

Une femme qui a confiance dans le lieu choisi et se sent en sécurité intérieure va pouvoir, le jour J, porter moins attention à l'environnement ou aux personnes présentes. Elle se donne ainsi toutes les chances de s'intérioriser pleinement, d'être présente à son bébé et de vivre intensément son accouchement.

Dix-huitième semaine.

Je suis impressionnée par les évolutions que tu connais lors de ton quatrième mois. Tu as à peine mis en place tes organes que tu t'entraînes déjà à faire fonctionner tout ce petit monde. Tes os et tes cartilages se mettent en place. Tu découvres et commences à développer tes muscles : tu tapes des pieds, tu te retournes dans l'utérus quand la position que je prends ne te convient pas, tu fermes les mains et remues la tête. Tu t'entraînes également à des fonctions vitales qu'il te faudra maîtriser dès ta naissance : la respiration et la déglutition. Pour parfaire ton aspect de petit d'homme, tes cheveux, cils et sourcils commencent à pousser. Tu mesures environ dix-neuf centimètres et pèses deux cents cinquante grammes.

Tes sens continuent de se développer. Tes organes du toucher, du goût et de l'équilibre perçoivent les stimuli et les transmettent au cerveau. Ton cerveau ainsi stimulé par tes premières perceptions sensorielles se développe et te permet à son tour de mieux percevoir. Tes fonctions sensorielles et la structure de base de ton cerveau se développent en un ensemble harmonieux, où chacun agit sur le développement de l'autre. Comme souvent, l'harmonie vient de la juste mesure : un manque comme un excès de stimulation pourrait déséquilibrer l'ensemble. Cela ne va pas dans le sens des expériences que l'on pourrait être tenté d'essayer : faire écouter volontairement cinq fois par jour à un bébé in utero de la musique à plein volume pour le transformer en mélomane ne semble donc pas une bonne idée. Il existe des périodes sensibles pendant lesquelles, si l'on stimule trop un sens particulier – l'audition par exemple –, cela risque de se faire au détriment d'un autre sens (9). Je crois que la nature est bien faite et respecte une grande harmonie. À mon sens, toute tentation de manipuler et d'agir sur son petit d'homme comme sur un cobaye contient un risque non maîtrisé.

Tu me sembles loin d'un petit être que l'on peut programmer ou orienter. Depuis l'échographie, j'ai l'image de ta silhouette dans ma tête, de toi t'amusant en apesanteur dans mon ventre. Tu me sembles au contraire de plus en plus avoir ta vie propre, et non une vie calquée sur la mienne.

Dix-neuvième semaine.

Je vis avec toi en permanence dans mon esprit. Ma première pensée du matin est pour toi. Je m'endors en pensant à toi. Je sens l'émotion me submerger. Je craque devant les petits vêtements offerts : tu vas donc vraiment rentrer dans ces vêtements minuscules ? Je craque devant la main de gens proches posée sur mon ventre, posée vers toi. Tout le monde t'attend avec nous. J'imagine les siestes avec toi, j'imagine les moments d'intimité, les moments où je t'allaiterai. J'imagine serrer ton petit corps contre le mien.

Hier, la gynécologue m'a fait entendre les battements de ton cœur. Ils résonnent encore dans ma tête. Exactement le son d'un cheval au galop sur une plage. C'était si vrai, si incroyable. Je te voyais galopant vers la vie, galopant vers l'envie.

Même si mon ventre commence sérieusement à s'arrondir, je ne te sens toujours pas bouger. Entendre ton cœur si plein de vie, battant à une vitesse folle, m'a rapproché de toi. Je me sens heureuse et pleine d'énergie.

❧ Vingtième semaine d'aménorrhée, dix-huitième semaine depuis la fécondation. Cinquième mois.

Au début de ma grossesse, j'étais inquiète de ne rien connaître aux bébés, de n'avoir absolument aucun repère par rapport à un enfant. Maintenant, j'aborde mon cinquième mois de grossesse avec de plus en plus de sérénité. Je me fais confiance ainsi qu'à mon bon sens pour savoir intuitivement les gestes, les mots. Me sentir aussi attachée à toi, aussi proche de toi, en contact permanent avec mon corps renforce cette confiance en mes capacités à devenir mère.

❧ Vingt et unième semaine.

La reconnaissance parentale anticipée, une possibilité pour les couples non mariés.

Cette semaine est une grande semaine. Nous allons te donner une existence aux yeux de la société : ton père et moi allons à la mairie effectuer une reconnaissance parentale anticipée. Nous avons découvert que l'administration avait fort peu de considération pour les parents non mariés que nous sommes. Mais nous, nous cumulons : nous avons l'audace de nous aimer à distance. Quatre cents kilomètres dépassent largement le seuil de tolérance de la mairie. Nous ne pouvons obtenir de certificat de concubinage, puisqu'il faut alors justifier d'une adresse commune. Un enfant, aux yeux d'une mairie n'est en aucun cas une preuve de vie commune. Comment leur expliquer que nous ne voulons pas un certificat de concubinage, mais un certificat d'amour ! Quand nous constatons notre difficulté face à l'administration pour faire reconnaître nos droits, alors que nous sommes vivants et pleins d'énergie, prêts à nous déplacer dix fois, qu'en serait-il de toi, s'il nous arrivait quelque chose alors que tu n'es qu'un petit bébé ? Cette déclaration nous semble être une protection pour toi. Si je meurs au moment de l'accouchement, ton père n'aura pas à se battre pour prouver qu'il est ton père. De même, s'il ne peut être présent au moment de ta naissance et de la déclaration à la mairie, ce document sera précieux pour établir la filiation plus rapidement.

Je découvre qu'un enfant naturel – puisque telle est la désignation peu délicate d'un enfant né hors mariage – porte le nom de celui de ses parents qui le déclare le premier. Mieux vaut une bonne entente au sein du couple… L'autorité parentale est définie dans le document de la mairie comme les droits et devoirs de garde, de surveillance et d'éducation vis-à-vis de toi. Elle concerne également ta protection et ta santé. Si l'autorité parentale conjointe – du père et de la mère – n'est pas demandée explicitement, cette autorité est exercée par la mère, même si l'enfant porte le nom de son père. Cela signifierait que ton père ne pourrait t'inscrire à l'école, te faire opérer ou t'emmener hors de France sans mon accord. Intéressant d'être bien renseigné. Une difficulté supplémentaire pour nous : l'autorité parentale ne peut être délivrée que si nous habitons sous le même toit et justifions de cette adresse commune à moins de défendre notre cas devant le juge aux affaires familiales. Une chose est sûre, c'est que nous n'entrons dans aucune case des formulaires. Nous finissons par trouver une solution et obtenir ce précieux papier.

Cette reconnaissance est bien sûr importante sur un plan administratif, mais elle l'est aussi sur un plan psychologique. En créant des droits vis-à-vis de toi, enfant reconnu, elle crée aussi des devoirs. Nous t'avons voulu, petit être. Nous affirmons l'un à l'autre par cette démarche que nous désirons t'assumer à part égale, tout au long de notre vie. Renouvelant ainsi explicitement notre engagement. Aux yeux de la société, tu n'es toujours pas un enfant « légitime », mais un enfant naturel reconnu. C'est déjà cela. Légitime, tu l'es dans notre cœur.

❧ Vingt-deuxième semaine.

Nous sommes, ton père et moi, tout excités à l'idée de notre deuxième rencontre sur petit écran. Cette échographie est très importante sur un plan médical, puisqu'elle va permettre d'inspecter tous tes organes et de déceler toute anomalie. Curieusement, je la trouve moins émouvante que la première. Peut-être aussi parce que mon œil, peu exercé à lire une échographie, reconstitue l'image aussi bien qu'un tableau de Picasso. Je crois voir ton épaule quand le médecin commente ta jambe… Cette vision pleine de concentration laisse moins de place à l'émotion. Et puis maintenant, tu mesures presque vingt-cinq centimètres, tu ne rentres plus tout entier dans l'écran. Nous te voyons donc en kit. Le médecin te trouve dodu. Allons donc, dodu mon bébé, quelle idée. Je te félicite plutôt d'être déjà un bon vivant. Je n'apprendrai que plus tard que ce médecin trouve tous les bébés dodus. L'inverse serait donc inquiétant de sa part. Je suis impressionnée de voir tout ce qu'il peut vérifier sur ton petit corps. Il « entre » dans ton cerveau ou ton cœur. C'est presque une violation de domicile. Ta colonne vertébrale semble être le jeu des osselets. Le médecin arrive même à mesurer le flux sanguin passant dans mes artères pour te nourrir et suspecter ou non le risque d'hypertension en fin de grossesse. J'emporte deux images fortes de cette échographie : ton petit profil, si craquant, et tes petits pieds, encore plus craquants.

> Lors de la deuxième échographie, la question ne me semble pas être notre envie de savoir ou non ton sexe, mais de savoir quelle décision nous permettra de mieux t'accueillir.

Avant l'échographie, nous avons décidé avec ton père de ne pas demander ton sexe. Nous souhaitons attendre ta naissance pour tout découvrir de toi. Je ne cherche pas à généraliser l'intérêt ou non de connaître le sexe avant la naissance. Car la question ne me semble justement pas être notre envie de savoir ou non ton sexe, mais de savoir quelle décision nous permettra de mieux t'accueillir. Et la réponse ne peut qu'être personnelle et individuelle. Parfois, c'est donc en le demandant dès l'échographie qu'un couple se sent plus à même de t'accueillir pleinement.

Mais en connaissant si tôt ton sexe, je peux être tentée de faire des projections précises sur toi, qui ensuite me rendraient moins disponible pour te découvrir tel que tu es et non tel que je t'aurais voulu et imaginé. J'ai l'impression que si je sais avant la naissance que j'attends un garçon par exemple, je vais acheter des vêtements ou des affaires en me projetant mentalement avec ce petit garçon. Le risque est que je crée un environnement précis, dans lequel, à sa naissance, il faudra qu'il se glisse. J'ai le sentiment qu'il arrivera droit dans un moule auquel il faut qu'il s'adapte.

J'ai rendu visite à une amie qui avait une petite fille de quelques mois. Dans la chambre de ce minuscule petit bébé, elle avait placé, avant la naissance, un petit bureau d'écolier. Tout était en place, même les crayons. Ce bébé tout neuf dormait dans la chambre d'une petite écolière modèle bien sage de sept ou huit ans. Je percevais là bien plus les projections de la maman sur sa petite fille que l'accueil de ce qu'elle pouvait être réellement. Moi, j'aime plutôt l'idée que tout va s'organiser autour de toi, en fonction de toi. C'est ton arrivée qui est le départ de quelque chose. C'est toi qui nous orientes dans le choix de ton environnement et de tes vêtements.

Une préférence de sexe me propose de comprendre quelque chose afin d'investir affectivement mon bébé. Elle me propose surtout d'aller vers un accueil inconditionnel.

Je serais encore plus prudente pour demander ton sexe, si je souhaitais justement un sexe plus que l'autre. Si je voulais à tout prix une petite fille par exemple et que l'échographie m'annonçait la petite fille de mes rêves, bien sûr, je serais aux anges. Mais je pourrais alors me demander si j'accueille la petite fille de mes rêves ou la petite fille réelle. Et si c'est un petit garçon, est-ce que cela signifie que j'ai quatre mois pour « m'habituer à l'idée » ? Dans ce cas, avant de demander ton sexe, à moi de mesurer ma capacité à accueillir l'annonce de « l'autre sexe ». Car, je crois qu'il est parfois difficile d'accepter un enfant du sexe opposé à celui désiré tant que cet enfant reste encore abstrait. Le risque, c'est que je passe le reste de ma grossesse dans la déception, le déni, le chagrin, dans « l'acceptation forcée ». Si c'était le cas, je n'hésiterais pas à me faire aider d'un professionnel pour comprendre cette préférence de sexe et la dépasser, afin d'accueillir le bébé concret et mieux vivre le reste de ma grossesse. Ou alors, j'attendrais la naissance : je crois que, dans le cas de cet exemple, je parviendrais mieux à accepter le petit garçon si je découvre justement le jour de la naissance qu'il est un garçon. Avant d'être un petit garçon, il serait alors un enfant bien réel et en chair, petit être blotti contre moi, avec son odeur, sa frimousse, son petit corps que je peux découvrir et accueillir. L'attachement à mon enfant effacerait alors vite toute éventuelle « déception ». Dans ce cas, j'expliquerais à mon bébé que je pensais qu'il était de l'autre sexe, sûrement pour des raisons personnelles liées, là encore, à mon histoire, mais que je suis contente que ce soit lui qui soit né.

L'annonce du sexe, qu'elle se situe au moment de l'échographie ou de la naissance, peut ne pas être anodine. Tant que je suis dans une préférence de sexe, qui soit connue ou qui se révèle à la découverte du sexe, c'est que je suis encore dans des projections personnelles qui encombrent le lien à mon bébé. Cette préférence me propose de comprendre quelque chose afin d'investir affectivement mon bébé. Elle me propose surtout d'aller vers un accueil inconditionnel. J'accueille un être avec une âme et une personnalité bien plus qu'un corps sexué. En séance de sophro-analyse, les parents découvrent toujours qu'une préférence de sexe cache en réalité une intention d'amour inconsciente. On peut préférer un garçon par exemple quand les femmes de la généalogie ont eu des vies difficiles que l'on souhaite inconsciemment épargner à son enfant ou pour ne pas reproduire une relation mère-fille difficile. On peut préférer une fille quand au contraire les hommes de la généalogie ont été décimés à la guerre. Ou encore cet homme qui souhaitait une fille car l'entreprise familiale se transmettant de père en fils, il avait sacrifié le métier de ses rêves à cette entreprise. Un fardeau qu'il ne voulait pas transmettre à un fils.

Certaines femmes culpabilisent de ne pouvoir « donner » un fils à leur mari ou leurs parents, par exemple, car le fils est alors porteur de projections valorisantes. C'est oublier une chose importante : le sexe de l'enfant est déterminé lors de la conception, au moment même de cette première cellule initiale qui porte tous les gènes en elle. Il est déterminé, même si le sexe ne sera formé, donc apparent, que quelques semaines plus tard. L'échographie est donc le moment où on découvre le sexe de l'enfant, pas où il se détermine. Le sexe de l'enfant ne dépend absolument pas de la volonté consciente de la femme. Il est issu d'un choix puissant de deux cellules parentales, un ovule et un spermatozoïde, qui sont allées l'une vers l'autre. Elles se sont acceptées mutuellement et ont fusionné, ceci dans le réceptacle du corps de la mère, au niveau des trompes. Que dire alors de l'acceptation inconsciente des deux parents pour le sexe de l'enfant ainsi créé ? Qu'ont à comprendre des parents qui refusent apparemment un sexe alors que leur corps l'a créé ?

On s'aperçoit alors que l'inconscient nous relie à des croyances erronées ou anciennes, d'un autre temps et d'un autre contexte. Libérés de ces croyances, les parents retrouvent toujours la capacité d'accueillir et de désirer leur enfant, quel que soit son sexe.

Il me semble que la grossesse est un moment mystérieux. Ce bébé, si présent dans mon corps, est source de rêveries et d'émotions. Pendant ma grossesse, j'adore laisser vivre ces images. Je m'imagine parfois avec une petite fille, parfois avec un petit garçon. Je ressens des envies et des interrogations vis-à-vis des deux sexes. Peut-être ces images d'un enfant sexué sont-elles à vivre aussi au niveau symbolique. C'est une façon de me familiariser avec les deux énergies, masculine et féminine. Peut-être est-ce aussi une façon de te faire ressentir, de te nourrir de ces deux facettes. Une fille n'est pas que douceur, et un garçon n'est pas que volonté. Nous sommes tous un équilibre de ces deux énergies. Mes ressentis face à ce côté féminin ou masculin sont fonction de mon humeur, de ma sensibilité du moment. C'est délicieux de rêver autant sur un enfant.

De toute ma grossesse, je ne serai jamais frustrée de ne pas savoir ton sexe. J'aime l'idée de cette surprise supplémentaire que tu nous fais à ta naissance. Et puis, c'est aussi notre façon de te dire que nous t'accueillons tel que tu es, fille ou garçon. D'ailleurs, au moment où le médecin t'a posé sur mon ventre, c'était toujours très loin d'être ma préoccupation première. Je découvrais mon bébé avec des yeux émerveillés. Je crois que je serais restée longtemps à te serrer contre moi sans savoir ton sexe, mon bébé, si le médecin ne s'était précipité pour demander à ton père de regarder. J'ai découvert alors que je n'étais finalement pas si indifférente que je le pensais au sexe de mon enfant. Pourtant, de toute ma grossesse, j'étais convaincue que cela m'était égal, puisque tu étais notre premier bébé. J'ai pris le temps de t'accueillir longtemps sur mon ventre, prendre le temps de faire connaissance avec toi après l'intensité émotionnelle de l'accouchement. Les médecins pensent à tort qu'il s'agit là de la préoccupation principale des parents. Or, quand on ne les devance pas, ces derniers attendent parfois vingt ou trente minutes avant de simplement penser à demander le sexe de leur bébé.

Vingt-troisième semaine.

À plus de la moitié de ta vie intra-utérine, tu es maintenant bien éveillé, petit être. Tu bouges beaucoup et joues même au « culbuto » dans mon ventre. Je sais que tu t'amuses avec ton cordon ombilical qui se présente comme les fils torsadés des combinés de téléphone. Je te demande de faire attention à ne pas l'entourer autour de ton cou bien que ce risque soit faible puisque le cordon se rigidifie sous la forte pression du flux sanguin. Tu manges et absorbes maintenant presque un demi-litre de liquide amniotique par jour et tu fais pipi… dans ce même liquide.

Tu te recouvres entièrement d'un fin duvet appelé le lanugo. Tu as des mouvements respiratoires fréquents mais encore irréguliers. Ta circulation sanguine est maintenant complète. Tu mesures environ vingt-cinq centimètres pour deux cent cinquante à cinq cents grammes. Comme toi, je prends du poids : dans les livres, on l'estime à deux cent cinquante ou trois cents grammes par semaines. La vie est rarement comme dans les livres. Ma prise de poids n'est que relativement régulière. Parfois, je ne grossis pas pendant quinze jours, puis je prends deux kilos sur la quinzaine suivante. Pour me simplifier la vie et me libérer l'esprit, je n'ai pas de balance à la maison. Hors de question de me peser deux fois par jour et de m'inquiéter pour deux cents grammes de trop. Je juge très suffisant de n'être informée de mon poids que tous les mois par ma gynécologue. Je mange comme cela me convient et évalue ma silhouette à l'œil. Par prudence, j'utilise une crème contre les vergetures. Je suis plutôt fine de corps, alors ma peau se tend sur mon ventre. Je suis impressionnée par l'élasticité qu'elle semble avoir, mais me demande si elle ne va pas déclarer forfait avant la fin de la grossesse. En fait, je n'aurai pas de vergetures de toute ma grossesse.

Ma peau semble changer de nature : à mon grand plaisir, elle devient moins grasse. Ce plaisir est atténué par le fait que je fais partie de ces femmes concernées par le masque de grossesse : des taches brunes apparaissent sur mon visage me donnant l'aspect, très sympathique par ailleurs, d'une vache normande. J'achète donc un écran solaire total. Cela tombe bien : je ne suis plus une obsédée du bronzage. Je prends du recul par rapport au regard que peuvent poser les gens sur moi. Cela m'aide sûrement à mieux accepter les modifications de mon corps. Je repense avec émotion à un article sur les couples lu dans un magazine. Un homme de cinquante ans disait aimer le corps de sa femme de quarante-cinq ans. Il avouait être ému car ce corps était comme le livre de leur histoire : les marques du corps de sa femme étaient celles de leur vie commune. Il y « lisait » les enfants qu'ils avaient eus, le temps passé ensemble. Loin d'en être dégoûté, il en était très ému et d'autant plus amoureux. Il s'agit à mes yeux d'une très belle déclaration d'amour.

La prise de poids pendant la grossesse

La prise de poids physiologique moyenne pendant la grossesse se situe entre 9 et 15 kg, modulables en fonction de la morphologie.

En effet, si le bébé né à terme pèse en moyenne 3 400 grammes, d'autres éléments contribuent à la prise de poids indissociable d'une grossesse :

L'utérus pèsera plus d'un kilo à terme, le placenta 600 g, le liquide amniotique pèsera environ 1 kg. Le volume sanguin augmente jusqu'à 40 % de son volume initial et la rétention d'eau représente 1,5 kg. Enfin, le volume des seins peut contribuer à une prise de poids d'au moins 400 g.

La majeure partie de cette prise de poids se perdra donc aisément après l'accouchement.

À ceci s'ajoute quelques 2 à 3 kg dc réserves graisseuses destinées à fondre rapidement en cas d'allaitement.

❧ Vingt-quatrième semaine d'aménorrhée, soit vingt-deuxième semaine depuis la fécondation. Sixième mois.

Depuis le début de ma grossesse, je te parle.

Cette semaine, je commence à avoir des contractions. Mon ventre durcit comme de la pierre souvent pendant quelques secondes, mais parfois pendant trente interminables secondes. J'ai l'impression que cette pression est trop forte pour ton petit corps encore si fragile. J'ai l'impression que cette pression va te pousser hors de moi. Je cherche des réponses médicales à mes questions angoissantes mais personne n'est disponible en cette semaine coincée entre Noël et le Jour de l'An. Mes angoisses grandissent et je commence à imaginer le pire. J'ai une peur grandissante et totalement irraisonnée de te perdre. Cette peur si réelle devient telle que j'ai l'impression qu'un gynécologue ne pourrait plus me rassurer. C'est presque sûr, je vais te perdre. Ce sentiment me plonge dans un gouffre de panique. Mon stress, bien évidemment, fait redoubler les contractions qui, à leur tour, nourrissent mon stress. Spirale sans fin. Une nuit, devant le nombre élevé de contractions, je n'y tiens plus, je me lève et m'isole. Une main posée sur mon ventre, je te parle :

« Petit bébé, tu dois sentir que j'ai peur de te perdre. Je voudrais te dire que cette peur me concerne et fait partie de mon histoire. Elle ne te concerne pas. Au fond de moi, je sais que tu n'es pas en danger et que c'est moi qui m'imagine le pire. Alors, je te demande de ne pas répondre à ma peur, de ne pas te sentir concerné et de continuer tranquillement ta petite route dans mon ventre. Tu vois, tu as cinq mois maintenant. Cela signifie qu'il te reste encore environ quatre mois à passer dans mon corps pour bien grandir et développer tes petits organes avant de venir dans notre monde. Tu as le temps encore. Profites bien de ce temps, c'est un moment unique. »

Soudain, un sentiment très fort s'impose à moi. Tu n'es effectivement pas en danger, j'en ai la certitude. J'ai le sentiment très fort que c'est toi qui me rassures de l'intérieur.

Tu me dis que tout se passe bien pour toi. Je ne l'entends pas bien sûr, mais je le ressens avec force. Cette certitude ne me quittera plus. Rassurée, je m'endors comme un bébé.

Dès le lendemain, les contractions diminuent. Sur les conseils du médecin, je m'oblige quand même à une semaine d'efforts minimum. Je continuerai à avoir des contractions jusqu'à ta naissance mais en nombre beaucoup plus limité. Il semble tout à fait normal que l'utérus s'entraîne à un effort qu'il n'a encore jamais fourni. De plus, les contractions de ton enveloppe protectrice, sans t'écraser, t'enlacent, te soutiennent, te massent, te « guident ». Je ne les sens plus du tout comme un danger pour toi, tant qu'elles restent ainsi, moins nombreuses et moins fortes. Après ta naissance, un ostéopathe retrouvera cet épisode et enlèvera les tensions musculaires associées.

Ce sentiment que c'est toi qui me « parle » par l'intermédiaire d'un ressenti peut sembler fantaisiste. Pourtant, je me demande sérieusement dans quelle mesure une mère qui se place dans une attitude réceptive ne peut pas ainsi capter des choses de la part de son bébé. Aurais-tu la possibilité de nous faire connaître tes besoins ou tes craintes par un ressenti, une pensée ou une intuition (que j'ai à dissocier de mes désirs ou projections !) ? À huit mois de grossesse, lors d'un atelier de chant, j'ai soudain envie de me placer à côté de ton père. Il est à l'autre bout de la salle et, trouvant un peu niais de me déplacer devant tout le monde, je reste d'abord à ma place. Cela devient une idée fixe qui m'empêche de me concentrer sur le chant. Je finis donc par rejoindre ton père. À la seconde où il commence à chanter, tu changes de côté dans mon ventre pour te placer vers lui, vers sa voix. De qui venait cette envie ? Je n'ai pas la réponse. D'autres témoignages de femmes enceintes sont suffisamment troublants pour que j'accepte de laisser délicieusement planer cette hypothèse.

Depuis le début de ma grossesse, je te parle. Je me sens tellement en contact avec toi. Je sais que d'une certaine façon, tu comprends. Bien sûr, cela peut paraître totalement dépourvu de sens pour beaucoup de monde. Mais rien ne m'ôte l'idée que la communication est beaucoup plus complexe que de simples mots entendus et traduits par notre cerveau. Je pense que toi, mon bébé, tu me comprends au-delà des mots, par je ne sais quel mystère. Je suis convaincue également que, quand les émotions sont nommées, le corps et l'esprit deviennent un ensemble cohérent et trouvent une forme de sérénité, que tu peux percevoir. Par exemple, quand je sens de la peur de devenir mère, tu ressens aussi cette peur, petit bébé, par l'intermédiaire de mon système hormonal. Alors, je te dis :

« Petit bébé, tu sens que j'ai peur, n'est-ce pas ? J'ai peur de devenir mère, peur de ce qu'un bébé va changer dans ma vie. Mais je tiens à te dire que cette peur me concerne. Même si j'ai des craintes, je t'aime déjà et j'ai très envie de te connaître. » Te le dire, mon bébé, c'est aussi me le dire à moi-même : je m'autorise à ressentir que j'ai peur et à ne pas culpabiliser. Je reconnais, dans tous les sens du terme, cette peur : je reconnais, j'identifie qu'il s'agit de peur, parmi toutes les émotions, et j'admets, je reconnais à moi-même, à ton père et à toi que j'ai peur. Dissocier les émotions, les vivre sans culpabilité me permet d'être plus sereine au plus profond de moi. C'est également cela que tu ressens. J'ai le sentiment que cette transparence te protège.

Je m'évite ainsi également de rester dans une culpabilité inquiète : « Je me sens stressée, j'espère que ce n'est pas trop mauvais pour mon bébé ». Dans ce cas-là, t'expliquer mon émotion, sa cause et le fait que tu ne sois pas personnellement concerné me rassure. Je me dis que, si tu subis quand même l'émotion avec moi, au moins elle prend un sens pour toi. Je te confirme aussi mon attachement dans les moments où je me sens moins disponible.

Te parler renforce aussi le fait de te considérer comme une personne à part entière, qui un jour ne sera plus dans mon corps. Cela m'évite la tentation de me confondre un peu avec toi, dans un sentiment fusionnel qui serait trop exclusif.

Bien sûr, il ne s'agit pas de te parler de façon mécanique. Je place d'abord mon attention vers toi jusqu'à ressentir physiquement des bouffées d'amour, une chaleur dans le centre de ma poitrine. Je ressens ce lien qui nous relie dans mon corps et mes pensées. Dans cette affectivité-là, dans une intention d'amour, je te parle de la façon dont je me sens le plus à l'aise : en parole, en pensée ou en geste. C'est alors le sens, l'intention que tu sembles percevoir. Parfois à l'inverse, je reste dans cette affectivité sans vouloir te communiquer quelque chose de précis. Juste être là dans l'amour. T'offrir un espace de présence où tu peux te sentir exister pleinement, sans répondre à des attentes. Un espace où tu as le droit d'être pleinement toi-même.

Le jour de notre mariage avec ton père, je danse, mais doucement bien sûr car tu as alors sept mois de vie dans mon ventre. À priori, tête en bas, tu apprécies peu ces mouvements. La nuit même, tu décides de te retourner. J'ai le sentiment d'une petite révolution au-dedans de moi. Tu déformes mes côtés pour pouvoir passer car l'espace te manque. Le lendemain, je prends un peu de temps pour en discuter avec toi :

« Bonjour petit bébé. Hier, j'ai dansé. Toi, tu as choisi de réagir en mettant la tête vers le haut, vers là (j'accompagne mes paroles de gestes sur mon ventre). Je ne danserai plus maintenant. C'était juste pour un jour, un jour exceptionnel entre ton père et moi. Maintenant, je reprends les mouvements de mon corps que tu connais déjà : marcher, m'allonger, respirer. Toi, si tu te sens mieux la tête en haut, tu peux rester comme cela. Par contre, pour venir nous rejoindre dans notre monde, c'est mieux pour toi et pour moi que tu aies la tête en bas. Ce serait bien que tu te retournes à nouveau. Tu choisis le moment où tu en as envie. Mais n'oublie pas que tu vas grandir et que tu auras de moins en moins de place dans mon ventre. Essaie de te retourner avant de te sentir trop à l'étroit. » Je t'explique alors ce que signifie « te retourner » en t'indiquant sur mon ventre où se situe ta tête, et où il serait bien qu'elle soit. La nuit même, tu te retournes à nouveau. Tu resteras ensuite la tête en bas jusqu'à ta naissance. Je connais des amis qui ont aussi demandé à leur bébé de se retourner, deux jours avant une manipulation médicale délicate. La nuit même leur petite fille a suivi le chemin indiqué et s'est placé tête en bas, évitant de justesse l'intervention manuelle plus « musclée ». Je crois peu à la coïncidence. C'est là plutôt toute la magie de l'attachement du bébé et de ses parents et d'une parole chargée d'affectivité.

C'est également ce que pense le professeur Relier, responsable d'un service de grands prématurés, pour qui « l'enfant – le fœtus – est un être à qui l'on peut parler. Non bien sûr qu'il comprenne intellectuellement le sens des paroles qu'on lui adresse (on peut d'ailleurs lui parler silencieusement, comme on prie, diriger tout simplement sa pensée vers lui, intensément), mais il comprend le sens, un sens qui est déjà accueil, amour, et stimule son désir de vivre ». Il ajoute « Est-il raisonnable de supposer que l'enfant comprend quelque chose aux mots qui parviennent, à travers la paroi abdominale, jusqu'à son oreille ? Si l'on entend par « comprendre » saisir le sens d'un mot tel qu'il est défini dans le dictionnaire, il ne saurait évidemment pas en être question. Si l'on parle en revanche de la charge affective de certaines paroles, lorsque celles-ci concernent directement l'enfant, un tel phénomène n'est pas du tout exclu ». À ses patientes gênées par la position du fœtus, il leur conseille fréquemment de parler et de demander directement à leur bébé de se déplacer. D'abord incrédules, elles tentent l'aventure :

« – Docteur, ça a marché ! Ce n'est pas tant sa réussite, qui m'a touché : celle-ci ne m'étonnait pas, je savais que « ça marcherait » pour reprendre ses termes. Mais son étonnement, son émerveillement, qui exprimait bien plus que la joie d'avoir réussi : ce qu'elle m'annonçait, en fait, et qui la faisait déborder de joie et d'émotion, c'est qu'elle venait de rencontrer son enfant. Pour la première fois. Elle lui avait parlé. Et il lui avait répondu. Et cela, pour elle, tenait du miracle. Et elle avait raison. Cette rencontre-là est un miracle. À côté duquel il ne faut pas passer. » (9)

Les capacités de perceptions et de compréhension du fœtus, un domaine encore méconnu.

Les perceptions ou les sens du fœtus semblent donc aller au-delà de nos perceptions corporelles de l'ouïe, l'audition… et de ce qui a été scientifiquement prouvé à ce jour.

Quand Myriam Szejer, pédopsychiatre et psychanalyste pour nourrisson, apaise psychiquement et physiquement un bébé de quelques heures en mettant des mots et donc un sens sur des éléments de sa vie intra-utérine (la mort in utero d'un jumeau, un deuil vécu par la mère pendant la grossesse), cela confirme, à mes yeux, que d'une certaine façon, le bébé a perçu, – sous forme d'impressions sensorielles, d'émotions – ce qui se passait autour de lui alors qu'il était encore dans le ventre de sa mère (12).

Au cours de séances de sophro-analyse (2), des adultes peuvent retrouver des souvenirs précis, enfouis jusque là dans leur inconscient, qui remontent à leur naissance ou encore à leur neuf mois de vie… avant leur naissance ! Ces souvenirs ne sont pas les fruits d'une imagination débridée. D'une part, ils provoquent une émotion authentique chez la personne concernée et trouvent une cohérence par rapport à son mal-être d'adulte. D'autre part, ils sont ensuite confirmés par les parents ou les personnes proches. Ces personnes retrouvent ainsi des tentatives d'avortement échouées, des réactions vives et négatives de leurs parents à l'annonce de la grossesse, le décès d'un jumeau… Evénements jusque-là inconnus mais qui limitent de façon parfois considérable leur manière d'être jusqu'à l'âge adulte. Tout le film de la vie, y compris de la vie intra-utérine, semble « enregistré » sous forme de ressentis corporels, d'impressions sensorielles ou encore d'émotions. L'adulte en thérapie peut alors, pour la première fois, traduire en mots et permettre ainsi de donner un sens à ces impressions revenues d'un passé lointain dont il ne pensait pas avoir gardé de traces…

Il ne s'agit pas de culpabiliser les parents, car au-delà de l'événement en lui-même, c'est surtout la façon dont le bébé a cristallisé une croyance, une émotion, une réaction qui limite l'adulte qu'il devient. D'après les revécus de ces séances, on peut supposer que le bébé enregistre tous ses ressentis de façon « brute » : il semble percevoir les informations mais ne semble pas toujours les comprendre ni bien les interpréter. Par exemple, l'ex-bébé devenu adulte reste inconsciemment sur l'impression d'un non-désir de ses parents et n'arrive pas à trouver sa place ou encore recherche en vain dans ses relations le lien perdu avec son jumeau… Le fait d'apporter un sens apaisant et une restructuration sur ces événements permet un mieux-être durable et profond pour ces personnes.

Cela confirme à mes yeux l'intérêt de parler à son bébé pendant la grossesse, de lui expliquer les émotions ou les événements : cela permet au fœtus, qui perçoit au-delà des mots, de donner un sens, d'anticiper, de se rassurer, de sentir l'attachement de ses parents qui confirme son désir de vivre. Les mots, s'ils sont chargés affectivement par la personne qui les prononce, permettent d'apporter la cohérence, le sens et de confirmer l'amour – le plus inconditionnel possible – de ses parents dont il a fondamentalement besoin.

Je crois que la vie intra-utérine est encore un continent largement méconnu. Certes la science arrive à déterminer de plus en plus précisément à quel stade de développement le petit d'homme commence à développer ses sens et donc à « percevoir ». Les plus rationnels se demandent comment un fœtus pourrait avoir des compétences qui dépassent la maturation de son cerveau. Or, Boris Cyrulnik précise que les voies auditives des bébés prématurés sont loin d'être achevées quand ils viennent au monde, et pourtant ils entendent très bien. De même, les enfants commencent à marcher bien avant que les nerfs qui commandent aux muscles soient terminés et se mettent à parler bien avant l'achèvement de leur cerveau (14). De la même façon, pourquoi ne peut-on pas imaginer, pour le fœtus in utero, des capacités ou compétences avant l'achèvement physique ou neurologique de ces fonctions ? De plus, fiers des découvertes scientifiques, on oublie aussi que ce sont parfois les méthodes ou les outils d'investigation eux-mêmes qui présentent des insuffisances pour apporter les preuves demandées. Comme en témoignent certaines affirmations rationnellement prouvées qui deviennent caduques une décennie plus tard, suite à de nouvelles découvertes…

Enfin, on explore le développement des sens tel qu'on les connaît chez l'homme, dans leur mode habituel, lié à un circuit physique et neuronal précis. On méconnaît la possibilité d'une autre forme de conscience et de perception. Ce n'est pas parce qu'elle n'est pas encore scientifiquement démontrée qu'elle n'existe pas.

Intuitivement, je suis convaincue de ta capacité de perception et de compréhension. Au-delà des mots en eux-mêmes et des explications que je peux te donner, c'est aussi, à mon avis, mon attachement et celui de ton père que tu as besoin de sentir pour grandir sereinement dans mon ventre, en te sachant attendu et aimé, et naître au monde positivement, de la façon dont tu nais à ta vie.

Les mêmes questionnements sur la conscience existent aux deux extrémités de la vie : la vie fœtale et l'imminence de la mort.

« **Une conscience plus vaste que nous** » ?

Cardiologue à l'hôpital Rijnstate, à Arnhem, aux Pays-Bas, Pim Van Lommel a coordonné l'enquête menée de 1988 à 1996 auprès des services de réanimation de dix hôpitaux néerlandais. La publication des résultats dans la revue médicale The Lancet, en décembre 2001, a fait grand bruit. (Sur 344 personnes étudiées, réanimées après un arrêt cardiaque avec mort clinique attestée par électrocardiogramme, 62 (18 %) ont connu une NDE (*Near death Experience* = expérience de mort imminente).

Qui est susceptible de vivre une NDE ?

Pim Van Lommel : N'importe qui. Mais elles semblent plus fréquentes avant 60 ans, plus profondes chez les femmes (…). En revanche, nous n'avons trouvé aucun facteur médicamenteux, physiologique, neurologique, socioculturel ou psychologique, excepté une meilleure mémoire à court terme.

Comment s'explique-t-elle ?

Comment l'expliquer ? Des perceptions extérieures au corps, parfois vérifiées ultérieurement, une intense expérience cognitive, émotive et mémorielle, alors même que toute activité cérébrale a cessé : voilà qui remet en question la conception scientifique actuelle selon laquelle la conscience contenue dans le cerveau en serait le « produit ».

Notre conscience ne serait pas « en nous » ?

Si, mais seulement en partie. Plutôt qu'un organe sécrétant de la conscience, le cerveau est peut-être comme un ordinateur connecté à une conscience bien plus vaste, à laquelle il permet de prendre forme mais qu'il ne contient pas, comme une radio ne contient pas ce qu'elle transmet. À mon avis, l'explication viendra d'un lien entre la biologie et la mécanique quantique.

Interview parue dans *Psychologie Magazine*, avril 2005.

Vingt-cinquième semaine.

Te sentir bouger pour la première fois.

Depuis deux semaines, j'ai l'impression de te sentir bouger dans mon ventre. J'ai du mal à savoir, puisque j'attends un enfant pour la première fois, si ce que je ressens sont bien tes mouvements, mon bébé, ou au contraire ceux de mon corps. Au début, j'hésitais avec mon transit intestinal. Petit à petit, je me sens plus sûre de moi : oui, je te sens bouger, petite merveille au fond de moi. Une joie indescriptible m'envahit. Je guette tes signaux, si discrets encore. Au tout début, je pouvais comparer tes mouvements avec une bulle d'air qui vient éclore à la surface calme d'un lac. Parfois, tes gestes me donnent l'impression d'abriter un petit papillon frétillant doucement dans mon ventre. Tu sembles me caresser de l'intérieur du bout de tes ailes.

Je suis très attentive à ces petits signes de ta vie dans mon ventre. Jusque-là, tu m'habitais surtout sur un plan mental. Je pensais souvent à toi, mais plutôt aux moments où j'étais au calme, disponible pour toi. Maintenant, tes mouvements attirent mon attention et appellent mon esprit vers toi à toute heure du jour et de la nuit. Une réunion de travail ou un dossier compliqué ne t'empêchent en rien de me faire un petit coucou de l'intérieur. Nous entrons dans un échange plus actif. Mais je ne prends pas pour moi le moindre de tes mouvements. Ils ne sont pas tous forcément à mon attention. Je dois admettre que tu vis ta vie. Tu bouges aussi pour faire de l'exercice, découvrir ton corps ou changer de position.

Il y a quelque chose de magique à te sentir en moi. Tu es un petit être vivant, sensible qui vit au-dedans de moi. Tu bouges, tu te développes grâce à mon corps protecteur et nourricier. Décidément, je ne peux cesser de m'émerveiller.

Vingt-sixième semaine.

Je suis impressionnée par l'attraction et le respect que mes formes rebondies, que toi, petit être, tu inspires aux autres. Les personnes autour de moi, personnes proches ou inconnues, considèrent mon ventre avec un regard plein de tendresse. Tes futurs oncles et tantes avancent la main vers toi, tout hésitants, mais osent à peine la poser. Ils ont envie de rentrer en contact avec toi, mais ont presque peur que cette caresse puisse te faire mal ou se retiennent par pudeur. En aucun cas, ils n'oseraient appuyer un peu sur mon ventre. Même s'ils ne sentent pas tes mouvements, ils posent leurs mains très délicatement et se sentent ainsi reliés à toi. Tes grands-parents aussi semblent être « habités » par ta présence. Tu es attendu par tous avec une impatience, une envie, un respect très touchants.

Vingt-septième semaine.

Je ressens ma grossesse comme une période à part. J'ai le sentiment très vif d'être responsable d'un petit être très précieux. Je prends soin de toi bien sûr, petit bébé, et donc je prends aussi soin de moi. J'essaie d'agir en fonction de ce qui est bénéfique pour tous les deux. Je suis relativement active et il est difficile pour moi de me freiner. Je suis cependant plus attentive aux signaux de mon corps. Je n'ai pas vraiment le droit de tomber malade car peu de médicaments sont compatibles avec une grossesse. Au bureau, je parcours un peu moins les couloirs et les étages. J'évite, dans la mesure du possible, de subir trop de stress. Ta présence me donne une vision toute différente des priorités, de la hiérarchie des choses. Je prends du recul par rapport à mes dossiers. Bien sûr, il ne s'agit nullement de bâcler mon travail. Mais les contretemps, les réorientations, les baisses de budgets que subissent ces dossiers m'atteignent moins dans la mesure où il s'agit d'éléments extérieurs sur lesquels j'ai peu d'emprise. Je les vis sereinement à partir du moment où je sais que j'ai fait mon travail le mieux possible. Je prends moins à cœur les événements au bureau, car en fin de compte, l'important, le vital, n'est plus là. Ce qui compte aujourd'hui, c'est nous trois, avec ton père. Le vrai sens de la vie s'oriente plutôt de ce côté-là. Je suis en train de construire un équilibre serein entre mes vies professionnelle et personnelle.

TROISIÈME TRIMESTRE

Vingt-huitième semaine d'aménorrhée, soit vingt-sixième semaine depuis la fécondation. Septième mois.

Je te sens bien bouger maintenant. Il faut dire que tu mesures environ trente-cinq centimètres de la tête aux pieds pour environ un kilogramme. Chacun de tes mouvements est un immense bonheur. Tu me donnes des petits coups de pieds partout dans le ventre, jusque sous les côtes. Ma main te cherche et tu cherches ma main. Combien de fois tu sembles te blottir au creux de ma paume accueillante posée sur mon ventre ! Tu sembles arrondir le dos pour mieux t'y glisser. Nos échanges silencieux sont d'une très grande intensité. Depuis le début de ma grossesse j'y consacre quotidiennement un temps assez long. Tous les matins au réveil et tous les soirs en me couchant, je reste un long moment allongée en ta compagnie. Je pose mes mains sur mon ventre et nous nous parlons, mélangeant gestes et paroles. Je me rends alors entièrement disponible mentalement pour toi. Le reste du monde n'existe plus. Ces moments magiques nous appartiennent. C'est notre jardin secret. J'adore m'allonger sur le côté. Je place alors mon bras tout autour de mon ventre et j'ai vraiment le sentiment très fort de te prendre dans mes bras, de t'enlacer.

Dans la journée, j'accueille avec joie tes mouvements en pleine réunion de travail. Tu me fais sentir que je ne suis pas seule.

Tu sembles être un petit cachottier malicieux: tu bouges régulièrement avec moi, mais dès qu'une personne inconnue pour toi s'approche, tu t'immobilises. J'aimerais qu'ils puissent te sentir, où au moins voir mon ventre se soulever de vagues délicates sous tes mouvements, mais pour le moment tu réserves ce grand plaisir à tes parents. J'ai le sentiment que tu t'arrêtes de bouger pour mieux te concentrer sur cette voix étrangère, comme si tu guettais ce qui se passe autour de toi.

Vingt-neuvième semaine.

Pour la première fois, j'ai senti que tu avais le hoquet. Cet adorable petit soubresaut très régulier t'anime et soulève mon ventre. Ce hoquet m'émeut profondément. Tu es déjà un petit d'homme, même dans ses petits tracas quotidiens. Tu es déjà un petit d'homme indépendant dans ton rythme : tu dors le jour quand je suis active, et tu dors beaucoup d'ailleurs : de dix-huit à vingt heures sur les vingt-quatre heures que compte une journée. Tes périodes d'activité se situent plutôt en soirée, quand je me repose ou la nuit quand je dors. Il m'est arrivé d'être réveillée par toi en pleine nuit sous la force de tes mouvements. Car, quand tu ne dors pas, tu déploies beaucoup d'énergie : au cours d'une demi-heure d'éveil, tu es capable de faire entre vingt et soixante mouvements. En somme, tu vis ta vie au-dedans de moi, sans trop te préoccuper de mon rythme. Ou plutôt, en calquant mon rythme à l'envers puisque tu aimes dormir bercé par mes mouvements et tu préfères bouger quand je suis calme. J'aime me représenter ce que peut être ta vie, déjà si intense, dans mon ventre. Je sais que le sens du toucher est un des premiers à avoir été stimulé. Baignant en apesanteur dans le liquide amniotique, tu as une liberté de mouvements importante pour explorer et toucher les parois qui t'entourent et te protègent. Ce sens bien en éveil te permet de bien profiter des caresses que nous te faisons. Plus tu grandis, et plus la peau de mon ventre se tend et donc s'affine, plus tu deviens sensible aux doigts légers qui jouent avec toi ou te caressent. Au fil du temps, tu réponds de plus en plus à nos gestes. Si je pousse délicatement ton pied avec ma main, tu repousses ma main parfois à petits coups vifs. De plus en plus tu viens te blottir dans une main grande ouverte et chaleureuse.

Le toucher est loin d'être le seul sens en éveil : ton ouïe également est très sollicitée. D'après Dominique Simmonet, on ne sait pas exactement quand ton système auditif, tel qu'on le conçoit communément, commence à fonctionner. L'organe de Corti, qui, capte les vibrations acoustiques dans le cerveau, fonctionne dès la fin du quatrième mois. Les connexions des neurones correspondants seraient fonctionnelles vers le sixième mois pour certains chercheurs, mais plus tard pour d'autres (3). En parallèle, il est possible que les bruits te parviennent également sous une autre forme : les basses fréquences des sons te parviendraient sous forme de vibrations du liquide qui t'entoure : comme des vagues plus ou moins rapprochées, plus ou moins fortes qui viennent te caresser la peau, notamment la bouche et les mains, zones particulièrement sensibles et réceptives (3) (13). On admet communément que ce sont plutôt les sons graves qui te parviennent dans l'utérus. En parallèle, on sait aujourd'hui qu'un nouveau-né perçoit bien plus les aigus qu'un adulte. La question de ce que tu es réellement capable d'entendre, avec tes capacités, reste donc entière… Tu perçois d'abord les bruits de ton environnement direct. Les battements de mon cœur, si réguliers, si présents t'inspirent confiance et te procurent un sentiment de sécurité. Tu es également entouré d'autres bruits divers de mon corps: tu entends mon intestin et mon estomac travailler, le flux sanguin passer dans mes artères et l'activité du placenta. Tu vis dans un monde auditif très animé. Plus tard, tu commences à percevoir en plus les bruits extérieurs. Tu entends et reconnais ma voix en résonance directe qui s'accompagne de celle de ton père, de musique, de sons plus ou moins forts et soudains. Tout cela t'apparaît parfois agréable, parfois agressif et dérangeant. Tu connais alors l'inconvénient de ne pas pouvoir choisir, ni de t'y soustraire. À moi donc d'être prudente pour toi et de ne pas t'imposer de bruits déplaisants. À ta naissance, tu seras capable de reconnaître ma voix à son rythme, ses pauses, sa fréquence sonore.

Ta vue, elle, reste moins sollicitée: même si tu ouvres déjà les yeux, tu n'aperçois qu'une lumière diffuse. Ton goût aussi s'exerce déjà. Ce que nous savons, c'est que ton liquide amniotique est sucré et semble prendre un goût spécifique en fonction de mes habitudes alimentaires. Ces variations de goût se retrouvent dans le lait que je produirai et feront aussi partie de tes repères à ta naissance. Ton odorat est également en éveil et te permet de connaître déjà mon odeur.

L'éveil des sens participe au lien mère-enfant.

Cela m'émeut de savoir ainsi tous tes sens en éveil. À ta naissance, tu retrouveras certains repères que tu auras bien identifiés pendant ce temps passé dans mon ventre : tu reconnaîtras ma voix, mon odeur, le goût de mon lait, ma façon de me déplacer.

Comme le souligne très justement le professeur Relier, tes sens en éveil participent à ce lien incroyable qui nous lie l'un à l'autre : « Tous les sens, on le voit, concourent à tisser, dès la grossesse, un lien étroit entre l'enfant et sa mère. Comme si, de toutes parts, les stimulations sensorielles marquaient cette relation privilégiée de petites pierres blanches qui permettront à l'enfant, après la naissance, de reconnaître entre mille celle qui l'a mise au monde ». (9)

Au-delà de ces perceptions sensorielles, tu baignes dans le monde de mes émotions, de mes joies et de mon amour pour toi.

Actuellement, tu pèses entre neuf cents grammes et un kilo trois cents grammes pour une taille d'environ trente-cinq centimètres. À la fin de ce mois, tu mesureras environ quarante centimètres de la tête aux pieds, et tu pèseras un peu moins de deux kilos. Au cours de cette période, tu te recouvres entièrement d'une substance grasse et blanchâtre appelée vernix caseosa. Ce sébum est produit par les glandes sébacées de ta peau. Il facilitera ton passage lors de l'accouchement en servant de « lubrifiant ». Il semble jouer un rôle à ta naissance dans la lutte contre la déshydratation et les agressions bactériennes.

À cette phase de la grossesse, ton développement est presque entièrement achevé. Il ne te reste qu'à grandir encore, à affiner les fonctions de tes organes et à grossir en t'enrobant de graisse. Je te l'annonce :

« Si tu nous rejoins maintenant dans notre monde, tu es suffisamment formé pour être viable, pour vivre avec nous. Par contre, tu es encore un peu fragile et trop petit, donc les médecins te placeraient dans une couveuse pour te garder au chaud et te laisser le temps de grandir encore un peu. Tu serais séparé de moi physiquement, ce qui ne serait pas très drôle pour nous deux. Il vaut bien mieux que tu prennes ton temps dans mon ventre. Tu sentiras le moment où tu te sentiras prêt pour nous rejoindre. Ne te presse surtout pas. Cela doit être agréable ce que tu es en train de vivre ».

Trentième semaine.

À la maison, à chaque fois que je te sens bouger, j'en ressens une telle joie que je ne peux m'empêcher de m'écrier : « Oh, coucou bébé ! », en soulevant mon pull pour mieux « te » voir. Et ceci, même si je suis en grande conversation avec ton père. Forcément, il finit par trouver cela un peu désagréable. Il est surtout habité par un grand sentiment de frustration. Quand j'ai commencé à te sentir bouger, tes mouvements n'étaient perceptibles que de l'intérieur. Impossible donc d'en faire partager ton père autrement qu'en lui décrivant ce que je ressentais. Puis, à l'heure des petits coups sur le ventre, il pose sa main... juste après que tu aies bougé, ou, lassé d'attendre, il la retire... juste avant que tu te décides enfin. Que de rendez-vous manqués ! Il est donc moins motivé pour guetter tes faits et gestes. Non pas qu'il ne s'intéresse pas à toi, bien au contraire, mais il semble avoir une perception très différente de tes mouvements. Il est vrai que moi, je te sens à la fois à l'intérieur et à l'extérieur, et ceci pour le moindre de tes mouvements. Tu m'habites en permanence. Te sentir « de loin » pour ton père, même si cela lui procure une grande joie, ne le fait pas danser autour du pâté de maisons en chantant alléluia. Nous avons tous les deux du mal à comprendre ce décalage.

Depuis le début, je l'implique dans la grossesse. Je lui raconte tout ce qui se passe pour moi, aussi bien sur un plan physique que sur un plan psychologique. Nous parlons ensemble de mes envies et de mes peurs. Il me rappelle aussi très justement que je ne suis pas seule pour assumer le bébé, qu'il est là et prêt à être très présent. Nous parlons de l'organisation de notre vie. Je lui parle de toi : ta position, tes mouvements, tes habitudes (ton hoquet du soir, rendez-vous maintenant régulier). Parfois, tu te mets à bouger quand je t'annonce que c'est lui qui téléphone, ce qu'il prend très justement comme un petit signe de ta part. Et je te parle de ton père. Je te transmets ses messages. Il apprécie que je l'intègre et l'implique aussi bien dans nos tête-à-tête. Lui aussi me confie ce que cela lui fait de devenir père. Je me rends compte que la paternité nouvelle n'est pas suffisamment prise en compte dans notre société. On parle de la « couvade » en riant (une coutume étrangère selon laquelle les pères se comportent comme les futures mères). Dans notre société, elle se manifesterait plutôt par des symptômes involontaires dont peut être atteint un futur père : prise de poids, mal au ventre, accident juste avant l'accouchement, etc. Or il s'agit justement de la préparation d'un homme à devenir père. Cette préparation est bien sûr plus mentale que corporelle, mais elle n'en est absolument pas moins sérieuse. Elle est même rendue peut-être plus difficile par l'absence des modifications morphologiques et hormonales qui accompagnent la future mère. Il est alors tout à fait légitime qu'un homme éprouve des craintes, par rapport au bébé ou par rapport à sa vie, et que ces craintes puissent se transformer en symptômes physiques. C'est bien d'une vraie petite révolution dont il s'agit aussi pour lui. De nombreuses interrogations apparaissent, dont celles, matérielles et légitimes, de savoir si la maison est assez grande ou si les revenus sont suffisants pour assumer trois personnes. Bien sûr, ces interrogations ne sont plus exclusivement réservées au père, mais culturellement, un homme se sent responsable de cet aspect des choses. Après avoir longtemps tenu le rôle social de l'homme protecteur, il se heurte maintenant à l'indépendance financière et psychologique de sa femme. Il peut avoir parfois l'impression de n'avoir rien à faire tant que le bébé n'est pas né.

Avec ton père, il nous semble donc d'une importance capitale de discuter ensemble de tous ces changements pour éviter de laisser naître des incompréhensions ou des rancœurs. Toi, petit être, tu lui sembles encore un peu irréel. Je ne peux lui en vouloir puisque l'idée de tenir bientôt un bébé dans mes bras me semble encore difficile à concevoir pour moi, alors même que je te sens vivre au-dedans de moi. Pendant toute la grossesse, les personnes proches lui demandent de mes nouvelles. Personne ne pense à lui demander comment, lui, il va. Dans ce contexte, je trouverais légitime qu'il devienne jaloux de toi ou de moi. Alors, moi, je lui demande comment il va. Il m'avoue sa frustration et sa lassitude parfois de se sentir toujours en dehors. Il me demande aussi comment m'aider pendant la grossesse. Bien sûr, il m'aide largement sur les choses matérielles : faire les courses ou le repas, m'éviter des fatigues inutiles. Mais je lui dis combien sa simple présence et son grand respect de mes humeurs et faiblesses sont une aide et une sécurité inestimables. Je lui dis combien me sont précieux ses gestes d'amour et de tendresse à un moment où j'en ai fondamentalement besoin et où je me sens vulnérable.

Ton père a parfois des craintes par rapport à moi, à mon attitude vis-à-vis de toi. Serais-je exclusive avec toi ? On entend tellement parler de père évincé du couple mère – enfant ou de couple se séparant juste après la naissance du bébé. Saurons-nous nous retrouver ? Saurons-nous négocier ce passage délicat de deux à trois, d'un couple à une famille, sans que le couple y perde en intimité et complicité ? Je l'invite à m'en parler dès qu'il se sent écarté au cours de la grossesse. Je ne veux surtout pas que nous nous isolions dans une incompréhension mutuelle.

La communication me semble le meilleur garde-fou. Le rire aussi. Un jour, soudainement, ton père glisse un imposant coussin sous son pull et commence à m'imiter. Il inspecte soigneusement sa nouvelle silhouette dans la glace mais n'arrive cependant pas à égaler le temps que je passe devant le miroir. Puis il avance, bien cambré pour contrebalancer l'excès de poids, une main dans le dos pour la frime, avec cette démarche caractéristique des grossesses déjà bien avancées : les jambes un peu arquées et les pieds vers l'extérieur, comme s'il avait séché sur un tonneau. Il ne cesse de caresser son bébé-coussin, tantôt l'entourant, tantôt le soutenant, s'interrompant sans cesse par des « Oh ! Coucou bébé ! ». Dans le canapé, il se tourne sans arrêt à la recherche de la position la plus confortable : sur le côté, sur la fesse gauche, puis sur la droite, allongé, assis bien droit. Non, rien ne convient. Il me demande de porter le sac, là, qui est si lourd, de lui apporter de l'eau, en gros… de le choyer. Je suis prise d'un fou rire depuis la première minute de cette imitation très réussie. Rien à redire, ton père a un sens de l'observation très poussé. Il ne m'épargne aucune de mes petites manies ni aucun de mes gestes. Longtemps encore, certaines de mes attitudes me rappelleront avec amusement cette parodie.

Le lien entre le papa et son bébé

J'invite aussi le papa à créer et ressentir le lien avec son bébé très tôt dans la gestation. Quand ce lien est établi, il est extrêmement agréable pour le papa de constater que son bébé répond à ses caresses, se place dans ses mains et cherche déjà le contact à sa manière.

Le papa peut reprendre les étapes déjà décrites page 14 en se plaçant près de sa femme ou derrière elle afin de placer ses mains sur le ventre de sa femme s'il le souhaite.

Le papa pourra ainsi se placer dans l'affectivité vis-à-vis de son bébé à chaque fois qu'il entrera en contact avec lui.

Trente et unième semaine.

Nous nous marions la semaine prochaine avec ton père. Nous avons pris cette décision il y a deux mois et, depuis, plongeons avec délice dans les préparatifs. Mon esprit joyeux est habité par cet événement. Sans m'étendre sur les motifs très personnels de ce choix, cette décision a profondément modifié nos discussions. Avant, comme on l'entend très souvent, nous pensions qu'un enfant était l'engagement le plus important qu'un couple puisse prendre. Effectivement, nous parlions beaucoup de notre engagement à vie envers toi, petit être, de notre volonté de t'assumer. Nous découvrons soudain qu'il s'agit bien de l'engagement d'un homme et d'une femme vis-à-vis d'un enfant, mais pas de l'engagement d'un homme et d'une femme l'un envers l'autre. Nous pouvons décider de tenir notre engagement vis-à-vis de toi, petit être, même si nous décidons de nous séparer. Prendre et assumer la responsabilité d'un enfant n'est en rien décider de passer sa vie avec l'autre. Il s'agit bien de deux débats distincts. La décision de nous marier oriente les discussions sur nous en tant que couple d'abord, avant d'être une famille. Souhaitons-nous tout faire pour vivre ensemble toute notre vie et vieillir ensemble, puisque telle est la question ?

Le mariage est avant tout pour moi un choix d'amour. Il est aussi une inscription dans la société dans laquelle nous vivons. Nous appartenons à cette société, et souhaitons ne plus jouer les faux rebelles en refusant ses règles. Et puis, nous souhaitons être enfin reconnus comme une famille. Il n'y a rien à dire, même si les lois évoluent en faveur des unions libres de plus en plus nombreuses, nous ressentons vivement que tout est encore organisé et conçu par rapport à un couple marié. Aux législations s'ajoutent les mentalités. Au bureau, un collègue de quarante-cinq ans me demande d'une façon très naturelle :

« Et ton mec, quand tu lui as dit que tu étais enceinte, il est resté ou il a fui ? ».

À presque trente ans, comme je ne suis pas mariée, on ne me croit pas capable de fonder une famille et de choisir délibérément d'avoir un enfant. Ce type d'allusions me met en colère et me lasse.

Aujourd'hui, c'est vrai que je suis contente, en plus de ce que représente notre mariage sur un plan sentimental, de pouvoir t'accueillir dans une structure familiale enfin reconnue par la société.

De plus, nous le découvrons également, le mariage représente une grande sécurité pour nous tous. S'il arrivait quoi que ce soit, nous prenons des dispositions d'héritage pour garder les moyens financiers d'assumer notre engagement vis-à-vis de toi.

Je pense aussi à tous ces couples non mariés, dont nous faisions partie, qui, parce qu'ils vivent ensemble depuis de nombreuses années, se sentent engagés et trouvent que le mariage ne change rien et n'apporte rien. Je voudrais leur dire que le mariage change quelque chose. Un petit quelque chose difficile à décrire par les mots, un petit quelque chose charmant qui ne laisse pas insensible. Depuis ce jour, nous nous ré-épousons chaque jour avec ton père, nous renouvelons dans l'intimité ce choix que nous avons fait l'un pour l'autre.

Trente-deuxième semaine.

La semaine de notre mariage est donc aussi la semaine de notre troisième rencontre visuelle. Ce rendez-vous

« échographique » nous ravit. Le médecin s'introduit à nouveau au plus profond de toi et nous livre des images de ton cerveau et de ton cœur : nous distinguons les quatre ventricules et le voyons battre à cette vitesse phénoménale si caractéristique. Soudain, un miracle ou ce qui m'apparaît comme tel : je te vois sucer ton pouce. Petit être, tu suces ton pouce dans mon ventre. Tu as donc déjà les gestes d'un petit enfant. Je te vois très distinctement avaler du liquide amniotique. Je savais que tu l'absorbais, mais le voir de visu est fantastique. J'ai le sentiment d'observer plus tes attitudes que toi-même. Tes attitudes et, déjà, tes habitudes te rendent encore plus unique.

Trente-troisième semaine d'aménorrhée soit trente et unième semaine depuis la fécondation. Huitième mois.

Tu abordes ton huitième mois dans mon ventre. Dans une dizaine de jours, je serai en congé maternité. Ce temps sera consacré à mieux me reposer et à organiser notre vie pour mieux t'accueillir. Surtout, plus le temps avance et plus la distance qui me sépare de ton père devient pesante. Je me sens vulnérable face à des choix difficiles. J'ai besoin de son amour et de son soutien. J'ai gardé un rythme relativement intense au bureau, lié en partie à une promotion que l'on m'a accordée alors que j'avais annoncé ma grossesse. Or même si on respecte mon statut de femme enceinte, on n'en attend pas moins que j'assume mon nouveau poste et je souhaite répondre à la confiance que l'on a placée en moi. À quelques jours de m'arrêter, je travaille donc avec la même intensité qu'avant ma grossesse. Les heures – nombreuses – passées à mon travail sont autant d'heures que nous ne passons pas ensemble, avec ton père. Or, avant d'être une famille – très bientôt –, nous sommes un couple. Et ce couple ne vit plus sous le même toit depuis quelques années. Nous allons réapprendre à vivre ensemble… à trois. Il s'agit là d'un très gros changement. J'ai soudain très envie de passer plus de temps avec ton père. Les deux dernières semaines de travail me sont d'autant plus pénibles qu'elles me projettent face à des choix : vais-je revenir ou bien rejoindre définitivement ton père ? Tous les deux, nous sommes d'accord pour qu'il ne me rejoigne pas à Paris. Nous ne souhaitons pas faire notre vie dans cette ville mangeuse d'énergie. C'est plutôt l'occasion pour moi de quitter la capitale, qui pourtant m'est chère. Difficile de faire le choix de quitter une ville où j'ai beaucoup construit autant sur un plan professionnel que personnel.

Après ta naissance, je prends finalement la décision de démissionner. Ce choix réveille de nombreuses questions. Je t'explique, alors que tu es encore dans mon ventre, la cause de mon stress. Surtout, je m'approprie cette décision. Il serait facile, trop facile, de dire que c'est parce que tu arrives que je suis obligée de suivre ton père, de tout sacrifier. Il me serait facile de t'en vouloir, au moins inconsciemment. Ce serait très lourd sur tes petites épaules de sentir que tu es responsable d'un tel sacrifice. Car, bien sûr, je ne sais pas encore que cette démission et surtout ton arrivée, mon bébé, vont être le point de départ d'une reconversion professionnelle passionnante ! Je n'ai pas le droit de te rendre responsable d'un choix, qui avant toute chose est un choix d'adulte, mon propre choix d'orienter ma vie. Je t'explique donc que de toute façon, il y a un moment où j'aurais été face à cette décision vis-à-vis de ton père. Même si ta présence accélère les questions et les décisions, c'est à moi de me sentir responsable de ce que je décide. Cela me semble très important d'en être moi-même consciente.

L'intimité du couple avec un enfant n'est pas moindre, elle est autre.

Je crois que c'est un peu la même chose quand on entend des couples dire : « Nous attendons pour avoir un enfant car nous souhaitons profiter de nous deux d'abord ». Cela sous-entend que les deux ne sont pas compatibles. Cela peut être lourd pour un enfant de sentir qu'il prive le couple de quelque chose. Or, je pense sincèrement qu'un couple ne perd rien en présence de ses enfants. Ces derniers ne privent en rien leurs parents. L'intimité du couple est à construire différemment mais elle n'est pas « moins », elle est « autre ».

Avec un enfant, on croit à tort que l'on perd sa liberté. Tout dépend de ce que l'on entend par liberté. La liberté pour un adolescent c'est de pouvoir vivre sans contraintes. La liberté pour un adulte peut être très différente. En tant qu'adulte, plus j'avance dans mes engagements, dans mes responsabilités, dans les attachements aux autres et plus je me sens libre. En effet, je subis de moins en moins ma vie, mais au contraire, je vis de plus en plus selon mes propres choix.

Trente-quatrième semaine.

J'adore me ressourcer lors de promenades dans des coins de nature. Je marche sereinement en diffusant le calme, les sensations agréables de mon corps. Je me relie intérieurement à toi, et j'ai l'impression de partager les perceptions de mes yeux, ma peau et mon ouïe. Comme si tu pouvais percevoir la beauté du monde à travers moi.

Curieusement, je n'ai toujours pas hâte que tu naisses. Bien sûr, j'ai envie de te serrer dans mes bras et de te connaître. Mais, je ne me sens absolument pas dans l'attente impatiente de ta naissance, contrairement à ce que vivent de nombreuses femmes en fin de grossesse. Je t'attends sereinement pour la date prévue de ton terme, et cette date me convient parfaitement. Je me sens bien enceinte. Pour être honnête, j'adore être enceinte. Je vis très bien mon corps et l'attente de toi. Bon d'accord, certains changements sont surprenants. J'avais entendu parler de la beauté et de la vigueur des cheveux pendant la grossesse, mais je n'avais pas imaginé que les poils pubiens suivaient le même développement ! Je vis bien mes dix kilogrammes supplémentaires. Je me sens femme, épanouie. Bien sûr, je suis un peu essoufflée quand j'arrive en haut de mes quatre étages sans ascenseur, mais je n'ai pas du tout l'impression de traîner mon corps comme un boulet. Je pense que les hormones et l'énergie de porter la vie font des miracles : en vacances, j'ai rarement porté un sac à dos de dix kilogrammes sur de longues distances. Je m'arrêtais assez vite, épuisée. Ton père, désespéré, prenait alors la moitié du poids sur ses épaules. Je suis un petit gabarit, dix kilos représentent beaucoup par rapport à mon poids total ! Mais, là, ton père ne peut m'aider. Et cela n'est pas nécessaire. Je me sens une énergie surprenante. C'est pour cela que je ne me sens pas pressée de voir cette période privilégiée et magique prendre fin. Les neufs mois me semblent parfaitement calculés pour nous deux. J'ai l'impression de vivre ma grossesse à ton rythme, mais aussi à mon rythme : neuf mois te sont nécessaires pour atteindre dans mon ventre la maturité indispensable pour vivre dans notre monde et, il me faut neuf mois également pour devenir mère et me préparer à t'accueillir. Je te fais progressivement une place matérielle et mentale. Petit à petit, j'ai commencé à nouer une relation avec toi.

> La naissance d'un bébé, c'est aussi la naissance d'une mère. Il lui faut aussi un peu de temps pour mûrir.

Trente-cinquième semaine.

Tu bouges beaucoup. Maintenant, tu es assez grand et assez fort pour déformer mon ventre quand tu fais ta gymnastique intra-utérine. Avec ton père, nous passons des heures à guetter ces bosses et à sentir ton corps juste en dessous. La peau de mon ventre est maintenant si tendue et fine qu'elle nous permet de te caresser et de te sentir réellement sous nos mains impatientes. Nous jouons avec toi, nous te caressons. Ces moments d'intimité avant ta naissance sont extraordinaires. Nous connaissons même tes petites habitudes : la dernière est de prendre appui avec tes pieds sous mes côtes et de pousser très fort. J'ai l'impression que tu te tends et t'étends dans mon ventre. Tu appuies alors fortement avec ta tête sur le col de l'utérus au point que je me demande si ce dernier va résister à cette pression. Tu réponds avec tes pieds à nos messages en morse. Pour la première fois, tu as offert un tête-à-tête à ton père : vous vous êtes tous les deux réveillés au même moment de la nuit. Ton père a posé ses mains à ta rencontre sur mon ventre et tu lui as répondu. Vous êtes restés un long moment à communiquer tous les deux pendant mon sommeil. Quelle joie pour ton père. Je n'étais plus celle par qui il vivait ma grossesse et ta croissance. Je n'étais plus l'intermédiaire indispensable pour t'atteindre. Plus que jamais, tu lui illustrais à quel point tu es autonome par rapport à moi. Tu es dans mon corps mais pas dans mon rythme. Tu es dans mon corps mais pas à mon corps. Pour la première fois, il vivait avec toi quelque chose que je n'avais pas vécu. Je crois que c'était un moment important, surtout par rapport au sentiment de frustration que ton père vivait jusque-là. Difficile en effet d'avoir toujours de tes nouvelles par procuration, sans te sentir dans son corps.

Comment lui expliquer, commenter, décrire ce qui se passe dans mon corps ? Comment partager la joie irrépressible provoquée par le moindre de tes mouvements ? Je sens bien que les événements racontés n'ont pas l'impact et la beauté des événements vécus. Peut-être n'ai-je pas non plus à vouloir qu'il comprenne chacun de mes ressentis, chacune de mes pensées. Lui aussi vit cette attente à sa façon, avec ses ressentis et ses pensées propres. Il ne t'a pas dans son ventre, mais je lui fais confiance pour suivre son propre cheminement vers la paternité.

Parfois je me sens un peu seule face à mes sentiments. J'ai besoin d'en parler avec des amies enceintes également ou mères depuis peu. J'évite de ne parler que de toi, cela risquerait de lasser les non-initiés. Mais cela me soulage de partager mes craintes, mes peurs, mes joies avec elles. Je ne suis visiblement pas du tout anormale avec toutes mes émotions contradictoires ! Peu osent se l'avouer, c'est tout.

> « Vos enfants ne sont pas vos enfants. Ils sont les fils et les filles de l'appel de la vie à elle-même.
>
> Ils viennent à travers vous et non de vous.
>
> Et bien qu'ils soient avec vous, ils ne vous appartiennent pas. »
>
> *Le Prophète*, Khalil Gibran.

Trente-sixième semaine.

Le matin, ma première pensée est toujours pour toi. Je passe ma main sur mon ventre en te disant bonjour. C'est curieux, parfois ton poids est si présent que cela devient presque oppressant. J'ai le sentiment de perdre mon souffle. À d'autres moments, tu me sembles si léger et mon ventre me semble si plat (notamment au réveil, quand je me place sur le dos), que je passe une main inquiète sur mon ventre pour vérifier que je suis bien enceinte. Pourtant, tu mesures maintenant quarante-cinq centimètres et tu pèses plus de deux kilogrammes. Difficile de passer inaperçu !

Je trouve que la nature est merveilleusement faite. Entre les pauses pipi et les insomnies, mes nuits sont de plus en plus interrompues. Moi, la marmotte, moi, la professionnelle des grasses matinées, je me réveille fréquemment au cours de la nuit sans trouver cela pesant. Je ne sais déjà plus ce qu'est une grasse matinée. La transition s'est faite doucement, sans que j'en souffre. J'ai l'impression que mon corps se « reprogramme » ainsi par rapport à ton arrivée imminente. Mes nuits sont déjà adaptées au rythme de tes futures tétées nocturnes.

Trente-septième semaine d'aménorrhée, soit trente-cinquième semaine depuis la fécondation. Neuvième mois.

Neuvième mois. Nous abordons ensemble ton dernier mois de vie dans mon ventre. Tu vas utiliser ce temps pour grandir encore un peu et atteindre une cinquantaine de centimètres. Tu vas grossir et atteindre un poids moyen de trois kilos et trois cents grammes. Tu en profites aussi pour accumuler du fer et des anticorps dans ton organisme pour faire face à un monde nouveau qui, contrairement à ton liquide amniotique, n'est pas stérile.

Je suis toujours animée de sentiments contradictoires : peur et envie, angoisses et sérénité. Je ressens beaucoup de joie et de bien-être. J'ai le sentiment de m'accomplir en tant que femme.

Trente-huitième semaine.

Se préparer à ton arrivée.

Je profite de ce temps pour me préparer mentalement à ton arrivée. Les cours de préparation à l'accouchement m'y aident énormément. D'abord, je trouve très rassurant de comprendre ce qui va se passer lors de cette échéance inévitable. Je sais quel chemin tu dois parcourir : d'abord tu vas engager ta tête dans mon bassin, puis, aidé et guidé par les contractions, tu dois effectuer une rotation. Enfin, avec mes efforts de poussée, tu vas comme « rebondir » jusqu'à t'être suffisamment engagé dans le canal de naissance pour ne plus repartir en arrière. Là, tu seras vraiment prêt à naître. J'apprends le rôle des contractions. Elles t'aident et te guident dans ta rotation et ton avancée pendant la phase du travail. Puis les contractions de poussée t'aident dans la phase active de ta naissance.

Outre ce rôle, les contractions peuvent avoir des fonctions que l'on connaît moins. Il semble qu'elles déclenchent ou aident à déclencher des fonctions physiologiques – la mise en route de la respiration par exemple, comme en témoignent l'aide respiratoire dont ont besoin les bébés nés sous césariennes en l'absence de contractions (15) – et qu'elles participent à la création de notre attachement mutuel. Une forme de reconnaissance des deux corps.

Je pense que si tu nais avec une césarienne, j'essaierai de compenser les contractions que tu n'as pas connues en pratiquant des massages sur ton corps, massages délicats que de plus en plus de maternités enseignent. Je te parlerais aussi, t'expliquant que tu n'as pas pu naître normalement pour des raisons de sécurité, mais que tu avais toutes les capacités pour le faire. Car si l'idée d'une césarienne me frustre, il en serait peut-être de même pour toi ! Les contractions de l'accouchement sont un réflexe, comme celui d'éternuer par exemple. Elles ne se maîtrisent pas et ne se commandent pas. Le corps sait quand et comment s'y prendre. Or, j'apprends qu'une péridurale, en plus de la douleur, anesthésie aussi ces contractions. On ajoute donc à l'anesthésie un autre produit pour « tromper » l'utérus et l'obliger à se contracter. C'est alors la sage-femme qui indique à la jeune mère quand il faut pousser. Les contractions de poussées sont donc moins performantes. Essayez donc d'éternuer sur commande ! On peut imiter un réflexe, mais pas le reproduire. J'apprends que toi aussi tu fournis un effort très intense pendant l'accouchement. Nous sommes deux à travailler. La douleur que j'éprouverai pendant le travail n'est pas gratuite. Ces contractions te sont nécessaires pour t'aider et te guider dans ta progression et dans ta rotation. Je me dis qu'elles doivent aussi te « rassurer ». Mais elles ne font pas tout le travail à ta place. J'en aurai l'illustration à ta naissance : nous sommes tous les deux couverts de petits points violets sur le visage, signe d'un effort intense qui a fait exploser des petits vaisseaux sanguins.

Je me décide à essayer d'accoucher sans péridurale. La clinique où je suis inscrite permet de changer d'avis assez tard au cours de l'accouchement, puisque les médecins posent les péridurales jusqu'à neuf centimètres de dilatation (il s'agit de la mesure du diamètre du col de l'utérus qui indique la progression du travail, donc de l'accouchement. Neuf centimètres représentent quasiment la dilatation maximale). Je sais aussi que je ne jouerai pas les héroïnes : j'essaye sans, mais si j'ai trop mal, je réclame cette fameuse péridurale. Je ne sens aucune honte à envisager de la demander. Je ne voudrais pas qu'une trop forte douleur me coupe de toi. Je sais en plus que cette anesthésie existe maintenant en doses progressives, permettant ainsi de garder un peu de sensibilité. Dans tous les cas, je préfère me préparer mentalement à supporter une douleur probable. Je repense encore à une amie enceinte qui avait décidé de demander d'office la péridurale. Cette amie était persuadée qu'elle ne souffrirait pas du tout et voyait presque son accouchement comme une discussion de salon avec son entourage. Ainsi préparée, elle risquait d'être surprise et de ne supporter aucune douleur, même minime. Or quelle que soit notre décision, dans la plupart des cas, une péridurale ne se pose pas dès le début. Il est préférable que le travail avance d'abord avec des contractions performantes pour aider le bébé à descendre. Un accouchement sans aucune sensation de douleur me semble un peu utopique. Cette amie justifiait son choix : « Bien sûr, quand je me fais arracher une dent, je demande bien une anesthésie ! ». Oui, mais là, mon bébé n'est pas une dent. Je préfère donner un sens à cette douleur.

Le fait de comprendre son rôle, de savoir que j'accompagne mon bébé dans son effort, de « visualiser » mentalement et de sentir dans mon corps sa progression, m'aidera, je pense, à la supporter. Les exercices de préparation indiquent comment accompagner la douleur d'une contraction, plutôt que de lutter contre elle. C'est ce que je souhaiterais faire, mon bébé, t'accompagner dans ce moment si important pour toi. Au-delà du choix d'une péridurale ou non, c'est la façon dont je vais à ta rencontre qui m'importe. Au-delà de l'anesthésie, c'est de ma présence affective dont je veux t'assurer à tout moment de ta naissance. La sage-femme explique qu'il s'agit d'un effort intense pour le corps d'une femme. Elle nous dit que certains hommes décident de mettre toute leur énergie, tout leur défi dans l'ascension d'un col de montagne en vélo. Une femme peut choisir de mobiliser toute son énergie pour son accouchement. Voilà bébé, tu seras mon col de montagne à moi. Cela va être dur, je ne suis absolument pas sportive ! Suite à ces cours, je passe longtemps à t'expliquer en mots et gestes le chemin que tu devras suivre pour naître.

Taux de péridurales : 15 % aux Pays-Bas
60-70 % en France
80 % aux USA, Canada.

Sources : *www.alternatives.be/fiches*

La péridurale : avec ou sans ? À elles de choisir, à nous de les aider.

« Non, la pensée magique n'existe pas, alors autant ouvrir tout de suite la porte de la pharmacie et demander la péridurale.

Ces demandes-là me satisfont pleinement. Si la femme est tout à fait en phase avec son désir, chacune des douleurs va lui être insupportable et, quelle que soient nos propositions, elles seront toutes difficilement recevables. Par ailleurs, quelle que soit la sage-femme, il est impossible d'accompagner pendant des heures une femme qui s'oppose de toutes ses forces à ce qui lui arrive. Les choses sont alors simples : nous allons accompagner une femme sous péridurale et j'ai une tendresse spéciale pour l'intensité et la profondeur des échanges qui ont lieu sous anesthésie loco-régionale. Je ne me suis jamais sentie en opposition avec ces demandes précoces. Ces femmes se connaissent bien. Elles savent qu'elles ne peuvent pas négocier avec la douleur, alors à quoi bon ?

Il existe un deuxième groupe de femmes, celles qui « verront bien ». Ce sont les plus nombreuses et l'issue les concernant est variable. Elles s'engagent, prudentes, dans les contractions et acceptent plutôt bien la douleur. Qu'est-ce qui fait peur et pourquoi ? C'est ce qu'elles veulent comprendre. L'accouchement est une occasion unique de prendre ses marques avec l'histoire, son histoire. C'est le temps de la mesure, une possibilité d'évaluer la vie à l'état cru. La plupart des femmes arrivées en début de dilatation, où le sauvage, l'animal, l'archaïsme émerge à l'horizon, comprennent dès les premières douleurs qu'elles sont dans une situation inéluctable et demandent la péridurale. D'autres acceptent la lame de fond qui les entraîne vers les abîmes de leur âme. Elles sont alors emportées au loin et commencent à lâcher prise. Puis, vers six ou sept centimètres de dilatation, (...) elles savent qu'elles sont allées au-delà de ce qui était possible, au-delà de ce que leur imagination leur avait permis d'apercevoir (...). Si, à ce moment-là, elles me parlent d'emblée de l'anesthésiste, je sors de la salle et je vais immédiatement le chercher. Si, en revanche, elles n'évoquent pas l'anesthésiste, alors je les aide dans cette fin d'effacement du col utérin, cet effacement de soi. Je les aide à accepter cette « mort ». C'est à présent qu'il faut passer derrière, accepter que la nouvelle génération prenne pour toujours cette position devant elles.

Comme les hommes, les femmes naissent et meurent mais elles vivent en plus ce moment intermédiaire où se concentrent vie et mort. Pouvoir vivre ce moment est éblouissant et illumine toute une vie. (...) Ce qui se gagne là ne s'explique pas, sauf qu'une option est prise sur l'éternité. Cette sensation de fierté d'avoir accompli, au prix d'efforts surhumains, quelque chose de difficile, tous les sportifs la connaissent. Pourquoi les femmes n'auraient-elles pas la possibilité de l'éprouver ?

Les femmes qui annoncent ne pas vouloir de péridurale sont souvent considérées comme suspectes. Ne seraient-elles pas masochistes, arriérées, voire à moitié folles ? Pourquoi sinon désirer cette souffrance dont on peut si facilement aujourd'hui faire l'économie ? Alors que dans le même temps, tous les sportifs de l'extrême, exposant leur corps aux plus atroces souffrances, sont portés au pinacle (...). Le dépassement de soi, encouragé, récompensé, salué, est pour ceux-là élevé au rang de vertu. Pourquoi devrait-il en être autrement pour les femmes qui, au moment de leur accouchement, souhaitent affronter et dépasser leurs propres limites ? Car en effet, que l'on ne s'y trompe pas, il s'agit des mêmes choses : identifier et relever un défi, contre soi-même, contre la nature, se lancer dans l'aventure et en sortir vainqueur. (...) Les femmes n'ont pas à aller chercher des expériences extrêmes où se mesurer avec la violence et la mort. En naissant femme, cela leur est donné d'emblée. Les femmes se mesurant à l'extrême sont très rarement mères. Pouvoir vivre son accouchement, le vivre complètement, offre aux femmes un apprivoisement de la mort. Cette expérience de la mort peut être un projet humain. C'est pour cela que je me bats pour que l'accouchement sans péridurale reste une possibilité. (...) La péridurale est généralement considérée comme un progrès sur le plan de la libération des femmes. Or, le véritable progrès est davantage dans le choix d'y avoir recours plutôt que dans son application systématique.

Extrait de *Au monde, ce qu'accoucher veut dire. Une sage-femme raconte...*, Chantal Birman, Éditions de la Martinière.

Les exercices de respiration aussi sont rassurants. D'abord, ils aident concrètement à retrouver son souffle. Mais surtout, ils donnent l'impression que je pourrai donner le meilleur de moi à ce moment crucial. J'ai presque l'impression de pouvoir maîtriser l'événement. Je sais qu'il n'en est rien, mais cela me rassure. Je préfère aborder la respiration de façon plus intuitive que rationnelle car je pense plutôt qu'elle m'aidera à plonger et à me laisser aller dans le flux proposé par la contraction plutôt que de lutter contre ou de vouloir la modifier.

Ma préparation mentale consiste aussi à prendre de grandes décisions. Ton père va-t-il ou non assister à l'accouchement ? Jamais je ne l'aurais forcé si cela le rebutait. Je suis ravie de savoir qu'il tient autant que moi à être présent. Certaines études semblent indiquer que les personnes présentes à la naissance d'un bébé se sentent ensuite plus attachées à lui. Avant d'être un choix raisonné par des études, c'est un choix du cœur et de l'instinct. Nous parlons ouvertement de sa présence. Avant tout, nous parlons de son rôle. Ton père a le sentiment que, inactif, il ne servira à rien. Il a presque plutôt l'impression qu'il peut gêner. Je lui dis mon sentiment :

« Ta présence même m'est une aide précieuse. Tu n'as pas besoin d'en faire beaucoup pour « justifier » ta présence. Franchement, je ne suis pas sûre d'avoir envie que tu me serres dans tes bras, que tu m'entoures trop. J'ai peur de trouver cela étouffant. Je préfère une présence plus « sobre ». Je sais qu'avec toi, j'aurai moins peur. Le seul fait que tu sois là me permet d'aborder l'inconnu un peu plus sereinement. Je sais aussi que tu as peur de me voir souffrir sans rien pouvoir faire pour calmer la douleur. Mais je n'attends pas de toi de calmer ma douleur. Je te le redis, ta simple présence m'aide à la supporter. Je voudrais aussi te dire que tu n'as pas à te forcer à faire quelque chose, à chercher absolument à être utile. On improvisera au moment donné, mais dis-toi que tu peux rester assis sur une chaise sans rien faire et sans culpabiliser. C'est surtout de ta présence dont j'ai besoin. »

Il me semble important d'en discuter ouvertement avant l'accouchement. Je lui fais part de mes choix, concernant la péridurale, l'allaitement… et lui demande de m'aider à les faire respecter vis-à-vis du personnel soignant. Je ne veux pas me faire influencer si des raisons médicales n'imposent pas des changements. Je lui dis mes envies, mes craintes et… mes interdictions. Je ne souhaite pas qu'il vienne devant moi pour voir ta tête sortir, et cela, même si le médecin l'y invite. Je préfère qu'il assiste à l'accouchement près de moi, près de mon visage. Il promet et tiendra sa promesse. J'ai confiance en sa parole et cela me met en confiance pour l'accouchement. Je ne sais pas non plus si je souhaite qu'il coupe le cordon ombilical. Il s'agit d'un geste médical certes, mais qui m'apparaît symbolique. Je préfère ne pas le savoir « responsable » de notre première séparation. À lui de sentir le moment venu.

La présence du père à l'accouchement

Le conjoint, par sa présence rassurante en soi, représente un contenant sécurisant pour sa compagne qui accouche. Il contribue au sentiment de sécurité si essentiel lors de cet événement.

Selon les demandes de sa femme, il peut faire des massages soulageant. Il peut également être un soutien pour faire respecter certains choix vis-à-vis du personnel soignant.

En fonction de sa sensibilité et de la préparation à l'accouchement, il peut se relier affectivement à son bébé et être un soutien subtil pour son bébé. Sa présence sera aussi un lien affectif fort pour le bébé en cas d'anesthésie de la maman.

Sa présence à l'accouchement peut renforcer le lien au bébé mais également à sa compagne qu'il découvre dans des comportements et capacités inédites propices à faire ressentir de l'estime, voire de l'admiration.

Je suis décidée à t'allaiter. À vrai dire, je me suis à peine posée la question tellement le fait de t'allaiter me semble naturel. Je fais une confiance aveugle à ce geste que je considère comme inné et ne pense même pas à me renseigner. Je regrette, non pas de t'avoir allaité, il s'agit là d'une expérience extraordinaire, mais de ne pas m'être informée avant la maternité. Cela m'aurait évité de tâtonner autant, et surtout d'être perplexe face aux avis si différents des puéricultrices. À cause de la forte publicité en faveur des laits en poudre, l'allaitement maternel semble avoir été déclassé et « oublié ». Un geste aussi naturel se transmet généralement de génération en génération par les femmes. Or les femmes de mon entourage n'ont pas ou très peu allaité et ne savent pas répondre à mes questions. Cette connaissance ancestrale s'est perdue en deux générations ! Il y a trente ans, il n'était pas très courant ni très encouragé d'allaiter son bébé. Ce n'était pas digne de certaines classes sociales. Heureusement, le mouvement s'inverse, et on voit de plus en plus de jeunes mères allaiter leur enfant. Mais comme il s'agit d'un allaitement « naturel », donc « inné », j'ai le sentiment qu'on ne prend pas la peine d'enseigner suffisamment cela aux sages-femmes ou aux puéricultrices. Elles savent tout du lait en poudre, mais peu du sein. Malheureusement, celles que je rencontre affirment d'un ton péremptoire des évidences qui n'en sont pas.

Témoin le fait que pas une d'entre elles n'affirme la même chose. À une question, j'aurai autant de réponses que de professionnelles consultées. Je ne leur en veux pas de ne pas savoir répondre, je leur en veux d'affirmer des choses qui sont loin d'être certaines. Je me fie à leur dire, je m'y perds pendant une bonne semaine avant de choisir de me laisser guider par mon bébé, qui de toute façon ne répond à aucune règle établie. De très bons livres pratiques (16) (17) (18) ou les bénévoles de la Ligue La Leche (19) (« le lait », en espagnol) sont d'une aide très utile pour se préparer à l'allaitement et faire face aux différentes questions qui se posent.

Enfin, ma préparation mentale, c'est aussi fuir le récit des « amies ». D'après elles, rares sont les accouchements qui se sont bien passés. Evidemment, on se souvient toujours plus de ce qui se passe mal que de ce qui se passe bien. Alors autant éviter d'entendre les détails de complications diverses. Je me lasse de ces expériences qui ne sont pas mon expérience. Je me concentre sur mon corps et mes sensations.

La préparation à l'accouchement peut être aussi l'occasion d'une analyse psychologique plus poussée, avec l'aide d'un professionnel, notamment pour se libérer de peurs irraisonnées de l'accouchement ou d'antécédents difficiles.

De ton côté, puis-je également t'aider à te préparer à ta naissance ? Je pense l'avoir fait en partie par notre lien, en te parlant de la naissance. Peut-être puis-je aussi contribuer à faire grandir ton envie de naître en partageant une vision positive du monde et de la vie ? Je peux être confiante et t'assurer de tes ressources pour aborder ta vie. Je peux surtout être présente affectivement. Ensuite, il pourra être utile de t'expliquer et d'accompagner au moment de ta naissance les différentes possibilités qui se présentent : la césarienne, l'anesthésie (pendant laquelle tu peux te sentir coupé de moi), les forceps, la couveuse. Tu as besoin, à chaque fois, de comprendre les raisons de ces actes et leur durée, de savoir que tu n'es pas abandonné, que je suis reliée à toi par la pensée et mon attachement. Tu as besoin de savoir que si ta naissance ne s'est pas passée par les voies naturelles, tu avais en toi les ressources et les capacités pour le faire. Cela t'évite de subir l'événement ou de mal le comprendre. Cela t'aide à vivre ta naissance ou ses complications d'une façon positive, ce qui me semble important pour aborder ta nouvelle vie (2).

Parler de ta préparation à ta naissance est délicat. Quelle part pouvons-nous jouer ? En quoi pouvons-nous t'aider ? Les réponses sont ouvertes. Quoiqu'il en soit, je ne peux que contribuer, tenter. Je n'ai pas de pouvoir sur toi ni sur ta naissance à venir. Trop de choses, de sens nous sont encore inaccessibles.

La préparation à la naissance m'aide à clarifier mes souhaits et me donne des aides concrètes pour accompagner les contractions. Mais je crois que c'est pour mieux les oublier le jour J. Comment être simplement présente affectivement à ce qui va se passer ? Car c'est un événement où je vais apprendre à lâcher prise sur ma tendance à vouloir maîtriser. S'il y a bien un événement qui me semble à vivre dans l'accueil de ce qui est, c'est celui là !

Trente-neuvième semaine.

Nous ne sommes pas en avance pour déménager. Comme beaucoup de futurs parents, nous avons besoin d'une maison plus grande pour accueillir notre bébé. Le besoin physique d'aménager son nid n'est absolument pas une légende. Dans notre ancien appartement, je tournais en rond comme un lion en cage. Il était évidemment inutile de t'y aménager une chambre ou d'y faire des travaux juste avant de le quitter. J'étais donc freinée et frustrée dans mes élans bricoleurs. Depuis l'emménagement dans nos nouveaux murs, je ne cesse de faire du bricolage et du ménage. Les rideaux, des nappes, de la mosaïque, des peintures, je ne m'arrête plus. J'ai besoin d'espace, et d'un espace bien à toi. Il s'agit d'un besoin irrépressible. Nous commençons à nous équiper plus sérieusement pour toi. Je m'attendris devant les pyjamas et sous-vêtements. Ils me semblent tellement petits. Je les serre contre moi, comme si tu étais déjà dedans. Avec ton père, nous nous émouvons devant ta table à langer, ton landau, ton petit lit. Tes affaires nous familiarisent avec les gestes quotidiens que nous accomplirons avec toi.

Je prépare notre valise pour la maternité. J'y place soigneusement tes affaires de toilettes et des pyjamas. Mon souci que tu aies chaud et que la matière soit douce et confortable guide mes choix.

Je suis rassurée que tout soit ainsi prêt pour ton arrivée. Curieusement, malgré ces préparatifs concrets, ton arrivée me semble encore une idée floue. Cela me dérange, cette proximité de ton arrivée et son côté abstrait. Un enfant va sortir de moi. Cela me paraît incroyable, extraordinaire. En neuf mois, de la rencontre – du choix mystérieux ? – d'un spermatozoïde et d'un ovule, de la taille d'un grain de poussière tu es devenu un petit d'homme d'une cinquantaine de centimètres. Un petit d'homme avec déjà une longue histoire sensorielle dans mon ventre. Sens-tu à quel point je m'attendris devant mon ventre qui bouge ? Envie. Mon poussin, mon bébé, mon tout petit.

❧ Quarantième semaine.

Je t'attends. Sans impatience. Sereinement. J'ai encore plein de projets jusqu'à ton arrivée. Une orgie de bricolage. Contrairement à ton père, je ne me sens toujours pas dans la hâte. Je sais que tu es prévu pour le vingt-huit avril. Cela me convient. Peut-être la fausse impression de maîtriser la date de ton arrivée me rassure-t-elle ? Bien à tort. Je ne maîtrise rien du tout.

L'ACCOUCHEMENT

❧ Dix-sept avril.

Des contractions intenses et rapprochées, signe que tu arrives ?

J'ai l'impression que tu vas naître cette nuit, dis donc. Je me réveille à trois heures du matin, avec des contractions régulières, toutes les huit ou dix minutes. Cela m'est déjà arrivé d'avoir beaucoup de contractions. Ce qui attire particulièrement mon attention, c'est mon état « d'alerte » et le fait que, pour la première fois, les contractions soient douloureuses. Il se passe quelque chose de différent. Impossible de retrouver le sommeil, ni même de le chercher d'ailleurs. Je décide donc de prendre un bain, comme les sages-femmes me l'ont conseillé. Si, grâce au bain chaud, les contractions se calment et s'espacent, il s'agit d'une fausse alerte. Si au contraire les contractions reviennent toujours de façon rapprochée et deviennent progressivement douloureuses, le bébé est probablement en train de naître ! Tu bouges beaucoup dans le bain. J'ai l'impression que tu aimes ce moment. Maintenant, étant donnée ta taille, tu as moins de place dans mon ventre. Peut-être ressens-tu aussi la pression ou le poids de mes différents organes. Dans le bain, où moi aussi je suis en apesanteur, tu retrouves de la vigueur et l'envie de bouger. Je me sens agréablement légère dans l'eau. Je me sens très proche de toi. C'est une forme de communion. Je te parle. Bien sûr tu peux naître maintenant, tu es prêt pour vivre avec nous. Mais tu peux encore profiter de quelques jours – onze pour être précise – dans mon ventre. Au bout d'une heure, les contractions sont toujours régulières, mais un peu moins nombreuses. Je me recouche apaisée et détendue.

Je me réveille soulagée. Tu m'aurais vraiment prise de cours tellement je suis persuadée que tu vas naître à terme. Et puis, j'ai plein de projets pour ces onze jours. C'est un peu comme prendre son élan avant de sauter. Si près du terme de ma grossesse, je suis en train de prendre mon élan vers toi.

L'événement de cette nuit m'a rapproché de toi. Je te sens si prêt et si près. Cela réveille davantage mon envie de découvrir ta frimousse, ton caractère, ton sexe (fille ou garçon ?). Tu me rappelles que tu peux arriver d'un jour à l'autre. Tu me rappelles que c'est toi qui choisis la date de ta naissance. Il n'y a que toi pour savoir quand tu te sens intimement prêt. Le terme correspond à un calcul moyen d'une durée moyenne de la grossesse moyenne. Il correspond rarement à la réalité. Les bébés n'ont pas strictement besoin du même nombre de jours pour naître « à terme ». C'est ton terme à toi qui est important. Je m'offusque contre les accouchements programmés pour cause de confort du médecin ou des parents et non pour raisons médicales. Je trouve dur d'aller chercher de force une petite crevette qui ne demande rien, qui sent qu'elle a encore besoin de quelques jours pour peaufiner sa maturité corporelle ou mentale. Les parents se présentent à la clinique à l'heure fixée, comme pour un rendez-vous chez le dentiste. « Bonjour, nous venons chercher le petit ». Peu de place à la magie et au mystère d'une naissance.

Je poursuis, joyeuse, mes activités de la journée. Je vais à pieds en ville acheter du tissu pour faire mes rideaux. Je me fais une joie de les coudre demain.

Le soir, j'ai soudain envie que ton père photographie mon ventre rond. Nous en parlons depuis quelques jours, mais sans nous décider. Trop fatigués, trop tard, toujours trop quelque chose. Cette fois, je suis décidée. Nous réalisons une longue séance photo, pleine de rire, de joie et d'émotions. Heureux, nous nous endormons vers minuit.

Dix-huit avril.

Trois heures plus tard, comme la veille, je me réveille avec des contractions toutes les huit ou dix minutes, telles des vagues régulières qui serrent mon ventre dans une tenaille. Comme la veille, je commence par prendre un bain chaud. Contrairement à la veille, les contractions sont toujours régulières et douloureuses à l'issue d'une heure de barbotage. Je réveille ton père. Pas d'affolement, il n'y a pas d'urgence. Les sages-femmes nous ont précisé les signes indiquant qu'il était temps de partir à la maternité : perte du liquide amniotique, saignements, deux à trois contractions par dix minutes…

Je ne suis pas encore à ce stade. Dans ce cas, leur conseil est d'avancer le plus possible à la maison la fameuse phase du travail. À la maison, je suis libre de mes mouvements et… de mes positions. Personne ne verra d'inconvénients à ce que je me mette à quatre pattes dans le salon si cela soulage la douleur. Et puis, sans péridurale, je peux déambuler et t'aider à descendre par la simple gravité terrestre ! Mais, il s'agit peut-être d'une fausse alerte comme hier. C'est curieux le sentiment qui m'anime. Je pense, je sais au fond de moi, que tu es en train de naître. Mais j'ai beau préparer concrètement ton arrivée depuis un moment, j'ai du mal à réaliser la possibilité de te serrer dans mes bras… tout à l'heure ! Puisque c'est de cela dont il s'agit. Je tente de me préparer mentalement à arrêter mon quotidien et à passer les cinq prochains jours à la clinique avec toi, mais cela me semble encore irréel.

Les contractions sont toujours régulières et douloureuses. Mais pour le moment, il s'agit d'une douleur supportable. Pour me donner du courage, je chante à tue-tête la chanson « Belle » de la comédie musicale Notre Dame de Paris (20). Drôle de spectacle que cette femme chantant fort à cinq heures du matin, tout en déambulant dans son salon. Je suis parfois interrompue tout net par la puissance d'une contraction. Je m'intériorise alors à ta rencontre, tout en respirant le plus calmement possible pour accompagner la douleur. Puis, je reprends ma chanson de plus belle. Ton père tente de se reposer sur le canapé. Dans le cas, de plus en plus improbable, où il s'agit d'une fausse alerte, il est sensé travailler demain. Je vais aux toilettes toutes les deux minutes. Tu appuies tellement sur la vessie qu'elle ne contient plus que l'équivalent d'un dé à coudre. Je m'aperçois que je suis en train de perdre le bouchon muqueux. Mon col de l'utérus est donc en train de travailler. En soi, cela ne signifie toujours pas que je vais accoucher cette nuit. Mais cela semble se rapprocher. Je te parle beaucoup.

« Je pense que tu es en train de naître. Cela signifie que tu vas nous rejoindre dans notre monde. Tu as peut-être peur mon bébé. C'est normal. Tu n'as jamais fait cela auparavant. Moi non plus, je n'ai jamais vécu cela. On se débrouille bien tous les deux depuis neuf mois. Il n'y a donc pas de raisons qu'on ne sache pas se débrouiller maintenant. Il faut que l'on se fasse confiance tous les deux. Tous les bébés et toutes les mères du monde y arrivent. Notre corps sait comment il faut faire. Aie confiance en toi et suis ton intuition. Moi aussi je me fais confiance pour savoir comment t'aider. C'est comme une mémoire ancestrale enregistrée à l'intérieur de nous ». Je t'explique à nouveau le chemin par lequel tu vas passer et la rotation que tu dois effectuer.

À sept heures du matin, ton père me conseille de partir pour la maternité. Cela nous permettra de savoir avec certitude si je suis bien en train d'accoucher et de prévenir son bureau à neuf heures. Je crois que sans lui, j'aurais accouché à la maison ! Ou bien est-ce que j'accepte sa proposition de partir parce que je pressens au fond de moi qu'il est effectivement temps, sans en être vraiment sûre ? Après quatre heures de contractions de plus en plus douloureuses et fréquentes, je me sens étrangement calme. J'ai un peu peur, mais je ne me sens pas pétrifiée d'angoisse.

Je me rendrai compte a posteriori que ce qui m'aide beaucoup pendant cette phase du travail est de vivre pleinement l'instant présent. À aucun moment, je ne me projette plus loin dans le temps et me dis par exemple « Combien de temps cela va durer », « Quand et comment va être la prochaine contraction » ou « Qu'est-ce qui va m'arriver ». J'ai mis de côté mon mental et ces pensées stressantes pour me concentrer sur ce que je vis au moment où je le vis : j'accompagne la contraction, telle qu'elle se présente, en fonction de son intensité et de sa durée. Dès qu'elle prend fin, je profite pleinement de ce moment de détente : je chante, je te parle, je me place dans le lien affectif ou bien je me repose. Je me détends beaucoup et remets ainsi, entre deux contractions, les « compteurs de stress et de douleur » à zéro – ou presque ! Je découvre aussi, mais plus tard, qu'une très bonne aide pour gérer les contractions est de placer alors mon attention sur une zone non douloureuse de mon corps. La sensation de douleur diminue puisque l'attention n'est plus focalisée sur elle. Je peux aussi penser à toi, mon amour de bébé et ressentir notre lien. Je peux penser que nous collaborons à un même événement, nous ne sommes pas seuls. Nous sommes deux à faire des efforts vers notre rencontre. Je sens ta progression dans mon corps : les douleurs ne sont donc pas vaines. Certains disent même que les douleurs peuvent contribuer à notre attachement réciproque et à l'acceptation de cette séparation de nos deux corps.

Quelques clés pour accompagner les contractions

Evitez d'aborder la phase du travail comme un ensemble de 5, 10 ou 15 heures de travail. Le temps entre deux contractions est de 12 à 15 minutes au début, voire plus. La durée de cet intervalle diminue progressivement. Ce sont autant de minutes précieuses pour se reposer et se ressourcer. Restez donc centrée sur le moment présent :

• Accompagnez la contraction telle qu'elle se présente, en fonction de son intensité et de sa durée. Ne cherchez pas à modifier la contraction mais à l'accueillir telle qu'elle est. Acceptez votre réaction pendant la contraction. Soyez bienveillante vis-à-vis de vous-même et ne vous fixez pas d'objectifs précis sur comment il « faut » être dans ce moment.

• Vous pouvez porter votre attention vers votre bébé et vous sentir présente à ses côtés. Poser votre main (ou celle de votre conjoint) en bas de votre dos ou sur le côté et placez votre attention dans la chaleur de la paume, en contact avec votre bébé.

• Vous pouvez respirer calmement. Par exemple, déplacez votre attention sur une partie non douloureuse de votre corps : soufflez doucement dans votre main et focalisez votre attention sur ce souffle frais dans votre paume en imaginant qu'il s'agit du vent sur la mer. Souffler présente aussi l'avantage d'aider à maintenir une longue expiration. Vous pouvez visualiser en même temps une vague à l'image de la contraction : soit une douce houle, soit une forte vague qui arrive sur une plage. La sensation de douleur s'en trouve grandement diminuée.

• Selon ce qui vous convient, vous pouvez également prononcer les sons aaaa ou oooo dans l'expiration, comme un chant. Ces sons vibrent agréablement et utilement dans tout votre corps.

• Prêtez attention aux ressentis liés à la descente de votre bébé dans votre bassin et donner du sens à ces contractions : elles ont pour but l'arrivée imminente de votre bébé !

• Quand vous portez votre attention sur le col de l'utérus ou le périnée, vous pouvez les voir et les ressentir s'ouvrir comme vos bras à l'accueil de votre bébé.

Dès que la contraction prend fin, rendez-vous pleinement disponible pour ce moment de détente.

• Vous pouvez être créative : chantez les chansons que vous aimez, parlez à votre bébé, placez-vous dans le lien affectif ou bien reposez-vous. Ainsi, vous pourrez vous détendre et remettre ainsi, entre deux contractions, les « compteurs de stress et de douleur » à zéro – ou presque !

Nous arrivons à la maternité à sept heures et demie. Pendant le trajet, les contractions deviennent vraiment douloureuses. Elles m'enserrent le ventre à me couper le souffle et perturbent quelque peu la belle théorie de la respiration maîtrisée. Je tente de ne pas focaliser toute l'attention sur la douleur au risque de me laisser submerger par elle.

Nous arrivons calmement. Je n'avais jamais imaginé que l'on pouvait arriver calmement à la maternité. Dans les films, on voit toujours les parents se précipiter dans l'urgence absolue d'un accouchement immédiat. Dans mon esprit, cela tenait de la course poursuite jusqu'à ce que je voie une femme arriver très sereinement avec sa valise, alors que j'étais à la maternité pour suivre les cours de préparation. Je l'avais observée longuement tellement son calme et la lenteur de ses déplacements contrastaient avec ce que je m'imaginais.

La sage-femme m'accueille tout sourire :

« Vous avez bien fait de ne pas vous presser. Le travail est souvent long, surtout pour un premier accouchement. Je vais installer un monitoring pour suivre le rythme de vos contractions ainsi que l'activité cardiaque du bébé, et je viens vérifier le résultat dans vingt minutes ».

Vingt minutes plus tard, j'ai eu le temps de broyer trois phalanges de la main de ton père. Au plus fort de la contraction, je maîtrise bien peu de choses… Si elle me dit que j'en ai encore pour cinq heures, je pense que je céderai à la péridurale. Je ne suis quand même pas masochiste. La sage-femme revient et s'étonne fortement du rythme intensif des contractions – une toutes les minutes –. Elle n'avait pas imaginé que je pouvais être déjà si avancée dans le travail. Pensez donc, un premier accouchement. Sur un ton faussement calme : « Je vais examiner votre col de l'utérus. Oui… Je vérifie, hein… ». Elle ouvre soudain les yeux grands comme des soucoupes : « mais vous êtes déjà à neuf centimètres de dilatation ! ». Je ne peux m'empêcher de sourire à ton père devant cette bonne nouvelle : le plus long de l'accouchement est donc déjà derrière moi. Tu arrives vraiment. Dans quelques heures, je te serre dans mes bras. J'ai l'impression de vivre un rêve au ralenti. Pourtant, c'est avec précipitation que la sage-femme me dirige vers la salle d'accouchement.

J'ai le sentiment de vivre un moment suspendu hors du temps, splendide et unique. Une rencontre avec toi et avec moi-même. Une rencontre avec mes propres limites. J'ai le sentiment, en effet, de repousser le seuil de douleur et le degré « d'inconnu » supportables par rapport à ce que j'aurais accepté dans un autre contexte. J'accueille pleinement le moment présent là où d'habitude j'anticipe, planifie, maîtrise. Je lâche le mental pour être intériorisée dans mon corps. J'accepte d'être présente à mes ressentis et de vivre l'événement en conscience là où la douleur et la peur m'auraient normalement fait fuir dans mes pensées. En ce sens, je vis mon accouchement comme un moment initiatique.

❧ Mon accouchement m'appartient.

« Vous désirez la péridurale ? »

Je suis presque surprise par la question. Lors des cours de préparation à l'accouchement, la sage-femme m'avait annoncé : « Honnêtement, si vous tenez le coup jusqu'à neuf centimètres de dilatation, il serait dommage de demander la péridurale. Les contractions de poussées paraissent moins douloureuses, car vous entrez dans une phase où vous êtes vraiment active et c'est le moment le plus intéressant pour avoir le ressenti de ce qui se passe dans votre corps ». Forte de cette affirmation, je refuse la péridurale.

« Vous êtes sûre ? Cela va durer peut-être encore un quart d'heure, mais peut-être une ou deux heures. Et puis vous allez avoir très mal, vous allez avoir l'impression que tout va exploser ! ».

Je suis émue par tant de délicatesse et de finesse psychologique. Elle arrive donc à me faire hésiter. Je réfléchis pour finalement revenir à mon impression première. Je refuse à nouveau, mais avec un peu d'appréhension sur ce qui m'attend. Dans le cas où je n'aurais pas bien compris les souffrances qui m'attendent, elle me répète les mêmes arguments dix minutes plus tard. Cette dame est vraiment très encourageante !

Elle place ensuite soigneusement un tissu sur mon ventre.

« Non, c'est gentil, mais je préfère que mon bébé soit directement sur ma peau ».

Après ces neuf mois de corps à corps intime, je ne souhaite pas t'accueillir dans un linge. Je n'ai pas peur du sang ni du vernix, cette substance qui te recouvre. Je n'ai pas peur de me salir. Je n'ai qu'une envie, sentir la douceur et la chaleur de ton petit corps sur le mien.

Je sens soudain une irrépressible envie de pousser. Il me serait impossible de lutter contre cette volonté impérieuse de mon corps. Il a l'air de savoir faire. Je l'observe, le suis et l'aide donc. La sage-femme s'absente. Le personnel réduit d'un dimanche matin suit quatre accouchements simultanément. Elle revient avec une bassine et ce que je crois être des ciseaux. Je ne peux m'empêcher de lui demander ce dont il s'agit.

« C'est pour percer la poche des eaux.

– Pourquoi y a-t-il besoin de percer la poche des eaux ?

– Cela permet d'accélérer l'accouchement ».

Je suis surprise. On ne peut pas vraiment dire que mon accouchement traîne dans le temps. J'ai le sentiment intime que ce geste n'est pas anodin pour toi. Percer la poche des eaux signifie aussi que tu vas soudain découvrir la gravité terrestre, la pesanteur de notre environnement. Je préfère que tu choisisses toi-même le moment où tu te sens prêt.

« On peut attendre un peu ou ce geste est vraiment nécessaire ?

– On peut attendre cinq à dix minutes si vous le souhaitez. Mais si elle se perce toute seule, vous allez avoir mal ».

Ah ! Oui, j'avais oublié que tout ce que je refusais entraînait d'affreuses souffrances. Je me sens suffisamment en contact avec ce qui se passe dans mon corps pour avoir la force de ne pas me faire imposer des gestes médicaux tant que ta santé ou la mienne ne l'impose pas. Trois minutes plus tard, la poche des eaux se rompt toute seule sous ta pression.

La sage-femme repère consciencieusement les contractions sur le monitoring et m'annonce quand je dois pousser. Elle a oublié que je n'ai pas d'anesthésie, car c'est peu fréquent dans cette clinique. Je sens instinctivement quand mon corps m'intime l'ordre de pousser. Plusieurs fois, à la demande de la sage-femme, je réponds :

« Non, je ne pousse pas encore, j'attends que la contraction soit bien installée. Voilà, ça y est… ».

Elle finit par suivre mon rythme.

« Arrêtez de pousser quelques instants, le médecin met ses gants ! ».

Il va vite mettre ses gants, le médecin, car on me demande l'impossible. Impossible en effet de retenir cette nécessité de pousser à un moment que je ne maîtrise pas.

Je devine, je sens ta progression. Je me sens vraiment avec toi, je t'accompagne dans ton effort. Je suis concentrée sur ce qui se passe dans mon corps. La douleur devient très forte et m'inquiète. Je ne sais pas ce qui m'attend. Je découvre l'accouchement et ses douleurs en temps réel, sans pouvoir faire de pause ou retourner en arrière. J'ai l'impression de vivre mon accouchement, ta naissance, depuis l'intérieur de mon corps.

La voix de ton père devient donc mes yeux. Sa présence me rassure depuis le début. Au moment d'entrer dans la salle d'accouchement, je me suis soudain demandée à quelle sauce j'allais être mangée. Etre avec ton père me permet d'aborder plus sereinement cette grande inconnue. Il est là, tout simplement, et c'est énorme. En plus de sa présence rassurante, il devient donc mes yeux. Il répète après la sage-femme qu'on aperçoit tes cheveux, puis ta tête. Je suis tellement concentrée sur l'intérieur de moi qu'il devient mon contact avec « l'extérieur ». Il m'aide à vivre pleinement mon accouchement. Il me fait là un beau cadeau. Et puis son enthousiasme est communicatif. Je me sens pleine d'entrain à ses côtés.

« Regardez votre bébé, madame ».

Je lève les yeux et te découvre soudain. Ton corps, qui sort de mon corps, me semble immense. Tu sembles jaillir de moi. Tu es là. Tu es là. Mon bébé. Mon tout petit. Mon amour.

Le médecin te pose délicatement sur mon ventre. Soudain, je sens la chaleur de ton petit corps contre le mien, si doux et humide. Tu es donc là, petit bébé. Après notre cohabitation de neuf mois, enfin je te découvre. Tu pleures doucement sur mon ventre, calmement. Tu sembles te reposer d'un long voyage. D'ailleurs, tu sembles t'endormir. Dire qu'il y a encore peu de temps, le corps médical t'aurait accueilli en te tenant par les pieds, voire en te donnant une bonne claque pour que tu cries. Depuis, nous avons constaté que nous étions des hommes et non des lapins. Nous cherchons à humaniser la naissance et l'accueil du bébé. Nous t'accueillons donc comme un petit d'homme. Sentir ta peau contre la mienne déclenche en moi une émotion difficilement descriptible. Un amour infini est en train de naître en moi. C'est comme si je le sentais grandir et prendre une place physique dans mon corps. J'ai envie de te garder des heures ainsi, à te réchauffer contre mon corps. Tu sembles si serein.

– « Vous voulez regarder le sexe de votre enfant, monsieur ? ».

La voix qui s'adresse à ton père me fait sursauter. Elle casse un moment magique. Je viens de vivre un événement d'une intensité psychique et physique incroyable et je suis dans un moment de rencontre absolue avec ce petit être contre moi. Cette question me ramène brutalement à la réalité de cette salle d'accouchement et du personnel présent. Pourquoi tant de précipitation ? J'ai l'impression que le personnel médical pense qu'il n'y a que cela à découvrir de l'enfant : son sexe. Comme si le suspense et l'attente supposée intolérable allaient enfin prendre fin : nous allons savoir ton sexe. Comme c'est te réduire mon bébé, que de penser que l'on te connaît quand on connaît ton sexe. Il reste tout à découvrir de toi. Ta frimousse bien sûr, mais aussi ton caractère. Ton sexe est un élément parmi d'autres. Je ne ressens aucune urgence à le connaître. J'ai toute ma vie pour te découvrir. Le médecin et la sage-femme me semblent bien impatients et invitent ton père à découvrir si tu es une petite fille ou un petit garçon.

– « C'est une petite fille ».

Une petite fille. Tu es donc une petite fille. Toi. Ma fille. Mon amour de fille.

– « Bienvenue, mon bébé. Bienvenue. Nous sommes là pour t'accueillir et prendre soin de toi. Nous sommes heureux de te connaître, tu sais ».

Je te garde contre moi. Je plonge mes yeux dans les tiens. Je suis surprise par l'intensité avec laquelle tu me regardes. Tu sembles fixer pour l'éternité mon visage dans ton esprit. Tu sembles associer mon visage avec ce que tu connaissais déjà de moi : ma voix et mon odeur.

Ce moment est magnifique. Un lien précieux se tisse lors de notre contact physique. Il est difficile de dire tout ce qui se passe au moment de la naissance. On pense aujourd'hui que le contact physique dans les heures et les jours qui suivent l'accouchement participe fortement à créer un réel attachement entre toi et moi, entre la mère et son enfant (21). L'attachement n'est pas que mystérieux, il semble être aussi en partie chimique. Ce phénomène implique, entre autre, des hormones, dont l'ocytocine et la prolactine (22). Elles contribuent à notre attachement. Je sécrète ces hormones quand je t'allaite ou quand je te serre tout simplement contre moi. Cet attachement contribue à mon envie irrésistible de m'occuper de toi et de te caliner dans mes bras. Le sentiment que tu prends une place physiquement en moi est donc fondé. L'attachement que j'éprouve pour toi me semble différent de l'amour. Je crois qu'il est possible de t'aimer sans me sentir attachée à toi. L'amour vient du cœur tandis que l'attachement, selon moi, vient du corps et d'une disponibilité psychologique. Petite fille, je t'ai dans le cœur et dans le corps.

Plus tard, je sentirai dans mes tripes combien tu me manques quand je m'absente, combien je tiens à toi. J'éprouve un réel élan vers toi quand tu m'appelles. Quelque chose de toi m'habite en permanence et me fait agir intuitivement. Un quelque chose un peu sauvage, instinctif. Le fait de te garder contre ma peau et de te regarder droit dans les yeux juste après ta naissance crée ce que les spécialistes appellent le « bonding »: l'attachement, le lien. Les pédiatres américains Klaus et Kennel, après des recherches et le suivi de familles sur plusieurs années, ont conclu en 1976 à l'existence d'une « période sensible des premières minutes et heures suivant la naissance, cette période étant optimale pour le développement de l'attachement parent-nourrisson ». Leur étude, jugée peu scientifique, a été controversée. Cependant, depuis, d'autres observations sont venues étayer l'importance d'éviter toute séparation (22). Une séparation précoce ne constitue pas, bien sûr, un obstacle insurmontable pour créer l'attachement, mais séparer un enfant de sa mère à la naissance, sans justification médicale sérieuse, est dépourvu de sens et prive inutilement la relation mère-enfant des premiers instants précieux, qui s'enracinent profondément.

« Quel prénom lui donnez-vous ? ».

Ton prénom, bien sûr, nous y pensons depuis quelques mois. Te donner le prénom que tu porteras toute ta vie nous apparaît une grande responsabilité. Petite fille, alors que nous nous regardons intensément, le prénom qui avait déjà notre préférence jaillira spontanément de mes lèvres.

Je t'observe avec avidité. L'implantation de tes cheveux sombres dégage un grand front bombé, ton petit menton est délicatement arrondi, ton adorable petit nez en trompette arbore quatre minuscules boutons blancs. Ton visage et ton regard sont gravés dans ma tête. Impossible que la maternité t'échange par erreur contre un autre bébé. C'est trop tard. Je te reconnaîtrais entre mille.

Tu es toujours là, sereine, sur mon ventre. Je m'imagine ta naissance, vu de ton côté. Tu es confortablement et chaudement installée dans l'utérus, même si tu te sens plus à l'étroit depuis quelque temps. Tu es bercée par tous les bruits familiers de mon corps et ceux plus sourds et lointain de cet « extérieur » que tu ne connais pas, mais dont tu commences à te faire une idée. Un jour, tu te sens prête pour découvrir « l'autre côté ». Dans la majorité des cas, c'est toi qui sembles sécréter la substance qui déclenche les premières contractions. Les contractions t'enserrent et t'enlacent de plus en plus étroitement. Elles te massent, te guident, puis deviennent plus fortes et commencent à t'enserrer un peu trop à ton goût. À ce moment, tu décides qu'il est temps de sortir vers cet ailleurs. Tu te laisses guider par les contractions et l'intuition. Ton corps semble puiser d'une mémoire mystérieuse le savoir de ta naissance. Tu avances lentement et cela te demande un grand effort. La poche des eaux se perce sous ta pression et soudain tout te semble plus lourd sur ton petit corps. Puis tout s'accélère. Après un dernier « passage » étroit que tu forces avec ta tête, tu es soudainement projetée dans un environnement inconnu, froid, où la lumière te semble extrêmement vive et les bruits nets et forts. Tu es manipulée indépendamment de ta volonté. Le changement, sans transition, doit te sembler très agressif. Et soudain, havre de paix, des mains puissantes te posent sur quelque chose de chaud, de doux dont tu reconnais aussitôt l'odeur si familière. Là, tu entends les battements de cœur qui rythmaient déjà ta vie d'avant. Tu entends la voix connue de ta mère. Tu reconnais le doux bercement lié à ma respiration. Plus tard, tu reconnaîtras aussi ma façon de me déplacer, de marcher. Il y a donc des choses connues dans ce monde nouveau. Tes sens les guettent et les savourent. Ces éléments connus sont ceux que ta mémoire a emportés avec elle de ta vie intra-utérine. Ces éléments connus, que tu retrouves après ta naissance, sont ton repère, ta maison, ta sécurité. Sans eux, tu ne sais plus du tout où tu es, ni ce que tu vas devenir. Si demain on me projetait sur une planète inconnue, je serais aussi désorientée que le nouveau-né que l'on isole de sa mère. Si sur cette planète, je retrouve ma maison et mon jardin, je serais rassurée d'avoir cette base connue pour partir explorer petit à petit la planète. Tu retrouves donc « ta maison ». Elle te nourrit, te réchauffe et te protège. Le reste du monde patientera.

Dès ta naissance, tu fais preuve d'une adaptation extraordinaire à ton nouvel environnement.

En cet instant incroyable de ta naissance, tu connais des changements physiologiques extraordinaires de précisions et de rapidité. Marie Thirion les décrits extrêmement bien (15). Tu vivais dans du liquide et dois soudainement aspirer pour la première fois de l'air dans tes poumons. Une naissance par voies basses t'aide à te préparer pour cette première aspiration d'air : la pression exercée sur ton thorax fait sortir le liquide situé dans tes voies respiratoires et l'élasticité des côtes entraîne l'aspiration d'un peu d'air dans « l'arbre pulmonaire ». Sans le placenta et le cordon ombilical, tu dois apprendre à irriguer et oxygéner seule ton corps : ta circulation sanguine s'adapte et s'inverse en partie au moment de ta naissance. Tu passes d'un milieu stérile à un milieu qui ne l'est pas du tout. Ton corps est immédiatement colonisé par des millions de microbes. Tu dois constituer ta défense immunitaire et ta flore intestinale. Les hormones sécrétées lors du stress éprouvé pendant le travail permettent la stimulation des fonctions vitales et les organes vont passer d'un stade d'entraînement à un fonctionnement complet. Jamais plus dans ta vie, ton corps ne sera sollicité autant que lors de ta naissance. Tu connais une adaptation immédiate et extraordinaire à ton nouvel environnement (15). C'est la magie du corps, de l'instant, de la vie.

C'est par tes sens en alerte que tu découvres le monde. Tu vois très bien, au moins jusqu'à une distance d'une trentaine de centimètres. Cette vision limitée est peut-être pour toi une sorte de protection, qui te permet de ne découvrir que progressivement ton nouvel environnement (ou bien peut-être sera-t-il prouvé plus tard que tu vois mieux ou différemment que ce que l'on pensait ?). D'instinct, une mère place son visage à cette « bonne » distance de son bébé. D'instinct, je ne doute absolument pas que tu me vois parfaitement bien. Dès les premiers jours, tu sembles voir à plusieurs mètres. Ta sensibilité au toucher est très forte. Ta peau est un formidable moyen de communication avec ton environnement et moi. Ton odorat est plus fin qu'il ne le sera plus tard dans ta vie. Tu es capable de me reconnaître à l'odeur et de trouver mon sein. Ton goût aussi doit être bien développé : tu possèdes dix fois plus de papilles gustatives qu'un adulte. Celles qui ne seront pas sollicitées d'ici à quelques semaines disparaîtront. Tu entends très bien et distingues même les aigus des graves, avec une préférence, semble-t-il pour les aigus. Est-ce l'intuition de cela qui me fait utiliser une voix plus aiguë quand je t'adresse la parole ? Instinctivement, il semble que nous agissons en fonction de ce que tu es capable de percevoir. Magie et mystère, à nouveau, de notre relation (23).

Un bébé est loin d'arriver au monde vierge de représentations et de perceptions.

Je suis convaincue de ta grande capacité de perception. Dominique Simonnet, dans son enquête sur les bébés, pose les mêmes questions : « L'univers du nouveau-né est-il un puzzle encore incohérent, une succession d'événements sans continuité, de sensations sans signification ? Quelle image se fait-il du monde ? Lui donne-t-il un sens ? Ici aussi, les chercheurs ont été étonnés. Même si son cerveau n'est pas achevé, le petit d'homme perçoit un monde qui n'a rien de confus ou de brouillé, comme on l'a cru longtemps. Ce n'est pas un chaos de sensations sans signification, mais bien un environnement riche et peuplé d'objets. » (3) Dès ta naissance, tu mets tous tes sens à l'œuvre pour te donner des repères dans ton nouveau monde. Tu observes très précisément, d'abord les éléments contrastés. Il semble que tu saches déjà coordonner tes différents sens pour te permettre de mieux cerner ton environnement, comme l'audition et la vue par exemple. Si on te propose un petit objet, tu es même capable d'essayer de le saisir, à condition que tu sois bien tenue, notamment au niveau de la tête. Effectivement, calée contre moi à la maternité, âgée de deux jours, je te vois essayer d'attraper une carotte dans mon assiette.

L'auteur ajoute qu'il ne suffit pas pour toi de percevoir l'univers des gens et des choses, mais il te faut aussi en déceler les règles et les lois. Il te faut penser et imaginer ton environnement pour le comprendre. « Placé près de son visage, un hochet paraît plus grand que s'il est éloigné, il n'a pas le même aspect s'il est présenté de face, de profil, ou s'il est retourné. Et pourtant, c'est le même hochet. Plus difficile encore à imaginer : l'objet existe toujours, même s'il a disparu. (...) Et une fois encore, le bébé surprend : il accède à la logique des choses et acquiert une intelligence du monde plus tôt que les spécialistes le pensaient il y a quelques décennies. » (3)

« Certains chercheurs pensent que tu posséderais, dès ta naissance, de représentations abstraites du monde ou en tout cas d'un moyen qui te permettraient de faire la synthèse des informations envoyées par tes sens. Tu sembles te faire une idée du monde – plus ou moins motivante pour naître – avant ta naissance » (3). Tu es loin d'arriver au monde complètement vierge de connaissances et de perceptions, même si tu n'es pas encore capable de les interpréter sans notre aide !

Bienvenue, mon bébé. Je me penche sur toi et joue les bonnes fées. Je te souhaite beaucoup de bonnes choses. Au hasard, le bonheur, la malice, la curiosité, l'amour, la confiance. Je te dis tous les qualificatifs heureux qui me passent par la tête : le dictionnaire n'en est pas avare. Tu peux tout prendre pour toi. Tu ne priveras personne.

Tu têtes. Je m'en aperçois soudainement. Je t'ai rapprochée de mon sein sans même y réfléchir et tu l'as pris tout naturellement, comme si nous avions fait ce geste toute notre vie. Je te regarde. Je cherche à te relier, petite boule de chair et d'amour, à mon ventre rebondi de femme enceinte. Je n'arrive pas à conceptualiser que tu me donnais des coups de pieds sous les côtes il y a quelques heures encore. Et en même temps, c'est évident, c'est toi qui avais le hoquet du soir, qui cherchais notre main pour des caresses, qui me réveillais parfois la nuit, qui a habité neuf mois dans mon ventre. Toi. J'ai le sentiment d'une nouvelle grande aventure qui commence, après celle de la grossesse.

Le soir, en faisant ma toilette, je suis soulagée de voir que j'ai encore un ventre arrondi. Mon utérus, même vide de toi, est encore volumineux. Je suis soulagée de mettre encore des vêtements de femme enceinte : je mets ceux que je portais quand j'étais à quatre ou cinq mois de grossesse. J'aimais tellement mon ventre rond que j'aurais eu du mal à retrouver immédiatement ma silhouette fine. Je caresse longuement mon ventre devant le miroir. Je m'imprègne de ce profil que bientôt je n'aurai plus. Je considère avec émotion les marques de mon corps. Notamment cette étrange ligne brune verticale qui naît au-dessus de mon pubis, passe par mon nombril pour s'éteindre au milieu de mon ventre. Je l'appelle ma « fermeture éclair ». Elle est apparue à la fin de la grossesse et disparaîtra au bout de quelques mois. Il me faut maintenant accepter le fait que je ne sois plus une femme enceinte. Cela se fera doucement, au fur et à mesure que je retrouverai ma ligne.

Je me sens sous le choc de ta naissance. Un peu abasourdie. Je sens que je t'accueille vraiment de tout mon être, et en même temps, j'ai un mal fou à réaliser que tu es née. Plusieurs émotions se télescopent. Je me sens profondément heureuse de t'avoir contre moi et de te découvrir, et en même temps un peu triste que tu m'aies privée de dix jours de grossesse. Je me sens à la fois soulagée que la naissance se soit bien passée et étonnée que tu sois déjà là. Je suis surprise de savoir te porter avec tant d'aisance et inquiète de ne pas savoir encore te comprendre…

PREMIÈRE SEMAINE

Deuxième jour.

Tu as un jour, petite fille, petite merveille. Un jour de vie, c'est si peu et c'est tellement. Je passe presque toutes les heures de ta vie à te tenir serrée, bien au chaud dans mes bras. Chaque minute est tournée vers toi et je n'arrive pas à regarder la télévision à la maternité. Ma télévision, c'est toi. Une seule chaîne est disponible, mais impossible de s'en lasser. Quand tu dors, j'observe ton visage si délicat et tes petits mouvements de sourcils ou de lèvres. À quoi peux-tu bien rêver ? À quelles images de ta courte vie terrestre ou à quelles sensations de ta vie dans mon ventre peux-tu songer ? Quand tu te réveilles, je plonge avec délice mes yeux dans les tiens.

Il serait relativement facile de te prendre pour un petit être passif. Tu ne parles pas et ne sembles pas répondre aux stimulations. On en conclut souvent que tu « n'es pas encore intéressant ». On pense qu'un petit être comme toi ne communique pas. Je n'en crois rien. C'est, à mes yeux, confondre et réduire la communication à la parole. Bien sûr, tu ne peux pas encore parler, bien que tu sois génétiquement programmée pour savoir le faire. Mais tu sais déjà communiquer. Lors de nos tête-à-tête, tu sembles adorer mes imitations de tes mimiques et tu cherches déjà à y répondre. Je le vis comme un début de complicité et d'échanges. Tu communiques avec ton corps. Ton visage et ton regard savent déjà exprimer les émotions, dont la peur ou la confiance. Il suffit de voir ton visage si par mégarde je te prends mal dans mes bras et que tu as le sentiment de tomber en arrière. Tes yeux s'affolent et tes muscles se contractent. Les psychothérapeutes ont depuis longtemps conclu lors de leurs travaux que certaines perturbations de la santé dont certains troubles digestifs ou problèmes de peau sont autant de moyens pour un bébé de faire savoir que quelque chose ne va pas bien (13). C'est ce que constate au quotidien la psychanalyste Myriam Szejer dans sa pratique en maternité (12).

Tu communiques avec ton corps.

Tu comprends également bien plus de choses que ce que l'on veut bien croire, mon bébé. Tu reconnais ma voix et distingues quand je m'adresse à toi ou à d'autres personnes. D'ailleurs, tu sembles déjà réagir à ton nom. Certains chercheurs ont même montré que dès l'âge de quelques jours, tu sais quand je parle de toi à une tierce personne : tes battements de cœur s'accélèrent ou ralentissent signifiant un stress ou de l'intérêt. Dès ta naissance, tu montres une sensibilité supérieure pour la « musique » de ta langue maternelle par rapport à une langue étrangère (23). De la même façon, mon bébé, tu perçois la sérénité ou au contraire les tensions ou soucis des personnes qui t'entourent. Tu es comme une éponge sensorielle et tu t'imprègnes du climat environnant. Tu le perçois et le comprends bien mieux que ne saurait le faire un adulte. C'est comme si tu avais une compréhension sensorielle aiguë de ton environnement et de l'état d'esprit des personnes proches. Nous, adultes, obnubilés par la parole, oublions tout simplement souvent d'observer les autres moyens d'expressions. Cependant, nous sentons, sans qu'elle nous le dise, quand notre meilleure amie ne va pas bien. Nous savons reconnaître ce subtil changement dans son comportement qui trahit l'angoisse ou le chagrin. C'est exactement cette perception qui est extrêmement développée chez toi, tout nouveau-né. Tu sais détecter beaucoup de choses, celles qui sont dites, celles qui ne sont pas dites et même celles qui sont inconscientes pour moi ou ton père. Plus tard, la parole et l'audition deviendront largement prédominantes et, parce qu'ils seront moins sollicités et surtout moins écoutés, amoindriront les autres sens.

Dès ta naissance, tu vas chercher à relier les événements entre eux. Tu as une courte mémoire qui te permet de reconnaître (24). C'est là ton repère pour découvrir le monde. Tu reconnais une voix et une odeur. Puis, tu vas reconnaître des visages, des objets, des détails, des habitudes. Petit à petit, le monde te semblera moins imprévisible, moins inconnu. Les premiers jours et les premiers mois correspondent pour toi à une avalanche d'informations nouvelles. Ton cerveau est stimulé comme il ne le sera jamais plus ensuite dans ta vie : pendant ton développement, il semble qu'il fabrique jusqu'à plusieurs millions de synapses par secondes (13), c'est-à-dire de connexions nerveuses entre deux neurones. Il n'est alors pas étonnant que tu te réfugies autant dans le sommeil. Tu t'offres ainsi des pauses qui te permettent de t'isoler et te reposer bien sûr, mais aussi de trier les informations déjà reçues. Il n'est pas étonnant non plus que des choses anodines pour nous puissent te mettre dans un état de stress ou de peur intense. Tout élément nouveau, parce que justement il est nouveau, peut te surprendre ou t'angoisser. Personne, moi la première, ne peut juger l'intensité de tes émotions. On est souvent tenté de dire à son bébé : « Mais non, tu ne dois pas avoir peur » ou « Il n'y a aucune raison de pleurer ».

Il n'y a peut-être aucune raison visible et compréhensible pour moi à tes pleurs mais cela ne signifie pas qu'il n'y a pas de cause réelle. J'imagine ma tête si je devais découvrir les habitudes quotidiennes des habitants de la planète Mars. Je vois les petits hommes verts faire très sérieusement des actes qui n'ont aucun sens pour moi. Je n'arrive ni à saisir leurs mœurs ni à me faire comprendre. Dans cet univers qui me semble insaisissable, je subis des stimulations que je n'avais jamais connues auparavant : des visions effrayantes, des bruits assourdissants, des manipulations vives par des mains géantes. Il y a fort à parier qu'un excès de tension nerveuse finirait par me conduire droit aux larmes.

Or tu es encore plus démunie pour découvrir notre environnement que nous ne le serions à découvrir Mars : tu n'as pas, contrairement à un adulte, la capacité mentale d'analyser et de mettre en mots ce que tu éprouves. La sensation de la faim est nouvelle pour toi qui étais « sous perfusion permanente » dans mon ventre. Comme l'exprime Suzanne Robert Ouvray, quand tu as faim, tu ressens une douleur physique, mais tu n'es pas capable de te dire que tu as faim, que boire du lait peut te calmer. Tu ne peux que subir cette douleur dont l'intensité s'accroît et constater que tu n'as plus mal en ingérant un liquide chaud et bon. De même, tu es surprise par un bruit trop fort, sans être capable de comprendre d'où provient cette agression auditive, ni de comprendre qu'elle est sans danger (25). Je constate en effet ton réel désarroi à ton regard fixe et apeuré que tu gardes de longues secondes après un bruit fort. C'est réellement comme si ce bruit interrompait quelque chose du cours de ta vie : pendant un certain temps, tu ne peux rien faire d'autre qu'être sous le choc. Visuellement, j'imagine que des images se succèdent sans avoir aucun sens pour toi. La découverte du monde est réellement source de stress pour un aussi petit bébé qui ne connaît rien à ce que nous vivons et qui n'a pas encore les moyens d'interpréter ce qui se passe. Nous oublions trop facilement cela en tant qu'adulte habitué à notre vie terrestre et capable d'analyser, d'anticiper et d'agir en fonction des événements. À nous de prendre parfois le regard naïf du nouveau-né pour mieux le protéger, le sécuriser et respecter ses sensations.

Dehors, il fait un temps épouvantable. J'ai l'impression très agréable d'être justement hors du temps et hors de ce mauvais temps. Je suis dans une parenthèse, dans un cocon chaleureux où mon unique préoccupation est de m'occuper de toi. Je ressens de réels élans protecteurs, l'envie de t'envelopper littéralement, de te protéger, de te couver. Je souhaite t'apporter ma protection et ma chaleur dans cet univers si nouveau pour toi. Tu es encore si petite. Rien ne peut m'ôter cette impression que tu aurais dû être encore dans mon ventre pour dix jours, alors je remplace mon ventre nourricier par mes bras chaleureux. Pourtant, je sais et je sens que tu es née à ton terme. Tu n'avais pas besoin de ces dix jours supplémentaires. Tu es parfaitement formée et délicatement finie comme l'indiquent tes petites oreilles bien ourlées, tes lèvres si fines, tes dix doigts minuscules et surtout ta grande sérénité. Je te sens réellement sereine de ton arrivée dans notre monde et cela me remplit de joie.

Tu sembles déjà avoir des armes intérieures pour affronter l'inconnu. Je trouve que nous formons une belle équipe depuis ta conception et ose espérer que cela a contribué à ta sérénité actuelle. L'envie de te protéger et de te couver me vient aussi de ce sentiment que tu es encore fragile. Nous avons beau être la race la plus évoluée, nous mettons au monde des petits êtres immatures. Mon bébé, tu as beau avoir déjà de nombreuses compétences de communication et de compréhension, tu n'en es pas moins encore immature. Tu ne peux pas survivre seule : tu ne sais pas te nourrir seule, te déplacer, te laver, te protéger du froid… au-delà de ces aspects de survie, certaines de tes fonctions ne sont pas matures : ton système immunitaire, ton système nerveux, ton système digestif, ton cerveau… Etant donnée la taille de ton cerveau et donc de ta tête, heureusement que tu n'attends pas d'avoir un cerveau mature pour naître : ta tête ne passerait tout simplement pas. Certains auteurs disent avec raison qu'une grossesse dure dix-huit mois et non neuf mois.

À ta naissance, certaines fonctions – digestives, neuronales, immunitaires... – ne sont pas encore matures. Les mois qui suivent ta naissance correspondent encore à une gestation à l'extérieur où tu continues à développer des fonctions vitales.

La pédiatre arrive dans notre chambre et souhaite t'examiner. Pour cela, elle t'enlève ton petit pyjama. Et soudain, j'ai un choc car je réalise que je ne t'ai pas réellement vue nue. Je vais découvrir ton corps presque deux jours après ta naissance. Ce délai me semble soudain incroyable. Je t'ai mise au monde, avec toute la nudité que cela représente pour nous deux, et je ne connais pas ton corps, ni le velouté ou la teinte de ta peau. Je trouve cela presque indécent. À ta naissance, ton corps posé sur mon ventre était recouvert de substances humides et j'étais concentrée sur ton visage. C'est ton père qui t'a offert ton premier bain. Puis, le premier soir, tu as été emmenée d'office à la nurserie (un peu sonnée, je n'ai pas eu la détermination de te garder près de moi, mais aucune femme ne devrait se faire imposer cela sans raisons médicales). Et aujourd'hui, les puéricultrices ont trouvé des excuses pour te changer ou faire ta toilette elles-mêmes. J'apprends par la suite qu'elles ont cette habitude pour éviter que les femmes ne se lèvent peu de temps après la péridurale et ne fassent des malaises. Ne savent-elles pas que je n'ai pas eu d'anesthésie ? Je crois que de mon côté, j'étais trop abasourdie par tout ce qui se déroulait pour réagir. Je ne sais donc pas pourquoi je ne découvre ton corps que si tardivement. Je ressens un besoin viscéral de sentir ta peau contre la mienne.

Etre touché est un véritable besoin pour le nouveau-né.

Pour survivre, tu as besoin d'être reliée, attachée au monde, à ta mère. Comment dire à quel point il s'agit d'un besoin et non d'un désir ou d'un caprice ? C'est vital pour toi. Une dramatique expérience de Frédéric II l'a illustré : Ce roi de Prusse souhaitait découvrir s'il existait un langage universel. Dans ce but, il a placé des bébés en pouponnière. Il a ensuite demandé aux nourrices d'effectuer les soins corporels sans jamais leur parler, pour ne pas influencer leur futur langage. Les enfants moururent rapidement.

Le contact physique revêt la même importance. Etre touché est un véritable besoin pour toi et non un caprice. Tu réclames les bras parce que tu en as besoin et non parce que tu en as envie. Un bébé qui pleure « pour demander les bras » et qui se calme contre soi n'est pas le coquin qui nous manipule ou fait un caprice. Nous oublions souvent que notre bébé vient de neuf mois où il « habitait » littéralement une présence : présence permanente d'amour et d'émotions, de chaleur, de contact étroit contre l'utérus, d'odeur et de nourriture, présence en continue de sons et de mouvements (même la nuit, quand je dormais, tu étais bercée en permanence par les bruits de mon corps et par les mouvements de ma respiration). À ta naissance, tu ne connais pas les moments de silence et d'immobilité dans un lit. Tu sauras les apprécier plus tard, mais, pour le moment, ils peuvent provoquer de véritables angoisses chez toi.

Le peau à peau, une pratique bénéfique aux prématurés et à leur mère.

Le besoin de contact physique est tel, qu'il participe à ton développement : certaines études et observations en orphelinats et institutions concluent à l'influence réelle du toucher dans ta croissance, ton état de santé et l'éveil de tes capacités. Plus que le toucher, c'est d'ailleurs l'affectivité et la relation dans ce toucher qui sont soulignées et semblent primordiales. Le professeur Relier, qui s'occupe quotidiennement de grands prématurés, fait le même constat : « (...) Nous pratiquons à la maternité de Port-Royal le « peau à peau » : en encourageant les mères à prendre chaque jour contre elles leur enfant prématuré, nous obtenons, chez les prématurés malades, des récupérations beaucoup plus rapides et une meilleure croissance. Ce qui s'explique très bien à partir de ce que nous savons de la perception chez le fœtus : en favorisant dès la naissance ce rapprochement, nous permettons que se réinstallent chez l'enfant tous les repères sensoriels, qui ont été perturbés à la naissance. Par le contact de la peau, c'est une odeur familière que l'enfant retrouve, et cette réassurance lui apporte l'énergie nécessaire pour lutter contre la maladie et prendre un nouveau départ. Enfin, ce rapprochement est également utile à la mère, qui a pu aussi être éprouvée par cette naissance prématurée et avoir quelques difficultés à retrouver le contact avec son enfant. Sa petite taille, sa fragilité souvent l'impressionnent, et elle a peur de le prendre, peur de faire mal. Parfois même, elle se sent coupable d'avoir mis au monde son enfant « trop tôt », et s'accuse en secret d'être une mauvaise mère. Encouragée par les puéricultrices, elle trouve dans ce « peau à peau » une réassurance, reprend confiance en elle et peut alors donner à son enfant le meilleur d'elle-même, dont il a tant besoin pour se développer et dont il aura encore tant besoin, toute son enfance, pour grandir et s'épanouir. » (9). Je suis convaincue que ce contact peau à peau aide à recréer ou renforcer le lien, l'attachement entre la mère et l'enfant, qui a pu être altéré par une naissance difficile, une séparation imposée (couveuse), une déception (le bébé n'est pas celui dont on avait rêvé) ou encore un rejet ou une angoisse irraisonnée.

Par la suite, il ne me sera pas toujours évident de réserver du temps pour te prendre contre moi mon bébé.

Cela demande parfois de la volonté au milieu de ma vie bien remplie. Je vois certains bébés enfermés longtemps dans des parcs, boire systématiquement leur biberon allongés dans un transat ou encore être posés dès les soins finis. Je me rends compte qu'on peut glisser insidieusement et progressivement vers le stade où on délègue aux objets le soin de te porter. D'autant que les entreprises de puériculture sont parfois très ingénieuses dans ce sens. Je ne vis pas dans une cabane en rondins, hostile à toute forme de progrès. J'ai cédé à bon nombre de ces équipements forts pratiques : poussette, lit à barreau, transat... Là encore, c'est la façon d'être reliée à toi plus que la forme qui est importante. Je m'en rends compte un matin. Habillée en tailleur pour un rendez-vous de travail, je m'aperçois soudain que je te porte légèrement éloignée de mon corps. Connaissant ta capacité à régurgiter un peu après une tétée, j'évite ainsi le risque d'une tâche sur mon épaule ! Que vaut une tâche au regard de notre lien ? Immédiatement, je te serre fort contre mon cœur. Il me semble important de prendre conscience que le contact est un réel besoin, vital pour toi.

L'attachement, un lien d'amour essentiel.

Tu n'as donc pas seulement besoin d'être bien nourrie et chaudement vêtue : tu as besoin d'attachement. Ce contact peau à peau, le contact avec mon odeur et mes mots maternels, le contact de regards, yeux dans les yeux, te permet de créer l'attachement envers moi tout comme moi je m'attache à toi (21). Cet attachement a participé à la survie de l'espèce humaine. Le petit d'homme ne sait pas survivre seul et ne peut suivre physiquement sa mère. C'est parce que sa mère s'attache à son enfant qu'elle est amenée à s'occuper naturellement de lui.

L'attachement te protège. Il t'apporte une sécurité et te protège sur un plan psychique. Je pense aussi qu'il représente un garde fou pour moi : dans cet attachement, je pense que je suis moins dans des projections ou des œillères que mon inconscient sait prodigieusement mettre en place. Je pense être plus dans la relation avec toi et disponible mentalement pour ce que tu es vraiment. Je t'observe et te vois, toi, et non ce que je voudrais voir. Je me sens pleine d'empathie, c'est-à-dire cette capacité à me mettre à ta place pour ressentir viscéralement les émotions que tu exprimes. J'ai la sensation de réellement comprendre ce que tu vis, tes souffrances, tes stress mais aussi tes joies. Je me sens très vigilante et soucieuse de ton bien-être. J'ai la certitude que ce lien m'empêche d'avoir recours à des coups, des maltraitances pour « t'éduquer ». Il me permet aussi d'être très attentive pour te protéger d'éventuelles souffrances que d'autres pourraient t'infliger (abus sexuels, privations…).

L'attachement ne t'apporte pas seulement une sécurité psychique, mais également physique. Ce lien semble t'aider à te garder en bonne santé. C'est un phénomène physique qui met en œuvre les hormones et ton système immunitaire.

Je remarque, quand je t'allaite, que mon utérus est animé de petites contractions rapprochées. Il s'agit de l'hormone ocytocine qui aide mon utérus à reprendre sa forme initiale. Or, quand je te tiens serrée contre moi, les mêmes contractions apparaissent au bout de cinq à dix minutes. Un simple contact physique, même à travers nos pyjamas, déclenche donc la même sécrétion d'hormone qu'une tétée. Cela m'aide à comprendre à quel point le contact aide à créer l'attachement et à quel point l'attachement est bien aussi quelque chose « du corps ».

Ce phénomène physique d'attachement existe chez les animaux. Même s'il prend alors une autre forme, le contact physique est un réflexe naturel pour les mammifères. Les mères lèchent leurs petits et ce contact est loin d'avoir l'unique but de les nettoyer. Le léchage semble stimuler des fonctions vitales. Si la chatte ne lèche pas ses petits, les chatons ne sauront pas respirer tout seul. De même les petits rats ne développeront pas d'anticorps, donc de système immunitaire (21). Le fait de lécher son petit déclenche aussi l'instinct maternel. Si on retire son petit à une brebis, pour une durée de quarante-huit heures, avant qu'elle ait pu le lécher, elle refusera ensuite de l'allaiter, comme si elle ne le reconnaissait plus comme son petit. Sans faire de raccourci hâtif entre le monde animal et l'être humain, nous pouvons imaginer que ce contact étroit au début de la vie a une fonction chez l'homme, fonction qui nous dépasse encore (22).

Il ne s'agit pas de réduire l'attachement à un simple mécanisme physique et hormonal, mais de dire qu'après l'accouchement la mère et son bébé sont dans un état de sensibilité et de réceptivité exceptionnelles et que le contact physique étroit participe sans doute pour une part au lien entre la mère et son enfant.

Si, pour des raisons médicales vous êtes séparée physiquement de votre bébé

Vous pouvez investir d'une autre façon votre manière d'être reliés. Tout ce qui va nourrir le lien devenu invisible et immatériel va aussi nourrir l'attachement: Vous pouvez expliquer la situation, vos émotions et surtout votre amour à votre bébé. Si vous ne pouvez pas vous déplacer, demander au papa ou au personnel d'être votre relais, ou bien enregistrez votre voix. Imprégnez un bout de tissu de votre odeur, si reconnaissable et apaisante pour votre bébé (en le plaçant contre votre sein, par exemple) et placez le ensuite à côté de lui. N'hésitez pas à demander des détails sur votre enfant pour vous ressentir pleinement mère… Autant de moyens à inventer pour rendre l'attachement à distance bien vivant et conforter votre bébé de votre lien d'amour.

Car, pour construire l'attachement, l'homme a bien d'autres ressources que le contact physique direct, à commencer par sa conscience plus vaste et plus élevée que celle de l'animal : conscience d'avoir un enfant et qu'il s'agit de cet enfant-là en particulier, et désir de créer ce lien (14).

Il possède aussi son histoire personnelle et familiale qui le prédispose plus ou moins à aller à la vraie rencontre de son enfant. Certaines difficultés à s'attacher à son bébé peuvent venir des profondeurs de l'inconscient et dépassent alors la volonté consciente de la mère : le vécu en tant que bébé de la jeune accouchée, le vécu de la maternité par sa propre mère, l'histoire familiale – et ses secrets – et la capacité de chacun à trouver une place claire dans ce décalage d'une génération peuvent jouer un rôle.

Ce qui contribue à l'attachement

Le cocktail hormonal secrété lors de l'accouchement participe pleinement au lien mère-bébé.

La « scientification de l'amour » est entrée dans une nouvelle phase en 1968 quand Terkel et Rosenblatt injectèrent à des rates vierges du sang de rates qui venaient d'accoucher. Les rates vierges se comportèrent comme des mères. Cette expérience historique fut suivie au cours des années 1970 par un grand nombre d'autres études expérimentales destinées à explorer les effets comportementaux des hormones dont les niveaux fluctuent dans la période qui entoure la naissance (...)

(Ces études portent sur les hormones suivantes: les oestrogènes, accompagnées de la chute brutale des taux de progestérone au moment de l'accouchement, la prolactine, l'ocytocine appelée l'hormone de l'amour, les endorphines (ou morphines naturelles), les hormones de la famille de l'adrénaline.)

Grâce aux connaissances récemment acquises des effets comportementaux des hormones impliquées dans l'accouchement et la naissance, il est aujourd'hui possible d'interpréter le concept de période sensible introduit par les éthologistes. Les différentes hormones sécrétées par la mère et le bébé pendant l'accouchement ne sont pas éliminées immédiatement après la naissance, et chacune d'entre elles joue un rôle spécifique dans l'interaction mère-bébé.

Extrait de *L'amour scientifié, les mécanismes de l'amour.* Michel Odent, Éditions Jouvence.

D'autres atouts pour l'attachement

Pour construire l'attachement, l'homme possède aussi bien d'autres atouts que le contact physique direct: la parole, sa conscience (conscience d'avoir un enfant et qu'il s'agit de cet enfant-là en particulier), et le désir plus ou moins présent de créer ce lien (14).

Il possède aussi son histoire personnelle et familiale qui le prédispose plus ou moins spontanément, psychologiquement et inconsciemment, à aller à la vraie rencontre de son enfant.

La qualité de l'attachement précoce de la mère à son enfant peut aussi dépendre de représentations ou croyances conscientes ou inconscientes sur la maternité et la féminité. La capacité à accueillir et investir affectivement son enfant réel – et non fantasmé – est sollicitée.

Sa conscience qui lui permet de « reconnaître » son enfant comme celui qui vient d'elle, qui était dans son corps et sa volonté de créer le lien est un formidable moteur pour la maman.

L'environnement joue un rôle important : les personnes proches qui entourent la jeune accouchée peuvent, par leur soutien, contribuer à conforter le lien naissant.

Le bébé lui-même est très actif pour développer l'attachement. Faites-lui confiance pour vous faire fondre immédiatement ou progressivement par ses regards, ses sourires, ses efforts tendus vers vous…

La qualité de l'attachement précoce de la mère à son enfant peut aussi dépendre d'une adéquation relative entre son bébé et le bébé fantasmé pendant la grossesse. Ma capacité à m'attacher peut être mise à rude épreuve si au lieu du bébé beau et en bonne santé dont j'ai rêvé, j'accouche d'un fragile prématuré, qui nécessite un éloignement pour des soins médicaux. Ou d'un bébé qui présente une tache de naissance sur le visage ou des poils dans le dos. Ce bébé me renvoie principalement à deux choses. D'abord, à ma capacité de mère à engendrer un enfant « sain et normal » : est-ce que je me sens inconsciemment une mauvaise mère ? Ce bébé correspond aussi à un trésor intime, une création de notre couple que je dévoile à mon entourage et à la société. Or, j'ai sûrement une représentation plus ou moins inconsciente du bébé que je suis fière de présenter au monde. Or quelle est ma capacité à présenter à la société un enfant qui ne correspond pas à mes normes ? Ma capacité à faire le deuil de mon bébé fantasmé, et surtout la façon d'aborder mon enfant réel aide à créer l'attachement à mon bébé, dont il a tant besoin. Il y a des différences énormes dans la façon de se situer par rapport à mon enfant. Je peux soit te dévaloriser ou au contraire t'investir affectivement. Je peux aussi admettre que tu vas évoluer dans le temps, avec mon soutien, vers plus de santé et d'intégration.

Quand l'accouchement n'est pas celui rêvé

Les conditions de mon accouchement peuvent aussi parfois perturber la mise en place de ce lien. Si, au lieu de l'accouchement par voies basses dont je rêvais, j'ai eu une césarienne sous anesthésie générale, je peux avoir du mal à reconnaître dans mes tripes cet enfant qu'on me présente, mais que je n'ai pas vu ni senti sortir de mon corps comme étant… mon enfant. Si je souhaitais un accouchement physiologique, je peux aussi vivre comme un échec toute intervention médicale. Ce ressenti d'échec n'est qu'une illusion, mais invite à restructurer des croyances sur soi (« Est-ce que je me sens capable en général ? », « Est-ce que je veux tout maîtriser ou décider dans ma vie », « Quelle est ma capacité à accueillir et à me réjouir de ce qui arrive ? »), ou des croyances sur la maman que l'on est (« Je ne lui offre pas un bon départ », alors qu'un bébé, quelles que soient les conditions de son accouchement, aura les ressources d'en faire quelque chose de bien). Je suis convaincue que quelles que soient les conditions de l'accouchement, notre corps de femme a fait du mieux qu'il a pu à cet instant donné. La césarienne, les forceps ou toute autre aide médicale restent des moyens, l'essentiel est ailleurs (dans le lien que vous établissez ensemble, par exemple).

Je crois que notre inconscient est largement ébranlé par la grossesse et la maternité. Une femme ne doit pas avoir honte ou se sentir coupable de sentiments contradictoires qu'elle n'avait pas prévus : déception, difficulté à sentir un élan spontané ou même rejet de son bébé. Dans ce cas, l'important, le vital est d'en prendre rapidement conscience et de trouver une personne de confiance – de son entourage, du personnel hospitalier ou un psychothérapeute – à qui en parler. Là encore, l'amour, le contact étroit, les mots vis-à-vis du bébé pour restaurer son histoire, ses propres émotions et instaurer cette reconnaissance réciproque entre la mère et son bébé vont être des aides précieuses. L'attachement n'est pas toujours un coup de foudre immédiat et a parfois besoin de se construire. Il faut se faire confiance et faire confiance au temps.

Je crois aussi que l'on donnerait toutes ses chances à un bon attachement précoce si la jeune mère était moins infantilisée et culpabilisée par certains membres du personnel de la maternité. « Vous, avec vos caprices de le tenir tout le temps dans vos bras, il ne vous lâchera plus », « Mais bien sûr que vous n'avez pas assez de lait pour le nourrir, il est trop gros votre bébé ! », « Vous n'allez pas dormir avec votre bébé, vous allez le faire tomber »… sont des jugements ou reproches insupportables. Ces phrases assassines le sont d'autant plus qu'elles arrivent à un moment où, jeune accouchée, on se sent très vulnérable et où l'on doute de ses propres capacités à s'occuper de son enfant.

Jeune mère, j'ai un besoin vital d'un environnement bienveillant et confiant en moi et en mes capacités de mère qui m'invite à trouver en moi, en mon ressenti et en l'attitude de mon bébé, ma propre réponse aux questions que je pose. La première concernée par mes faits et gestes ou doutes et hésitations est ma fille. Je peux te faire part de mes recherches par rapport à toi et te demander de m'indiquer comme tu le peux ce qui te convient ou non. Je te fais confiance pour apprendre à l'exprimer. Au lieu de disperser mon énergie auprès de conseils extérieurs, je peux apprendre petit à petit à me concentrer sur ce lien naissant entre nous deux.

Heureusement, certaines sages-femmes et puéricultrices ont compris l'enjeu de leur rôle qui est, selon moi, non pas de diffuser un « savoir », mais avant tout d'accompagner la mère dans l'assurance de ses propres capacités maternantes. L'attachement se trouve aussi dans cette confiance en moi et mes ressources pour m'occuper de mon enfant, confiance qui est parfois à construire.

Si je ne ressens rien pour mon bébé

L'attachement n'est pas toujours un coup de foudre immédiat et a parfois besoin de se construire. Peut-être êtes-vous la première surprise de ne pas ressentir de bouffée d'amour, d'attendrissement particulier devant votre bébé. Peut-être ressentez-vous de la déception, voire du rejet. Ou encore votre bébé vous semble un étranger, vous ne le reconnaissez pas comme étant celui qui était dans votre ventre ou bien vous pensez que la maternité l'a échangé par erreur. Vous n'êtes pas anormale de ressentir cela, pas plus qu'une « mauvaise mère ». Cela arrive. Il est essentiel de ne pas vous juger et d'oser en parler très vite au personnel soignant. Le personnel est là pour vous accompagner dans cet attachement à créer, dans cette « adoption » de votre propre enfant et pour vous sécuriser dans vos capacités maternantes. Profitez du séjour à la maternité pour être accompagnée dans la rencontre avec votre bébé : prenez le temps de le regarder dans les yeux, de le tenir contre vous, placez-vous dans le contact à votre enfant plutôt que de le fuir. Entendez ce que ce contact génère au fond de vous et confiez-vous aux personnes qui vous entourent. Petit à petit, par vous-même ou en étant accompagnée, vous allez lever les obstacles conscients ou inconscients à l'établissement de ce lien d'amour et découvrir vos capacités maternantes. Peut-être êtes-vous reliée à une croyance inquiétante selon le sexe de votre enfant, croyance à libérer et restructurer. Peut-être êtes-vous reliée inconsciemment à une vision très angoissante de la maternité, à une image trop élevée de ce que devrait être une mère parfaite… Ce cheminement pourra être l'occasion de vous repositionner dans une maternité plus légère et dans votre dimension de femme.

Après la tétée du soir, tu es prise d'un hoquet. Je suis émue et attendrie de reconnaître ce petit rendez-vous quotidien. Ce hoquet relie le petit bébé que je tiens dans mes bras au petit bébé que j'abritais dans mon ventre. J'ai vraiment le sentiment que tu nais avec déjà un passé et une histoire. Notre aventure commune ne commence pas, mais elle se poursuit, d'une autre façon.

Troisième jour.

Je t'observe longuement. Tu me sembles immense. À te voir, étendue de tout ton petit corps, je n'arrive vraiment pas à comprendre comment tu pouvais tenir dans mon ventre. Tu es déjà une contorsionniste professionnelle.

Je trouve extraordinaire le parcours que nous avons déjà fait ensemble. Je trouve miraculeux que tu te sois si magiquement développée. Tu es une petite mécanique humaine de quarante-huit centimètres et de trois kilos cent vingt grammes, parfaitement organisée, orchestrée, huilée. Tes cellules en se multipliant et en se développant suivaient un chemin génétiquement inscrit pour tout mettre en place et faire tout fonctionner. Ton visage est extrêmement expressif, pour qui veut bien s'y pencher un peu. Je suis émerveillée par toi et ta sérénité.

Je suis impressionnée par ma capacité à trouver les gestes. Moi qui ne savais rien du bébé, je « sais » te porter. Même si tout n'est pas évident et limpide, je me sens vite à l'aise avec tes soins quotidiens.

Je suis tout aussi impressionnée par la capacité d'adaptation du corps de la femme. Je n'en reviens pas de ce que mon corps est capable de faire pour toi pendant la grossesse, ni des efforts de l'accouchement. Les os du bassin te laissent juste l'espace nécessaire pour passer. Ta tête fait quand même une circonférence de plus de trente-trois centimètres, pour un diamètre d'environ dix centimètres. Puis, après ce bouleversement, mon corps reprend petit à petit sa taille normale. Tout se remet en place progressivement jusqu'à ce que mon corps m'indique – relativement rapidement – qu'il est prêt pour une « prochaine fois ».

Aujourd'hui correspond à ta première présentation officielle dans le grand monde : la famille et les amis se précipitent à la maternité pour te découvrir. J'avoue que je suis soulagée que les premières visites n'aient lieu qu'aujourd'hui. Je souhaitais me reposer et me remettre un peu de l'accouchement, et puis, nous apprécions de vivre cet événement avant tout en couple, calmement et intimement, avec ton père. Difficile de faire tout en même temps : te découvrir et donner du temps aux proches, qui arrivent souvent au moment où nous allions faire une sieste toutes les deux. Le risque est que les visiteurs s'attardent, finissent par parler entre eux et faire salon. Une jeune accouchée est rarement disponible pour entendre les dernières nouvelles de cousin Arthur et de tonton Jules. Je me sens tiraillée entre l'envie de boire chaque minute avec toi, de savourer tous ces instants sublimes et l'envie non moins grande de partager mon bonheur avec les gens que j'aime. Leurs réactions enthousiastes et leur joie non dissimulée me font vite oublier la fatigue. Tu déclenches auprès de ton entourage un flot d'attention et d'amour très émouvant. Je les sens déjà très attachés à toi. Ces personnes proches font partie de notre vie et de notre histoire, avec ton père, et, en te rendant visite, ils t'inscrivent dans notre famille, nos amis, une société. C'est une façon de te donner ta place.

Je te prends dans mes bras et me dirige vers la salle de bain pour attraper ta serviette. Soudain, je m'aperçois dans le miroir. Je m'aperçois, femme, mère, avec une petite crevette en pyjama dans les bras. Bien sûr, je te regarde depuis deux jours, toi, ma petite fille. Mais dans ce miroir, c'est soudain moi en tant que mère que je découvre. Je m'observe avec bienveillance pendant un long moment. Je me découvre sous un jour totalement nouveau pour moi. Mère. Je trouve que cela me va bien, ce petit bébé dans les bras. Cela peut sembler difficile à concevoir et pourtant je pense qu'il s'agit de deux choses distinctes. Une femme peut aimer son enfant et ne pas aimer la fonction maternelle qui pourrait lui donner, par exemple, une image vieillie d'elle-même. À l'inverse, une femme peut aimer être mère, mais ne pas se sentir attachée à cet enfant en particulier. Pour me sentir vraiment bien dans cette nouvelle vie avec toi, il serait préférable à la fois de m'attacher à toi et de m'attacher à moi investie du rôle de mère. En me regardant ainsi dans le miroir, je suis confiante. Je crois que je vais bien m'aimer en tant que mère.

Quatrième jour.

Je t'allaite. Je ne sais même pas s'il s'agit d'une décision tellement le fait de t'allaiter me semblait naturel. Ta première tétée s'est déroulée simplement et facilement, sans même me poser la moindre question. Je « savais » te mettre au sein, et tu « savais » comment le prendre. Cette mémoire ancestrale est de courte durée. Je suis maintenant obligée d'appeler régulièrement une puéricultrice pour m'aider à te faire boire. Je trouve avec elle la meilleure position : te placer bien en face du mamelon et le pincer un peu avec les doigts pour m'assurer que tu prends bien toute l'aréole dans ta bouche. Une bonne position aide à éviter les crevasses sur le mamelon. Je découvre chaque jour combien ce geste pourtant millénaire n'est plus si naturel que cela… Je bute quotidiennement sur des questions et des difficultés. Honnêtement, je trouve cela difficile.

Le soutien apporté par les puéricultrices dans cette maternité me semble insuffisant. Elles ne m'ont pas dit que la durée des tétées des premiers jours pouvait être réduite à cinq à dix minutes après le début du flux de lait, pour éviter de trop solliciter un mamelon endolori et éviter de provoquer des crevasses. Je ne pense donc pas à t'interrompre quand, après avoir bu efficacement, tu « mâchouilles » mes seins longuement. Mes seins ne supportant pas encore de si longues sollicitations, j'ai assez rapidement des débuts de crevasses. Elles affirment qu'il faut un intervalle de deux heures et demi entre deux tétées alors que le lait maternel se digère très vite. Bien sûr, j'évite de te nourrir systématiquement toutes les heures, mais de temps en temps, il t'arrive de réclamer ton repas après une heure ou deux. Je ne vais pas te laisser crier de faim sous prétexte qu'il n'est pas l'heure. Surtout que, la plupart du temps, ce sont les interruptions du personnel de la clinique qui t'ont décalée dans ton rythme. Je t'allaite donc « avant l'heure », mais avec un sentiment de culpabilité très désagréable d'agir à l'inverse de leurs affirmations. J'entends aussi qu'il ne faut pas te laisser plus de cinq heures sans manger, sauf pendant la nuit. Or, plusieurs fois, tu es endormie et attends presque six heures pour réclamer ton repas. Contre les avis perturbants, je m'efforce de te faire confiance pour savoir quand tu as faim ou quand ton besoin de sommeil est plus important.

Tu as plein d'énergie pendant tes phases d'éveil, donc je te sens capable de réclamer le sein quand tu en as besoin. Il en serait peut-être différemment si tu semblais amorphe ou si tu étais prématurée. Respecter ton sommeil me semble primordial, et j'essaie toujours d'être sûre de ton réveil pour te prendre dans mes bras. Fréquemment, tu pleures et t'agites un peu en dormant. Si j'attends quelques minutes au lieu d'intervenir, il n'est pas rare que tu te rendormes ! Les puéricultrices affirment qu'une tétée ne doit pas dépasser une demi-heure. Or, à la maison, à partir du moment où mon sein peut le supporter, je te laisse téter longuement, parfois cinquante minutes ou une heure, pour notre plus grand plaisir à toutes les deux. Les puéricultrices attendent que je leur pose des questions, généralement quand j'ai déjà fait une erreur, alors qu'il serait tellement facile d'anticiper certaines choses... dont la montée de lait. La montée de lait, c'est le summum. Je me réveille, paniquée, à trois heures du matin avec des boules douloureuses sous les bras. J'appelle la nurserie. Non, ce n'est pas un abcès généralisé, c'est un engorgement lié à la montée de lait. Merci de m'avoir prévenue... On me conseille de vider mes seins manuellement sous la douche. J'apprendrai plus tard – et donc trop tard – qu'il ne faut pas les vider complètement, mais juste vider l'excès de lait qui provoque la tension douloureuse. Si on les vide, ils risquent de produire encore plus de lait et de provoquer un nouvel engorgement. Je passe ma nuit sous la douche.

Au matin, j'ai le malheur de passer innocemment devant le miroir. Le choc. Décidément, ma maternité récente me réserve bien des surprises. J'ai des seins énoooormes. Je n'ai pourtant pas le souvenir d'avoir demandé hier soir un implant de silicone pour mes seins. Non seulement, enflés et tendus, ils m'apparaissent sur le point d'exploser, mais en plus des veines dessinent une arborescence bleue à leur surface. Ces seins m'angoissent. Ton père est aux anges, mais moi je ne m'imagine pas plus longtemps avec ces seins douloureux que je juge monstrueux. Alors que j'avais bien vécu mon corps pendant la grossesse, je me sens soudain difforme. Heureusement, passés quelques jours, ils reprennent une forme plus souple, même s'ils restent volumineux. Personne ne m'avait prévenue que je ne pourrais pas remettre immédiatement mes robes et mes chemisiers : impossible de les boutonner, ils sont tous trop étroits. Après trois mois, mon tour de poitrine reprend enfin sa taille initiale, alors que je t'allaite encore.

Comment prévenir les crevasses

– Prenez votre bébé dans vos bras et détendez-vous quelques secondes ou minutes dans des respirations calmes. Centrez-vous sur votre lien affectif à votre bébé et mettez tout votre corps dans un mouvement subtil vers votre bébé (l'envie de le nourrir, de s'occuper de lui). Cela permet d'éviter qu'en cas de douleur, votre corps se contracte vers l'arrière au moment de la mise au sein, accroissant les tensions douloureuses.

– Présentez d'abord le sein à votre bébé et attendez qu'il ouvre bien grand la bouche. Détendez votre dos et amenez votre bébé vers votre sein (et non votre sein vers le bébé) en veillant à ce qu'il prenne le plus possible de l'aréole dans sa bouche.

– Variez les positions de l'allaitement : assise, allongée, ou bébé en position de « ballon de rugby » (au lieu d'être devant votre ventre, bébé est sur votre côté, du côté du sein qu'il tête).

– Au début, prévoyez des tétées fréquentes mais de courte durée. Ne laissez pas bébé téter longuement si votre mamelon est douloureux.

– Lavez simplement vos seins à l'eau savonneuse au moment de votre toilette quotidienne. Après chaque tétée, vous pouvez étaler une goutte de votre lait sur le mamelon comme antiseptique.

– En cas de douleurs, portez des coquilles de protection pour éviter les frottements avec les vêtements ou laissez vos seins à l'air autant que possible.

Je trouve vraiment les débuts de l'allaitement difficiles. Allaiter, c'est vivre en permanence avec ce doute : vais-je avoir assez de lait pour la prochaine tétée. Il n'y a rien à faire, personne ne peut me le garantir. Je prends l'habitude de tâter mes seins pour vérifier s'ils se remplissent – ce qui me rassure mais n'est pas complètement fondé : deux tiers de la quantité bue lors d'une tétée sont produits pendant la tétée elle-même ! Un jour, je me surprends à les tâter le plus naturellement du monde… dans le bus. La production de lait est facilement perturbée par le stress ou la fatigue. J'essaye d'être prudente. Je ne sais jamais quelle quantité tu as bu ni si tu as eu assez de lait. Je me sens loin des certitudes du biberon où l'on maîtrise la quantité et les horaires. J'apprends petit à petit, à force de questions et de tâtonnements, à moins m'inquiéter de la consistance de mon lait (parfois épais et crémeux, parfois presque liquide), de l'aspect (parfois bien blanc, parfois vert pâle) ni de la quantité. J'ai régulièrement l'impression que mes seins sont vides mais tu sembles tout à fait rassasiée. J'apprends à faire confiance à mon corps et à nous faire confiance à toutes les deux. J'apprends à vivre plus sereinement au jour le jour. Il y a trente ans, le bébé était pesé avant et après chaque tétée pour vérifier qu'il avait assez bu. C'est surprenant, car nous connaissons tous des différences d'appétit d'un repas à l'autre. Un bébé est comme nous, il se régule tout seul. Il n'est pas une mécanique qui ingère toujours la même quantité de lait. Malgré cette certitude, les avis culturels du style « il faut manger pour être en bonne santé » pèsent lourds : j'ai du mal à ne pas m'inquiéter quand tu bois peu à un repas... La pesée devait rendre paranoïaques toutes les mères et en décourager plus d'une. C'est à ton comportement plus qu'à ta courbe de poids que je juge si tu manges suffisamment. Plusieurs fois, je manque de lait. Je me sens tout de suite très angoissée, car je me sens soudain complètement impuissante. Je te fais téter plus souvent, mais garde aussi à portée de main une solution de rechange (à commencer par mon propre lait que je congèle).

Malgré ces hésitations et ces doutes, t'allaiter me procure une joie immense, renouvelée à chaque tétée. À six mois, je t'allaite encore matin et soir, pour mon plus grand plaisir. Mais, je comprends mieux pourquoi tant de femmes finissent par abandonner l'allaitement : quarante-sept pour cent de femmes allaitent leur bébé à la maternité, elles ne sont plus que dix pour cent au bout de trois semaines. Outre ces difficultés, il y a le sentiment culturel tenace qu'on peut être une « mauvaise nourrice ». Quoi de plus vexant et culpabilisant, pense-t-on, que de commencer à allaiter son petit et de se rendre compte au bout d'une semaine, d'un mois que finalement, on n'a pas été « capable » de le nourrir. Dans le doute, de jeunes mères préfèrent s'abstenir pour ne pas avoir à subir ce revers. Or, tous les seins sont potentiellement nourriciers, quelle que soit leur taille ou leur forme. Mais aujourd'hui, allaiter demande un bon soutien moral et des conseils concrets. Dans trois générations, je l'espère, allaiter sera à nouveau inscrit dans les mœurs, encouragé, mieux connu et donc plus facile.

Un exemple ? À quatre semaines, mon bébé, tu commences à réclamer le sein plus souvent. J'aurais pu penser que je n'avais plus assez de lait et compléter avec un biberon. Or, après renseignements, tu connais ce que l'on appelle des crises de croissance (vers trois semaines, six semaines et trois mois). Tu grandis et as besoin de plus de lait. Te donner le sein à chaque fois que tu le réclames me permet, en deux ou trois jours, de provoquer une nouvelle montée de lait pour répondre à tes nouveaux besoins. Si je n'avais pas été informée, j'aurais pu passer à l'allaitement mixte, voire au sevrage à cette date alors que mon sein était tout à fait capable de produire plus de lait. Je recommande de s'informer dans des livres (16) (17) (18) ou auprès de la Ligue La Leche (19). On entend également parler du risque de s'abîmer les seins. L'allaitement en soi ne déforme pas les seins. Pendant l'allaitement, ma poitrine augmente beaucoup de volume et prend deux tailles et une profondeur de bonnets. Mes anciens soutiens-gorge me semblent maintenant ridiculement petits (c'est peu flatteur pour la taille normale de mes seins !). Après quelques mois, ils reprennent exactement leur forme. Ils ne tombent pas plus qu'avant et n'ont pas de vergetures. Si un jour ils se mettent à tomber, je ne pourrais pas accuser ma maternité. En fait, ce qui peut les abîmer, ce sont les variations rapides de volume (engorgements répétés ou sevrage rapide). Il y a donc très peu de risques. La douleur peut aussi effrayer certaines mères. Il est vrai que les premières tétées sensibilisent les seins. Cependant, assez rapidement, ces derniers s'adaptent et sont moins douloureux.

Vers 3 ou 4 semaines, votre bébé peut réclamer plus de lait. C'est souvent une phase où on pense ne plus avoir assez de lait et où l'on est tentée de commencer à donner un complément de biberon. Or, votre bébé est sans doute en phase de croissance. Allaiter à la demande et donc plus souvent, va permettre en trois à quatre jours de provoquer une nouvelle montée de lait qui correspondra à ses nouveaux besoins.

Je ne me permets pas de juger les femmes qui décident de ne pas allaiter et respecte leur choix. Beaucoup de décisions sont instinctives ou viscérales dans cette période, car là encore, nous sommes renvoyées à notre histoire personnelle et à l'image que nous avons de la femme au travers de l'allaitement. Certes, je trouve personnellement dommage de ne pas allaiter quand on aurait physiquement et psychologiquement la possibilité de le faire. Je pense que nous pouvons prendre « le risque » de tenter l'aventure, quitte à abandonner rapidement si cela ne nous convient pas. En parallèle, je crois que l'allaitement est réellement positif quand cela convient au deux : au bébé et à la mère. Est-il serein de se forcer sans plaisir à donner le sein parce que c'est mieux pour le bébé ? Le choix du biberon n'a pas à être culpabilisé. Je peux par contre expliquer à mon enfant que je choisis le biberon pour des raisons qui m'appartiennent et qu'il n'est pas personnellement en cause.

Donner le biberon n'exclut pas le toucher, le lien, l'attention d'esprit et de regard que l'on peut créer autrement dans ce moment magnifique.

Pour ma part, je vis l'allaitement comme une formidable rencontre avec toi. Je ne peux pas m'étendre sur les bienfaits du lait maternel tant ils sont nombreux. Il est parfaitement adapté à tes besoins : le lait change de composition selon ton âge, mais également au cours d'une même tétée (d'où l'importance de bien vider au moins un sein lors de la tétée pour que tu bénéficies de tous les éléments nutritifs). Il est très digeste et facilement assimilable. Il contient des anticorps maternels pour défendre ton organisme contre les maladies le temps que tu perfectionnes ton propre système de défense immunitaire. Il t'éveille au goût car il change de saveur en fonction des aliments que je mange (contrairement au lait en poudre qui a toujours la même saveur). De plus, il ne coûte rien. Toujours disponible à bonne température, il ne demande pas de préparation. Les bienfaits physiologiques sont, eux aussi, nombreux. La tétée provoque la sécrétion d'hormones qui, en plus de provoquer la fabrication et l'écoulement du lait, jouent d'autres rôles : l'ocytocine a un effet calmant et aide l'utérus à retrouver sa forme initiale en provoquant des contractions et elle favorise, avec la prolactine, notre attachement l'une envers l'autre. Enfin, en puisant dans les réserves de mon corps, l'allaitement va m'aider à retrouver la ligne plus rapidement.

Au-delà de tous ces avantages dont je suis convaincue, c'est avant tout une grande aventure que je commence avec toi. Je sens combien le sein et son odeur t'apportent une sécurité. Je sens combien cette odeur est un repère fiable pour toi : elle revient avec une régularité d'horloge dans ta petite vie et emplit ton univers. Il suffit de te voir t'endormir, sereine, le nez sur le bout de mon sein, pour achever de m'en convaincre. Téter n'a pas le seul but de te nourrir : cela te rassure. À chaque fois que tu es perturbée par un changement de rythme, de lieu, de personnes, tu restes longtemps accrochée à mon sein, ce qui ne te serait pas possible avec un biberon. Tu bois plus de quatre-vingt dix pour cent de la quantité de lait dont tu as besoin en très peu de temps, en quatre à sept minutes après le début du flux de lait. Régulièrement, tu es rassasiée par une tétée de dix minutes. Si elle dure plus longtemps, le reste du temps, « tu tétouilles ». Cela ne signifie pas que ce temps est inutile. Il a tout simplement une autre fonction. Te rassurer et répondre à un besoin physiologique de téter, en dehors de toute sensation de faim.

Je vis chaque tétée comme un véritable moment d'intimité avec toi. Je me sens et je me rends entièrement disponible pour toi. Je me concentre sur toi et refuse d'être dérangée par le téléphone, la radio ou la télévision. Je me sens alors en réelle communion avec toi. Je ressens un réel plaisir. Honnêtement, allaiter un bébé peut combler une femme sur un plan physique car cela peut provoquer une réelle satisfaction charnelle. Je sens que ce contact de nos deux corps participe à notre attachement mutuel, et, mentalement, je sens qu'un lien très fort se crée. Allaiter, c'est accepter une rencontre avec toi dans tous les sens du terme, celle des corps et celle des âmes. Comme le dit si bien Marie

Thirion (13), pédiatre, « Il reste le choix profond, le choix du corps. (…) C'est un corps à corps où agissent tendresse, sérénité, émotions douces et harmonie. C'est un choix de relation, de présence corporelle à l'autre, de disponibilité émotionnelle pour laisser l'enfant, le bébé, jouer de son corps et s'y nourrir ».

C'est une rencontre avec toi que de te placer sur mon ventre nu pour mieux sentir ton corps contre le mien. Ton nez caresse alors ma peau, guidé par l'odeur et la chaleur, à la recherche du mamelon. Il se lève, hésite, balaie de droite à gauche, se rapproche et se colle à mon sein. Qu'est-ce qui peut ainsi te faire comprendre que c'est bien là que cela se passe, que c'est cela qu'il fallait chercher ? Par quelle magie es-tu capable de déplacer ton corps si frêle pour trouver cette source nourricière ? Tu cherches à saisir le mamelon dans ta bouche. C'est difficile pour toi. L'aréole est grande par rapport à ta bouche. Saisir le bout du sein en le pinçant et en aspirant demande de la force et de la patience. Nous nous y reprenons à plusieurs reprises. Tu t'agites, t'impatientes parfois mais persévères. Enfin, tu réussis à téter. Ton corps se détend. Les yeux fermés, tu sembles savourer le lait bien sûr, mais aussi le contact rassurant. Ton visage est serein. Il me semble que rien ne peut troubler ce tête-à-tête.

À partir du moment où je fais le choix de t'allaiter, j'accepte aussi de ne pas tout maîtriser, à commencer par tes réactions. Si je peux continuer de t'allaiter à neuf mois, c'est parce que cela nous convient à toutes les deux. À cet âge, tu as un autre rapport avec mes seins. Tu vas vers eux et tu les saisis dans tes mains. C'est toi qui vas délibérément vers eux. Allaiter, c'est accepter d'être bousculée dans mon quotidien pour m'adapter à ton rythme. Quand je te nourris, je ne sais jamais si cela va durer dix minutes ou une heure, je ne sais jamais si tu es rassasiée pour deux ou pour cinq heures. J'accepte d'arrêter toutes mes activités dès que tu manifestes de la faim. C'est contraignant, et en même temps, c'est très satisfaisant d'être la seule personne à pouvoir te nourrir. C'est moins noble, mais je dois avouer que cela me donne une bonne excuse pour ne jamais m'éloigner bien loin de toi. Après t'avoir eu pour moi pendant la grossesse, nous gardons ce lien privilégié toutes les deux. Cela me permet de digérer doucement la séparation physique liée à ta naissance. T'allaiter représente aussi un moment de repos forcé. Je suis plutôt active dans la journée et ne m'octroie pas facilement de sieste. J'en profite alors pour me détendre complètement et souffler un peu. À la maternité, j'ai fait le choix de t'avoir en permanence dans ma chambre. Quand tu tètes la nuit, je ne peux m'empêcher de te garder ensuite endormie sur mon ventre. C'est un bonheur inouï de passer toutes ces heures avec toi. Je te découvre avec mon corps et mon cœur avant de te découvrir avec la tête.

Cinquième jour.

Je me sens fatiguée aujourd'hui. Physiquement et nerveusement. Je suis heureuse des visites et en même temps je ne rêve que d'une chose : dormir un peu. Cet après-midi, quand ton père arrive, je fonds en larmes. Bien sûr, j'ai entendu parler du baby blues et je n'ai aucune honte à me laisser pleurer. Mais le baby blues me semble un terme générique qui évite de se poser la question sur la cause réelle de cette baisse d'énergie. On englobe par ce terme toutes les femmes dans une même réalité et dans les mêmes symptômes. La phrase lapidaire « C'est normal qu'elle pleure, elle a le baby blues » ferme la porte à toute discussion, à tout approfondissement sur ce que ressent la jeune mère à ce moment précis. Mon chagrin et ma lassitude sont fondés et me sont personnels. La fatigue physique, pour commencer, est bien réelle. L'accouchement est un événement « sportif » d'une rare intensité dont il faut me remettre. Les matinées avec les nombreuses interruptions du personnel hospitalier laissent peu de place au repos : le médecin, la sage-femme, l'aide soignante, les femmes de ménage, le pédiatre et les puéricultrices forment un ballet incessant et épuisant. Le manque de coordination est flagrant. C'est à croire que, au contraire, ils s'organisent pour venir régulièrement toutes les demi-heures plutôt que de concentrer leur visite. Impossible de me reposer entre deux tétées et deux changements de couches. L'après-midi n'est pas plus calme avec son flot de visites.

À la fatigue physique s'ajoute la fatigue nerveuse de ne pas arriver à te comprendre. J'essaie de déchiffrer tes pleurs pour répondre à tes besoins, mais c'est loin d'être évident pour la mère novice que je suis. Je me sens tendue quand je t'entends pleurer sans en comprendre la cause. Je découvre que la compréhension mutuelle d'une mère et de son petit n'est pas innée. Nous devons apprendre à nous décoder toutes les deux. En attendant, l'incompréhension et les tâtonnements sont sources de stress. Je pleure sur l'écart entre le bébé fantasmé (celui que je comprends facilement, qui se calme aisément, qui est bien rythmé !) et le bébé bien vivant que tu es ! Je me rends de plus en plus disponible mentalement pour m'attacher à toi, telle que tu es.

L'allaitement est plus difficile que ce que je pensais et suscite nombre de questions.

Mon chagrin vient aussi de notre première grande séparation : tu n'es plus dans mon ventre. Je ne sens plus tes petits pieds sous mes côtes ni ton hoquet au-dedans de moi.

Je dois apprendre à te partager. Ce n'est pas facile. D'autres que moi peuvent te prendre dans leur bras. D'autres vont pouvoir tisser des relations étroites et privilégiées avec toi.

Je ne suis plus enceinte. Je n'ai plus mon gros ventre que j'aimais tant. Ma silhouette n'attire plus ces regards pleins de tendresse ou d'envie. Mon corps est comme vide. Vide de toi.

Je dois maintenant m'accepter comme mère. C'est un tournant dans ma vie. Je me sens un peu interloquée d'être mère, et j'ai peur car je ne peux pas faire marche arrière. J'ai signé un contrat à vie. Psychologiquement, cela demande un peu de temps pour l'intégrer.

Je pleure également car je n'ai jamais vécu autant de bouleversements, d'événements et d'émotions en si peu de temps. Les émotions sont intenses et contradictoires : joie, surprise, sérénité, inquiétude, bonheur. Peut-être que les modifications hormonales ajoutent leur pierre à l'édifice du baby blues, mais il y a déjà suffisamment de raisons pour moi de me libérer de tant de tensions en pleurant…

Cela ne dure qu'un jour. Dès le lendemain, je me sens à nouveau pleine d'énergie et de vie pour toi. Et cet état ne m'empêche nullement de savourer tous les moments avec toi et de t'accueillir dans tous les sens du terme. Je prends un plaisir fou à te changer et à te donner le bain. Ces moments que j'imaginais contraignants quand je voyais de jeunes parents me semblent maintenant autant d'occasions d'être vraiment avec toi et de te découvrir.

Baby blues

Une phase courte de baby blues est parfaitement normale : on se sent vide avec l'envie de pleurer pour un rien. Elle commence souvent à partir du troisième jour après l'accouchement pour une durée de quelques heures ou quelques jours. Rarement au-delà d'une semaine. C'est sa durée et son intensité qui permettent de dire si on se situe sur une phase de baby blues ou si on glisse vers une dépression. Contactez un médecin en cas de doute ou de souffrance.

Si un sentiment de culpabilité intense ou une conviction de ne pas savoir s'occuper de votre bébé apparaît peu après l'accouchement ou dans les trois premiers mois, demandez un avis médical.

Sixième jour.

Aujourd'hui est un grand jour pour nous : nous rentrons à la maison. Tu vas découvrir ton chez toi, ton nouveau nid. J'ai demandé à n'avoir aucune visite à la maison cet après-midi. Je souhaite que tu découvres ta maison au calme et que nous prenions nos marques et nos repères tranquillement tous les trois, avec ton père. Nous devons en effet apprendre à être trois. Je souhaite te donner toute mon attention pour te faire découvrir la maison. Je quitte donc la clinique avec ma liste de conseils, un peu inquiète de ne plus avoir le soutien des puéricultrices pour répondre à mes questions encore nombreuses. Nous avons prévu l'heure du départ en fonction de toi. Je ne voudrais pas que tu arrives à la maison affamée ou épuisée. Nous conduisons à quarante à l'heure, avec le sentiment de transporter la personne la plus précieuse au monde. À la maison, je te prends dans mes bras et nous te faisons visiter chaque pièce. Je prends le temps de t'expliquer le rôle de chacune d'entre elles, en restant longuement dans celles qui rythmeront plus ta vie. Tu sembles tout observer très attentivement. Je ne souhaite pas que tu aies le sentiment de ne pas connaître une partie de ta maison et que tu croies qu'il y ait des lieux cachés où tu nous vois pourtant disparaître, même pour de courts instants. Je pense que cela peut t'aider à être à l'aise avec ta maison. Et puis ce lieu doit te sembler très différent de la maternité. À la clinique, tu ne connaissais qu'une chambre de petite taille et la nurserie pour ton bain. Le lieu ainsi que toute l'activité étaient organisés autour de toi et par rapport à toi. Au contraire, la maison est grande et silencieuse. De plus, tu vas apprendre que la vie ne tourne pas toujours uniquement autour de toi : à la maison, tes parents ont aussi leurs propres activités. Mais je te rassure, tu occupes une grande, une immense place dans nos pensées et occupations.

Le retour à la maison: trouver ses propres repères de mère.

Seuls. Seule. Je me retrouve donc seule face à mon intuition. Seule face à mon bon sens. La société fait croire que le retour à la maison après cinq jours – cinq jours très privilégiés – signe aussi la fin de la « maladie ». Après cinq jours, je suis sensée être reposée, complètement remise de l'accouchement. Après cinq jours, je suis sensée savoir me débrouiller avec toi. Te découvrir va prendre un tout petit peu plus de temps. Juste le temps d'une vie. Savoir aisément décrypter tes besoins va me prendre plus d'un mois. Pour le moment, c'est le brouillard intégral. Bien sûr, ton père est là. Et il est très présent, prenant très au sérieux sa fonction paternelle. Mais tout comme moi, il a besoin d'un temps d'adaptation pour te comprendre. La clinique m'a conseillé de prendre rendez-vous avec la PMI de mon quartier. Ce centre de Protection Maternelle et Infantile donne accès gratuitement aux conseils d'une puéricultrice. Auparavant, ces centres étaient plutôt consacrés aux familles des milieux défavorisés. Aujourd'hui, des personnes de tous milieux se sentent concernés et s'y rendent. C'est très rassurant de savoir que l'on peut avoir des conseils sur toutes les questions ou tracas quotidiens. Je me sens « reliée » à une source d'informations au lieu de me sentir réellement isolée chez moi.

Depuis le début de ma grossesse, je sens que j'ai besoin d'être maternée. Aujourd'hui, j'ai envie de me sentir entourée. Entourée, mais respectée. Je souhaite te découvrir et sentir ce qui nous convient le mieux à toutes les deux, sans être influencée. Je me méfie des conseils affirmatifs du style « il faut », même bien intentionnés. Je n'ai pas encore mes repères avec toi et ne comprends pas tes pleurs. Cela me rend justement très vulnérable à ces dires. Je me sens immédiatement déstabilisée et culpabilisée, avec ce sentiment tenace de ne pas faire « comme il faut ». Pourtant, je serais bien étonnée si mon entourage pouvait te comprendre en quelques heures quand moi, présente en permanence, je ne te comprends pas encore. Comment pourraient-ils comprendre pourquoi tu pleures alors que tu es unique dans ta façon de pleurer, dans ton rythme et chacun de tes pleurs est différent selon le besoin que tu exprimes ? Chaque personne cherche à m'aider en me livrant sa certitude et son avis, souvent puisé dans les croyances actuelles. En même temps, je comprends qu'il soit tentant de s'accrocher à des affirmations connues pour décrypter son petit. Ces généralités permettent de penser qu'on maîtrise tout de toi et qu'on peut deviner ton futur ou ton comportement jusque dans les moindres détails. On m'avait annoncé que tu perdrais tes cheveux, si fournis à ta naissance. J'avais le sentiment qu'il n'en serait rien. Pourquoi suivrais-tu des règles préétablies, quand chaque bébé est unique ? Et en effet, tu ne perdras pas tes cheveux. Intérieurement, j'en suis très contente. Contente que tu ne deviennes pas « comme prévu ».

Curieusement, pas deux personnes n'ont le même avis. J'essaie donc de suivre mon intuition. Mais parfois – voire souvent – je me dis que j'ai dû perdre mon intuition en cours de route. Combien de fois je me retrouve désemparée, sans repère ni modèle. Tu manifestes quelque chose que je ne comprends pas, et, je reste pantoise, stressée, culpabilisée de ne savoir que faire. Nous sommes à une époque où l'information se vulgarise et devient accessible à tous. En parallèle, se développent les connaissances et donc les théories sur les bébés.

Souvent fiers des découvertes réalisées, les spécialistes énoncent ces théories comme des dogmes à suivre impérativement sous peine d'être une mauvaise mère. Je me demande dans quelle mesure certaines affirmations médicales, psychologiques ou matérielles n'orientent pas nos faits et gestes et ne finissent pas par nous couper progressivement de notre bon sens. Il y a vingt ans, il « fallait » te faire dormir sur le ventre. Aujourd'hui, c'est sur le dos. Certes, ce conseil a coïncidé avec une chute prodigieuse du nombre de morts subites du nourrisson, mais il me semble être divulgué sous forme de psychose. Pour éviter de m'inquiéter dès que tu tournes la tête, je suis invitée à acheter un cale-bébé. Pourquoi pas les menottes et les chaînes ? À trois mois, tu es capable de te retourner seule dans ton lit. Qu'est-ce que je fais ? Je t'attache ? Il y a quelques dizaines d'années, on empêchait le nouveau-né de boire le colostrum, le liquide produit par les seins pendant les deux ou trois jours qui précèdent la montée de lait. Sur quelles bases pouvait-on affirmer cela ? Il faut être bien sûr de soi et de ses connaissances pour affirmer que la nature est mal faite au point de produire une alimentation inappropriée pour son bébé. Combien de jeunes mères ont imposé un jeun forcé à leur bébé quand leur instinct leur indiquait le contraire et que le nouveau-né montrait son besoin de téter ? Aujourd'hui, on sait que le colostrum est ce qu'il y a de mieux pour un tout nouveau-né et que l'instinct de succion est le plus fort dans les six premières heures (puis il décroît pour redevenir efficace après quarante-huit heures). Mais, à l'heure actuelle, sur quelles bases les puéricultrices affirment-elles que je dois attendre deux heures et demi entre deux tétées et que cette dernière ne « doit » pas durer plus de trente minutes ? Est-ce réellement fondé ?

Nos mères ont suivi les affirmations de leur époque. Nous sommes invitées à faire autrement, car les connaissances ont évolué. Une des conséquences est que nous ne pouvons pas ou difficilement suivre le modèle de nos mères. Nous devons trouver nos propres repères. Les gestes et attitudes de bon sens vis-à-vis d'un bébé se transmettent généralement de génération en génération, de mères en filles. À notre époque, chaque génération cherche une nouvelle façon de faire appropriée aux nouvelles connaissances. Je vis ma première maternité comme un vaste terrain à défricher pour trouver ma propre route, ma propre façon d'être mère. Alors, moi aussi, je me retourne vers les connaissances actuelles. Ce qui me rassure, c'est que jamais dans l'histoire, on ne t'a autant considéré comme une personne à part entière et non un être inerte ou incomplet. Jamais, on ne t'a donné autant de droits et de capacités. Ce n'est pas encore suffisant, me semble-t-il, mais cela va dans le bon sens. Je découvre des connaissances récentes ou des façons d'être et de faire qui sont tout à fait en phase avec ce que je ressens au plus profond de moi. C'est donc sur ces dernières que je m'appuie. Mais je tente aussi de puiser dans mon instinct maternel les gestes de bon sens vis-à-vis de toi.

Outre cette difficulté à « entendre » mon intuition au milieu des affirmations culturelles ou médicales, cette même intuition est parfois écrasée par certaines attitudes irrationnelles venues directement de mon inconscient.

Ecouter mon intuition de mère pourrait sembler la chose la plus naturelle qui soit. C'est en fait un cheminement que je trouve personnellement difficile.

J'apprends donc, progressivement et non sans heurts ni interrogations, à me faire confiance pour découvrir petit à petit comment agir et être avec toi. J'apprends à me faire confiance pour développer une sensibilité aux signaux que tu m'envoies. À commencer par la nuit. Professionnelle du sommeil profond, j'avais peur de ne pas t'entendre. Je découvre vite que la maternité fait naître des « antennes ». Je « t'entends » dans mon sommeil et je détecte quand tu te réveilles. Je me réveille alors instantanément… et me rendors aussi instantanément s'il s'agit d'une fausse alerte. J'admire ce lien invisible qui me maintient en état de veille. Progressivement, tes signaux vont devenir familiers et compréhensibles. Au bout de quelques mois, je me sens très à l'aise avec toi, tes pleurs, ta façon d'être. Je trouve donc plus facilement la manière d'être et de réagir.

J'apprends aussi à te faire confiance pour savoir exprimer ce dont tu as besoin et savoir quand tu en as besoin. Je t'observe pendant de longues heures sans me lasser. Nous passons régulièrement nos siestes ensemble. Tu dors souvent sur mon ventre. Tu as l'air si confiante. Quand je te place à côté de moi pour dormir, tu te déplaces avec je ne sais quelle force et je ne sais quels mouvements, jusqu'à être bien blottie dans mon cou pour t'endormir. Je commence à connaître certaines de tes mimiques qui m'attendrissent au plus haut point. Souvent quand tu t'éveilles, tu n'ouvres qu'un seul œil. Tu observes longuement ainsi le monde qui t'entoure. Ce n'est qu'après cette inspection minutieuse que tu te décides à ouvrir le deuxième œil. Tu as une autre habitude au réveil : tu passes tes petites mains sur le visage, de tes oreilles vers le nez, un peu à la manière d'un chaton. Quand tu as faim, tu as pris l'habitude de « grignoter » tes petits poings fermés en émettant de petits grognements adorables. J'aime ces gestes et ces attitudes qui te sont propres. Je me sens émue, très émue.

❧ Septième jour.

Être parents, un vaste questionnement.

Nous avons un enfant. Nous sommes des parents. Cela peut paraître une évidence, et pourtant… Quand nous avons décidé d'avoir un enfant, quand nous nous sommes lancés dans ce projet d'avoir un bébé, nous ne nous sommes pas posé la question du projet de devenir parents. Or, devenir parent n'est pas neutre. Nous nous sentons très responsables avec ton père. Responsables dans tous les sens du terme. Responsables de toi d'abord. Cela signifie que nous nous engageons à nous occuper de toi, à te nourrir, à te guider dans ta vie. Nous nous engageons à répondre à tes besoins matériels et affectifs, et à t'aider à te construire sur un plan psychologique. Nous avons le souci constant de te protéger. Responsable, c'est aussi être critique et aux aguets pour distinguer ce qui est bon ou non pour toi. C'est faire attention aux personnes à qui nous te confions.

Nous nous sentons également responsable pour toi. Nous conduisons très prudemment, même si tu n'es pas dans la voiture. Nous n'avons pas le droit de jouer avec notre vie, de prendre de risques, alors que toi, tu as besoin de nous pour grandir. Notre vie ne nous appartient plus entièrement : elle a un sens et une nécessité pour toi. Nous devons prendre soin de toi, mais également prendre soin de nous pour toi.

Je réfléchis à tout ce que cela représente pour moi le fait d'être parent.

Etre parent, c'est devenir de plus en plus adulte et conscient. Comment dire à quel point ce que je suis et notamment mes attitudes face à toi sont extrêmement liées à mes croyances, croyances renforcées par mon propre vécu depuis ma conception (2) (7) (28) (49). Ce que je suis dépend aussi de mes résonances avec les générations qui m'ont précédée ou certains inconscients collectifs (29). Il peut être aussi difficile de donner à son bébé quelque chose que nous n'avons pas reçu enfant ou l'impression de ne pas avoir reçu, car cela nous renvoie à nos manques et nos souffrances d'enfant. Si on n'a jamais reçu une attention sincère, ou une écoute vraie, cela pourra être un cheminement pour apprendre à le donner à son enfant. Si on a travaillé dur dès le plus jeune âge auprès de ses parents, on peut avoir du mal à offrir une jeunesse insouciante à son enfant.

Notre inconscient peut alors provoquer des attitudes irrationnelles. Quand je perds patience et suis tentée de crier ou de frapper, ma réaction devient irrationnelle au lieu d'être posée et réfléchie. Quand j'ai une attitude incontrôlée ou excessive, je n'agis plus en tant qu'adulte conscient. Parfois l'enfant blessé que j'ai été prend le dessus sur l'adulte que je suis. Ma réaction devient alors disproportionnée face à la tienne. Par exemple, si je n'ai pas eu le droit de pleurer quand j'étais petite, il y a fort à parier que je ne supporterais pas tes pleurs. Mais il y a aussi fort à parier que cette attitude me propose de prendre conscience de la façon dont j'accueille, j'entends et j'accompagne mes propres émotions en tant qu'adulte. Pour accueillir tes pleurs, l'expression de ton ressenti ou les traits de ton caractère, je suis invitée à entendre ce que tes pleurs provoquent comme émotions ou croyances en moi (« C'est insupportable », « Je me sens mauvaise mère », « Quand j'étais petite »...). Je suis invitée à entendre ce qui est touché en moi.

Chaque situation difficile me propose de grandir, de libérer une cristallisation ancienne de souffrance pour déboucher sur un nouveau comportement qui me concerne en tant que mère mais aussi en tant que femme. Je peux regarder en face ce que j'ai moi-même vécu enfant, mais la clé est dans la façon personnelle dont je l'ai vécu et dans ma réaction à ce vécu. Car de mon ressenti propre plus que des événements du passé, j'ai ancré des qualités mais aussi des croyances, des réactions, des émotions ou des scénarios de vie qui cachent encore ces qualités derrière des limites parfois gênantes. Je vais alors progressivement découvrir que je me suis moi-même limitée pendant de nombreuses années. Jean-Paul Sartre a eu cette phrase très juste: « L'important n'est pas ce que l'on a fait de nous, mais ce que nous faisons nous-même de ce que l'on a fait de nous ». Tant que nous sommes dans une colère contre les erreurs de nos propres parents, nous ne sommes pas dans notre responsabilité d'adulte. Prendre en charge à bras le corps ce que nous faisons de notre vie, nos croyances, nos réactions est courageux. Mais cela va nous permettre de faire éclore ces qualités qui sont encore en germe en nous.

C'est parfois plus aisé de reproduire la même attitude ou de s'y rebeller que de restructurer les souffrances passées, de rechercher en conscience de nouvelles références et d'aboutir à de nouveaux comportements. Dans les deux cas, action ou réaction par rapport à son passé, on n'est pas dans une vraie liberté d'adulte, dans le vrai choix conscient d'un comportement adapté vis-à-vis de toi. On pourrait penser que l'on n'inflige pas à ses enfants ce dont on a soi-même souffert petit, mais la réalité est plus complexe. Les parents qui battent leurs enfants sont souvent ceux qui ont été eux-mêmes battus (28). Bien sûr, il n'y a aucune fatalité car l'inverse est faux : beaucoup d'ex-enfants maltraités sont capables de devenir de bons parents. La réaction à la violence subie permet à certains de développer des trésors d'amour et d'attention à leur enfant. Tim Guénard, auteur de *Plus fort que la haine* (30) en est un bon exemple. Il dit avec force « On n'est pas obligé de répéter, on peut innover ». Mais je pense qu'être capable d'innover demande un cheminement personnel.

Pour ceux néanmoins qui reproduisent la violence subie, ils semblent alimenter ainsi inconsciemment leur logique que le parent utilise la violence pour « éduquer » l'enfant, souvent « pour son bien ». Ils se confortent dans l'idée qu'un enfant est un être à mater pour obtenir obéissance. Ils « cautionnent » intérieurement ainsi les souffrances qu'ils ont subies enfants puisque c'était « pour leur bien ». « Mes parents m'ont élevé ainsi, je n'en suis pas mort. Cela m'a endurci pour affronter la vie. » sont autant d'affirmations qui dévoilent que ces personnes sont dans la même croyance que leurs propres parents sur l'éducation de l'enfant. Devenus parents, ces croyances sont autant de paravents qui empêchent de reconnaître la souffrance de notre propre enfant et de se remettre en cause en tant qu'adulte. L'esprit humain a cette capacité incroyable de s'adapter et de se protéger. Ces comportements représentent en effet de réelles protections mentales inconscientes et limitantes pour ces parents. En ne reconnaissant pas les souffrances de leurs enfants, elles n'ont pas à considérer et donc ressentir leur propre désarroi d'ex-enfant et d'adulte. Malheureusement aux dépens de leur propre enfant. Ces réactions invitent surtout à se responsabiliser dans sa vie d'adulte et à accéder à une dimension intérieure plus grande. Si je ne fais rien contre ces attitudes irrationnelles renforcées par ma propre enfance, j'aurais du mal à être dans une relation vraie avec toi, à être disponible pour écouter ce que tu vis et à être réellement attachée à toi.

> « L'important n'est pas ce que l'on a fait de nous, mais ce que nous faisons nous-même de ce que l'on a fait de nous. »
>
> Jean-Paul Sartre

J'observe que tu as la faculté extraordinaire de remuer mon inconscient. Tu es un miroir étonnant pour mettre en lumière mes failles. Tu sembles détecter les non-dits, les situations ou émotions douloureuses de mon histoire que je n'ai pas pu dépasser ou mes croyances limitantes avec lesquelles tu es toi-même en résonance. Tu mets alors parfois une énergie surprenante à les rendre visibles. Il est important que je prenne le temps, à nouveau, d'identifier ma difficulté vis-à-vis de toi pour mobiliser la qualité dont j'ai besoin pour la dépasser ou restructurer un événement ancien. Quelque soit ton âge, face à une situation, un comportement ou un mal-être persistant et récurrent chez toi, moi ou dans notre relation, si je suis en difficulté à t'aimer, j'accepterai de me poser la question : « En quoi cela me parle-t-il ? En quoi ai-je à grandir ? Quelle émotion ou croyance ai-je à lâcher ? Qu'ai-je vécu au même âge ? ». Je peux aborder aussi cette situation comme l'analyse d'un rêve où chaque personne représente symboliquement une partie de ma psyché. Quelle partie de ma propre psyché je projette sur toi, avec laquelle je suis en difficulté (49) ? Et curieusement, c'est parfois là que se trouve la solution au problème de mon enfant ou de notre relation, qui s'arrête à partir du moment où je prends en charge un travail sur ma propre histoire (31) (49). J'émets aussi l'hypothèse que si tu te heurtes à une de mes limites, tu es peut-être aussi concernée dans ton évolution par cette même limite. De nos limites, nous pouvons alors apprendre à grandir ensemble.

> Se libérer du passé, des projections ou de croyances limitantes permet d'être plus disponible pour son bébé.

Être parent, pour moi, c'est aussi t'accepter telle que tu es. Je souhaite t'aider à avoir conscience d'exister et d'avoir une valeur par toi-même, par le simple fait d'être vivante. Je peux donc identifier et lâcher mes éventuelles projections sur tes futures performances, ton futur métier pour favoriser tes qualités d'être. Ton rôle n'a jamais été de répondre à mes attentes, ni de réparer mon passé. Je dois lâcher l'image de l'enfant imaginaire sensé répondre à nos espérances. Cela signifie aussi lâcher une certaine image de soi, la danseuse étoile que nous ne sommes pas devenues par exemple.

Être parent, c'est s'engager pleinement avec cet enfant là, qui est présent. Sentir que l'enfant qui est arrivé dans la famille est celui qui a pleinement sa place, qui convient le mieux à la famille. En cas de difficultés relationnelles, mettre une partie de son énergie dans des regrets (« Ce serait plus facile avec un enfant de l'autre sexe. ») est autant d'énergie qui n'est pas placée dans la résolution du problème.

Être parent, c'est aussi avoir foi en tes propres ressources et te faire confiance, ma fille, au lieu de vouloir te contrôler. Je pense qu'on peut se sentir consciemment ou inconsciemment valorisés par le pouvoir qu'on exerce sur son enfant. Avoir un enfant soumis à ses exigences peut aider à se sentir parent respecté. Je me rends compte que t'élever va correspondre à une lutte interne entre la tentation de contrôle et la confiance. Comme c'est tentant de faire de toi une petite fille « bien élevée », qui obéit au doigt et à l'œil et qui agit comme je l'entends. Mais c'est croire à tort que j'ai du pouvoir sur toi. Je n'ai pas le pouvoir de dicter ton comportement. Je peux apporter ma contribution, mais pas décider ou imposer ce que tu dois faire ou devenir. Si je suis sensible au regard que les autres portent sur moi, je peux avoir du mal à assumer que mon enfant ne soit pas un enfant modèle. Dans ce cas, on a l'impression que les autres jugent notre capacité à être parent aux « résultats », c'est-à-dire à l'image que renvoie notre enfant. On devient donc tenté de contrôler notre enfant pour qu'il nous valorise inconsciemment. Or, il me semble que plus on est attaché au « paraître » et plus on est éloigné de « être ».

Être parent, c'est te considérer avec les yeux de l'amour : voir la beauté de ton âme, les qualités que tu apportes au monde, ton potentiel. Mettre notre énergie sur ta valeur et non sur ton apparence.

Je souhaite essayer de t'emmener à penser et à agir par toi-même en fonction de ce que tu sens de bon ou pas bon pour toi. Si je t'invite à faire des choix et que je les respecte, je pense que cela t'aidera à prendre peu à peu conscience de tes goûts propres, de la valeur de tes choix et donc de ta valeur personnelle. Faire confiance, c'est accepter de me dire que tu as une personnalité propre, que je ne peux pas te considérer, quand tu nais, comme une feuille vierge sur laquelle j'ai, en tant que parent, toute puissance pour inscrire ce que je veux. Tu n'as pas à entrer dans un moule préparé avant même ta naissance. Je suis là pour te guider dans la vie, t'accompagner, mais pas te diriger comme un pantin.

Être parent, ce sera t'offrir une communication et une relation de qualité. Je peux t'aimer avec toute la force et la bonne volonté du monde, et malgré tout, te faire énormément souffrir par de mauvaises capacités de communication. Nos repères en matière de communication, tels que mis en lumière par Jacques Salomé, nous viennent de notre entourage familial ou social, mais ils sont souvent inappropriés. Combien de fois disons-nous « Tu devrais faire ou être », « Tu es insupportable », « Tu es comme », « Mais non, tu n'as pas mal » ? Combien de fois, par ce « tu », nous approprions-nous ce que tu penses, ce que tu dis, ce que tu fais ? Combien de fois t'indiquons-nous ainsi, mon enfant, que, finalement, nous savons mieux que toi-même ce que tu ressens ou penses ? Le problème, c'est que tu finis par le croire et te retrouve dépossédée de ce que tu es. Non, je vais avoir à trouver une nouvelle façon de m'adresser à toi.

Je dois aussi apprendre à ne pas te voir au travers « d'étiquettes » auxquelles tu pourrais ensuite t'identifier : la timide, le colérique, le caractériel… (31)

Être parent, ce sera accepter de me sentir parfois démunie, mais pas démissionnaire. Je ne pourrai pas t'imposer de recevoir les valeurs ou de suivre les conseils que je te donne. Donc, je ne peux être responsable que de « ma partie », mais pas de ce que tu en fais (31).

Être parent, ce sera accepter de ne pas te juger. Il me semble que les jugements peuvent complètement couper la relation avec un bébé. « Son bébé était tellement laid, que je n'ai pas pu féliciter la mère. Je n'ai rien pu lui dire. » Il est surprenant de ne pas savoir accueillir, à ce point, un nouveau petit être sur terre, quel qu'il soit. À toutes les mères de bébés laids, à toutes les mères de bébés couverts de croûtes ou de poils, à toutes les mères de bébés « pas comme les autres », je voudrais dire ceci : « Félicitations, Madame, pour avoir mis au monde un petit bébé. Toutes mes félicitations pour avoir vécu dans votre ventre le miracle de la création d'une vie, pour avoir protégé et nourri de votre corps ce petit être. Je vous souhaite beaucoup de joie à le découvrir au long de votre vie et à l'accompagner. » À leurs bébés, je voudrais dire ceci, en les regardant intensément dans les yeux : « Bienvenue, petit bébé. Bienvenue dans notre monde. Je te souhaite beaucoup de bonheur dans ta vie. Je te souhaite d'être accueilli dans la chaleur et la bienveillance pour que tu grandisses dans une harmonie intérieure. »

Être parent, c'est t'aimer d'une façon la plus inconditionnelle possible. Il serait trop facile de t'aimer uniquement quand tu es sage, quand tu ne pleures pas. Non, je devrai aussi prendre le risque de t'aimer même si tu es en échec scolaire, tu es en rébellion ou tu as des goûts différents des miens. T'aimer même si tu es différente. T'aimer pour ce que tu es, tout simplement.

Être parent, c'est accepter de nous dire, avec ton père, que tu ne nous appartiens pas. Nous t'accompagnons sur le chemin de la vie. Nous ne te possédons pas. Tu viens de nous sur un plan biologique, tu viens aussi « à travers » nous. Le miracle de ta vie dépasse, à mes yeux, les simples gènes que nous t'avons transmis. Tu n'es pas notre chose, notre possession, notre pâte à modeler. Tu es avec nous, mais pas à nous.

Être parents, c'est accepter d'assumer la fonction paternelle et la fonction maternelle. Pour cela, nous allons devoir aussi apprendre à nous sentir légitimes pour faire preuve d'autorité (et non de violence ou de pouvoir). Nous avons envie de te donner des valeurs et des limites, pour que tu puisses grandir dans un environnement cohérent et structurant. Au début, il ne me sera pas particulièrement facile de poser des limites. Cela me renvoie à ma difficulté à dire non, d'une façon générale. Parfois, en réponse à une interdiction ou un refus, tu te retournes vers moi avec un sourire enjôleur ou un air des plus innocents contre lequel il est difficile de lutter. Cependant, je pense qu'il est important que tu comprennes que tu ne peux pas toujours agir à ta guise et que le monde entier ne se plie pas à ta volonté. Tu as besoin de connaître des limites structurantes et protectrices à tes désirs. Paradoxalement, ces limites auxquelles tu te cognes et que tu testes vont t'aider à te construire une sécurité intérieure et le sentiment d'exister face à l'autre. Si je cède tout le temps à tes demandes, en fonction de ton insistance ou de mon humeur, tu te retrouves un peu comme dans une maison dont les murs se déplacent en fonction du temps et des saisons. Tu n'as pas de repères fiables dans cette maison, puisqu'elle évolue sans cesse et n'a pas de murs ou de contours limitants, structurants, et donc rassurants. Tu n'as pas de murs sur lesquels t'appuyer et te reposer. Tu vas mettre ton énergie dans la recherche des limites au lieu de la mettre dans des expériences libres à l'intérieur d'un cadre défini. De plus, si, après un refus, je cède régulièrement devant ta colère ou ton charme, tu finis par croire que ton désir est tout puissant et par ne plus supporter la moindre frustration. Faire preuve d'autorité, c'est donc assumer de faire parfois mal à mon enfant. Je crois, comme le dit Suzanne Robert Ouvray, que notre rôle de parent s'éclaire quand on fait la distinction entre faire mal (frustrer l'enfant dans des désirs ponctuels, superficiels ou matériels) et faire du mal (frustrer dans des besoins vitaux, maltraiter). Si je souhaite que tu ne te croies pas toute puissante en famille puis en société et que tu apprennes à gérer la frustration et ta volonté, cet auteur ajoute que je ne peux pas, en tant que parent, faire l'économie de provoquer des crises de larmes, des chagrins, des colères ou des détresses chez toi.

Il est alors important que je puisse maintenir mon refus ou mon interdiction, calmement mais fermement, tout en respectant les sentiments de frustration et de colère que ce refus peut faire naître en toi (31). Respecter ton ressenti et tes larmes, c'est te respecter en tant que personne… sans tout t'accorder en tant qu'enfant.

Être parent, c'est accepter pleinement les limites de notre fonction : ne jamais avoir de relation incestueuse avec toi. Cela signifie de ne jamais t'utiliser comme un objet pour satisfaire notre désir, notre propre jouissance. Cela signifie aussi de ne pas chercher à devenir copain avec toi. C'est pourtant tentant pour nous, plus tard, de ne pas paraître rétrograde à tes yeux. Mais tu as besoin d'une relation structurante avec ton parent, tu n'as pas besoin de devenir le confident de nos problèmes d'adulte. Je crois qu'il est important de respecter la génération à laquelle nous appartenons et les places qui en découlent. Certes, nous sommes égales sur le plan de la valeur humaine. Certes, tu participes grandement à mon éveil, à ma propre croissance. Mais, adulte, j'ai un rôle de guide, d'enseignant, de discernement tant que tu es petite. J'ai le droit de me positionner en tant que parent dans ce que je pense bon ou non, dans les règles familiales valables sous le toit de la maison et de me positionner par rapport à ce que tu vis. Puis, il s'agira de te passer progressivement le relais : au fur et à mesure de ta croissance, tu pourra intégrer par toi-même les limites protectrices, le discernement sur ce qui est bon ou non.

Être parents, c'est accepter que notre rôle est de te préparer à l'autonomie. Tu ne vis pas dans le but de combler un vide chez nous ou nous rendre heureux. Prendre en charge sa capacité à se rendre soi-même heureux est un cadeau fait à son enfant : il est libre de vivre sa vie, il n'a pas à nous prendre en charge. C'est aussi pouvoir me réjouir pleinement que tu puisses aimer quelqu'un d'autre que moi et être aimée par d'autres, sans me sentir menacée dans notre lien. Etre parent, c'est donc aussi lâcher le besoin de reconnaissance. Tant qu'il est petit, notre enfant ne peut pas reconnaître le temps que nous passons à lui préparer à manger, à nous occuper de lui, à gérer la logistique… Car, de son point de vue, c'est normal d'être nourri, d'être habillé… Nous le faisons parce que cela a du sens pour nous et qu'il le refera lui aussi quand il sera parent. Etre parent, c'est donc t'offrir une vie d'enfant. Tu n'as pas à prendre en charge la logistique de la maison. Ta participation aux tâches ménagères va être croissante, mais reste symbolique et ludique plus que réelle dans la prime enfance. Il s'agit toujours de trouver le juste équilibre : ni te charger sous les tâches, ni te demander aucune participation à la vie de la maison.

Être parents, c'est accepter que tu puisses nous « dépasser ». Tu peux avoir une vie personnelle plus harmonieuse. Tu peux réussir mieux tes études, obtenir un meilleur travail. Tu seras peut-être plus intelligente, plus belle, plus charismatique, mieux dans ta peau. Nous devons apprendre à ne pas nous sentir humiliés, rabaissés, jaloux, rancuniers, ni avoir peur que tu t'éloignes de nous, mais au contraire nous sentir heureux de ce que tu vis. Quel cadeau de dire à son enfant qu'il est capable et qu'il a le droit d'être lui-même, et non d'être ce qu'on attend de lui.

Je crois aussi qu'être parent, c'est accepter de me remettre en cause et de ne jamais me reposer sur des certitudes. J'accepte – avec difficulté – de me dire que je ferai des erreurs. Car, je ferai des erreurs. La « mère parfaite » n'existe pas et ton éducation est un vaste terrain d'exploration en plein défrichage. Tu m'invites à découvrir une façon d'être mère, que je modifierai peut-être au fil du temps. Car avec toi, je découvre en même temps tout d'un bébé et tout de moi en tant que mère. Je pense qu'il est constructif d'être capable de reconnaître mes erreurs auprès de toi, mais sans pour autant culpabiliser. Au moins, j'aurai la satisfaction d'avoir essayé, et d'avoir fait mes propres erreurs. Tu vas ainsi constater que je suis une femme comme tout le monde. Tu vas aussi découvrir que, comme toute personne, on peut s'aimer et être aimée avec des qualités et des zones d'ombres. Il est essentiel de lâcher l'image de la mère toute puissante, et largement culpabilisée, dont le moindre faux pas aurait des conséquences lourdes sur son enfant. Je suis une mère en chemin, qui fait du mieux que je peux en fonction de ma conscience du moment. Mon enfant a des ressources formidables pour, un jour, tirer le meilleur de ce que je lui propose, y compris de mes limites. Je n'ai pas à « porter » mon enfant, vouloir tout résoudre à sa place et croire que tout ce que je fais est absorbé sans filtre. Mon enfant a son propre filtre de perception, dès tout petit. Il voit ce qu'il veut bien voir. Si je cherche à tout résoudre à sa place, d'une part c'est très lourd à porter pour moi, et d'autre part, mon enfant ne mobiliserait pas ses propres ressources. Mon rôle est plutôt de l'accompagner à trouver ses propres solutions. Je peux accepter de te rendre ton propre destin. J'ai une foi immense en tes ressources.

Je peux imaginer que ce n'est pas facile d'être parents. Qu'il faut être courageux ou inconscient pour signer un tel contrat. Je peux aussi me placer dans une présence et une relation fluide et joyeuse, où chacun se porte soi-même et accompagne l'autre.

J'essaie de te regarder avec des yeux neufs et naïfs. J'essaie de t'accueillir telle que tu es, petit poussin. Quand nous observons des situations d'éducation autour de nous, nous en discutons avec ton père, pour savoir si nous avons le même point de vue et pour discuter de nos différences. Nous nous faisons confiance pour devenir parents à notre tour et assumer toutes les facettes de cette fonction. Nous ne nous permettons surtout pas de juger les autres, nous cherchons à trouver notre façon personnelle d'être parents.

PREMIER MOIS

❧ Une semaine.

Tu commences à prendre un rythme régulier dans tes horaires de tétées et de siestes contrairement aux cinq jours passés à la maternité. Là-bas, interrompue par la pédiatre, la puéricultrice ou les visites, tu étais sans cesse décalée. À la maison, nous nous calons sur ton rythme. Le fait que celui-ci devienne plus régulier me rassure et m'aide à mieux comprendre quand tu as faim ou quand tu as un autre besoin. J'essaie de suivre les élans de mon cœur bien plus que les « bons conseils ». Je refuse de te laisser pleurer seule dans ta chambre malgré les « Après, elle ne pourra plus s'endormir sans ta présence. » Je refuse de te priver de ma présence alors que les puéricultrices m'ont même conseillé de te placer loin de moi quand tu dors : « Comme cela, elle ne sentira pas trop votre odeur ! » Incroyable. Tu arrives dans un monde nouveau où ton sentiment de sécurité vient en partie de mon odeur, et des professionnelles me conseillent de ne pas trop t'en donner, de peur que tu t'y habitues et la réclames ensuite !

Il est de notoriété publique que je ne dois pas trop te donner d'amour, car sinon tu en réclameras encore plus ! Dans cette logique, je ne dois également pas trop aimer mon mari, dans le cas où il y prendrait goût… Il est de notoriété publique que si je te donne de l'amour, je « me fais avoir » par le petit être manipulateur, vicieux et insatiable que tu es sensée être. Compte tenu des connaissances actuelles du bébé, ces affirmations n'ont, à mes yeux, plus lieu d'être. En général, nous ne sommes pas forcément à l'aise avec l'image de l'enfant pendu à nos jupes, qui semble ne pas pouvoir faire un pas tout seul (même si intérieurement, il peut être gratifiant de penser que notre bébé ne peut pas se passer de nous). L'idée communément répandue laisse croire que, dans ce cas, l'enfant a été habitué à recevoir beaucoup d'attention et est devenu capricieux et exigeant. Il manipulerait ses parents pour réclamer et obtenir toujours plus d'attention.

> Plus on sait répondre à tes besoins, plus tu seras capable de construire une sécurité intérieure.

Aujourd'hui, comme de nombreux spécialistes, je refuse de te voir comme une capricieuse aux pulsions mauvaises. Je pense que c'est te méconnaître toi, ainsi que ton développement et tes besoins. C'est prendre le problème totalement à l'envers. Je pense que tu es fondamentalement un être en quête d'amour. Tu as un potentiel infini dans ta capacité à donner de l'amour pour tes parents. Mais tu es aussi en quête de recevoir de l'amour dans un lien affectif qui t'ouvrira les portes de l'amour de soi. Il est aujourd'hui connu, nombre de psychothérapeutes l'affirment, que plus tu as été aimée, plus tu seras une adulte stable et confiante. Plus tu as été portée, entourée, non lourdement frustrée dans tes besoins, et plus tu construiras une sécurité intérieure. C'est justement cette sécurité intérieure qui te permettra d'être plus autonome et indépendante pour découvrir le monde. Comme l'explique le docteur Aletha Solter (26), « l'idée qu'on puisse « gâter » un enfant est beaucoup trop répandue. Il est impossible de gâter un enfant (…). (Certains parents) craignent que trop d'amour et de câlins n'entraînent (les enfants) à en vouloir toujours plus ; ils ont peur que leur enfant devienne un monstre d'exigence qui ne leur laisse pas une seconde de tranquillité. Ces idées sont tout à fait rétrogrades : les enfants demandent seulement ce dont ils ont besoin ; une fois leur besoin comblé, ils sont satisfaits. Une étude très intéressante vient renforcer ce point de vue. On a observé beaucoup de couples mères-nourrissons pendant la première année. Les nourrissons qui avaient été beaucoup portés par leur mère pendant les trois premiers mois avaient tendance à se montrer plus indépendants à la fin de cette première année (…) », Ainsworth et coll., 1972.

Certes, même si cela me comble, je trouve parfois prenant de me rendre autant disponible pour toi. Mais si je sais que, confiante et sécurisée, tu deviens ensuite plus autonome, je pense que nous, parents, autant que toi avons tout à y gagner. Par la suite, tu réclames fréquemment de l'attention, mais souvent pour peu de temps. Si je réponds à ta sollicitation par une disponibilité sincère et complète, comme le préconise cet auteur, tu sembles effectivement relativement vite « comblée » et reprends rapidement tes jeux. Cependant, je relativise la notion d'autonomie pour une petite fille comme toi. Il me semble tout à fait légitime que tu aies grandement besoin de mes bras et que tu les demandes très fréquemment. Je sais que plus tu auras créé cet attachement et cette dépendance au début de ta vie, et plus tu pourras ensuite aller vers le monde extérieur, vers un détachement serein.

C'est effectivement ce que je constate. Outre des phases intenses mais relativement courtes où tu t'accroches à moi, tu connais de plus en plus de petites phases sereines d'exploration en solitaire. Tu sembles très bien vivre mes courtes absences et l'entrée en crèche à cinq mois se passera en douceur.

Si tu te mettais à me réclamer et à me coller de façon permanente, cela pourrait être parce que tu n'es pas sûre de l'amour que tu reçois et que tu as peur, si tu lâches mon contact, de perdre ou de ne pas retrouver cet amour. Si au contraire, tu es sereine et autonome, dans bien des cas cela signifie que tu es confiante sur l'amour que tu reçois et que tu as intériorisé cet amour comme un amour permanent, indépendant de ma présence. Tu n'as pas peur de perdre ce qui existe avec moi pendant que tu es ailleurs.

Plus les bébés sont aimés et portés quand ils sont petits, plus ils ont pu s'attacher, plus ils se développent dans la confiance et deviennent autonomes. Suzanne B. Robert Ouvray précise la notion de sécurité affective de base : « Tout comme au niveau tonique (le bébé) peut maintenant prendre et lâcher volontairement un objet, au niveau affectif il peut tenir et lâcher sa mère dans le réel et dans sa tête. Il est capable d'y penser en toute tranquillité, donc de la garder en lui-même si elle n'est pas là. Il peut également ne pas y penser si elle est là, c'est-à-dire rester seul en sa présence. (...) L'intériorisation du bon objet permet l'attachement. Le détachement qui lui est associé se prépare dès la naissance. (...) C'est ainsi que dire qu'un toxicomane ne peut pas se détacher de son toxique ou dire qu'un enfant ne peut pas se séparer de sa mère parce que tous deux sont trop attachés est une erreur : en fait l'un comme l'autre sont dans une recherche frénétique et parfois mortifère d'un attachement sécurisant qui leur permettra de se libérer et de poursuivre leur dynamique de vie. Leur problème n'est pas de se détacher mais de s'attacher. L'expression « être accro » serait plus proche de la vérité psychique de ces sujets qui s'accrochent pour ne pas basculer dans le vide affectif. Un enfant collé à sa mère, sans cesse demandeur, exigeant et tyrannique est un enfant en état de besoin. Il n'est pas attaché, c'est pour cela qu'il a si peur de quitter sa mère. Il risque de se perdre. » (25)

Je me mets à ta place et imagine que du jour au lendemain on m'impose d'habiter définitivement sur une planète inconnue, dont je ne connais ni la langue ni les coutumes. Je ne suis pas entièrement convaincue que je serais très détendue de ce changement. Je pense même que je serais franchement angoissée. Mais, si j'y trouve des éléments connus – une voix, une odeur –, si une personne bienveillante m'accueille, déchiffre mes besoins et y répond, si cette personne semble être toujours présente quand j'ai besoin d'elle, je serais certainement confiante pour explorer ce lieu. Je serais certainement disponible mentalement pour découvrir mon environnement si je me sens entourée, sécurisée et si mes besoins vitaux sont couverts. Par contre, si je dis que j'ai faim sans que personne ne me comprenne ni ne m'apporte à manger, si je dis que j'ai froid sans que personne ne m'apporte un vêtement supplémentaire, si je me sens seule dans un environnement indifférent ou hostile, je pense que je finirais par vraiment m'inquiéter de mes chances de survie dans ce lieu inconnu. Je crois que je mettrais toute mon énergie à essayer de plaire à une personne de mon entourage pour m'assurer de son aide pour survivre. Je serais incapable de passer du temps à explorer mon environnement tant que je n'aurais pas cette sécurité minimum. C'est la même chose pour toi, mon bébé. L'amour et l'attachement de tes parents sont vitaux pour toi. Si tu n'es pas sûre de cet amour, tu vas sans cesse en demander et en chercher des preuves et t'adapter aux désirs de tes parents pour l'obtenir.

Alors, contrairement aux idées reçues, je te donne tout l'amour que je ressens pour toi, sans me censurer, sans me restreindre. Je te donne beaucoup de mon temps et de mon attention. Je viens te voir dès que tu pleures. Je te garde des heures entières dans mes bras. Tu dors avec mon odeur plein le nez, n'en déplaise aux puéricultrices.

Je découvre que croire que tu es capricieuse ou joues la comédie quand tu pleures, c'est réellement méconnaître ton développement psychique. Selon Suzanne B. Robert Ouvray (25), « Cette logique est issue d'une croyance, celle du désir de l'enfant, comparable au désir adulte. L'enfant n'a pas de désir psychique au sens d'une intentionnalité. Pour que le désir émerge, il faut d'abord une base solide, confiante et la satisfaction suffisante des besoins primaires. (…) Le désir vient en surcroît lorsque la souffrance du besoin a disparu. Un bébé qui pleure est un bébé qui souffre ». L'auteur ajoute qu'un nouveau-né n'a absolument pas la capacité psychique de mettre en place une stratégie élaborée dans le but de nous manipuler. À cet âge, tu ne connais rien à la perversion. Tu as des besoins. Croire que tu es capricieuse, c'est aussi méconnaître la façon dont tu vis tes besoins. Or tu ne les vis pas du tout de la même façon qu'un adulte. Quand j'ai faim, en tant qu'adulte, je sais le conceptualiser mentalement et peux me projeter dans l'avenir : je vais me préparer un repas, manger et éprouver un sentiment de satiété. Toi, tu n'es pas encore capable de vivre ta faim de cette façon. Tu es incapable de conceptualiser, de mettre en mot, d'appréhender ou d'anticiper. Tu ne peux que subir et être littéralement submergée par la tension physique qu'un stress ou un besoin non satisfait entraîne. Tu commences par éprouver une douleur dans le ventre, de plus en plus forte. Ne comprenant pas ce qui t'arrive, tu stresses et tous les muscles de ton corps se tendent et finissent par se tétaniser. Tu souffres dans tout ton corps sans comprendre ce qui se passe. Tu réagis par tes muscles. Tu sembles aussi découvrir et comprendre le monde par ton corps. Le mauvais et le bon, le dur et le mou, le froid et le chaud se traduisent par une alternance de la crispation et de la détente de tes muscles (25). Quand tu es physiquement tendue, quand tes muscles sont contractés, tu nous indiques donc que tu éprouves une gêne ou une douleur. Au contraire, tes muscles se relâchent dans le bien-être. C'est un bon moyen de voir ce que tu apprécies ou pas.

D'après Suzanne B. Robert Ouvray, « les émotions " utilisent " les muscles pour s'exprimer. » (25) Selon elle, la crispation musculaire intense qui résulte de certaines émotions peut te donner le sentiment que tu te morcelles, te vides ou te dévitalises comme de la pierre. Ces tensions musculaires sont telles, que si moi ou ton père ne t'aidons pas à t'en décharger – en identifiant et en nommant la souffrance, qui permet de la « cerner » donc de la contenir, et, en répondant à tes besoins – ces tensions peuvent aller jusqu'à perturber ton développement psychomoteur et ta construction psychique.

Quand tu es tétanisée de faim par exemple, tu as besoin que je te nourrisse rapidement pour répondre à ton besoin et ainsi apaiser ta faim et tout ton corps. Mais je pense que tu as aussi fondamentalement besoin de moi pour identifier ton besoin et le mettre en mots : « Tu as faim, mon bébé ». Cette reconnaissance de ton besoin donne un sens à ta souffrance car tu comprends alors qu'elle est justifiée par un réel besoin. Selon Suzanne B. Robert Ouvray (25), « Si les vibrations émotionnelles contenues dans les mots et les actions parentales entrent suffisamment en résonance avec ses propres vibrations, il se sent entendu, compris, contenu, confirmé dans ses ressentis. Le bébé se calme et semble raisonner ainsi : " Puisque ce que me donne ma mère me fait du bien, j'avais raison dans ce que je vivais, j'en avais vraiment besoin. " Avoir raison, c'est être dans le vrai de soi. Un sentiment de cohérence peut alors s'installer entre les ressentis corporels et les réponses du monde environnant ». Les mots ont le pouvoir de canaliser ton émotion et de te rassurer. Imaginons (encore une fois !) que je sois sur la planète Mars. Je suis soudain prise d'une sensation douloureuse que je ne connais pas : mon corps est traversé d'ondes douloureuses comme des ondes électriques. Je n'en connais pas la cause et je n'ai aucune idée du moyen de faire disparaître cette douleur. Si je vois les Martiens ne pas réagir ou, pire, paniquer eux-mêmes devant ce phénomène étrange, je vais vite être terrorisée et me sentir en réel danger. En effet, si eux, les habitants de Mars, ne comprennent pas ce qui m'arrive et s'inquiètent, je me retrouve seule face à un phénomène douloureux et angoissant qui me dépasse. Rien ne peut m'indiquer que je ne vais pas en mourir ni que cela peut cesser un jour.

Si au contraire, je vois les Martiens me regarder calmement et utiliser des mots, mêmes inconnus pour moi, pour m'expliquer le mal dont je souffre, je serais déjà rassurée. Même si la douleur n'est pas encore calmée, je sens qu'ils savent ce dont il s'agit et restent calmes, donc j'en déduis que ce n'est pas mortel et que cela a un sens ou une justification quand on habite sur Mars.

Il doit en être de même pour toi, mon bébé. Nos mots te permettent de mieux cerner les événements au-delà de la compréhension même du langage parlé.

Il n'est donc pas simple de répondre à tes besoins et à tes émotions, mon bébé. Premièrement, quand tu exprimes un besoin, j'essaie de respecter la façon dont tu vis ce besoin : tu vis la plupart d'entre eux, dont la faim, comme de réels dangers de mort ou comme une douleur physique intense, liée aux contractions violentes des muscles de ton corps. L'intensité de ta demande et donc de tes pleurs me semble parfaitement justifiée. Ensuite, j'essaie d'identifier ton besoin, ce qui, au début, n'est pas évident, quand je connais encore mal tes différents types de pleurs. Quand je l'ai identifié, j'y réponds bien sûr : je t'allaite si tu as faim, je te découvre si tu as chaud, je reste près de toi si tu as peur. Mais en plus de cela, je mets en mots pour toi ce que tu ressens car je pense qu'il est important de te proposer des mots face à tes émotions. Je te parle sur un ton calme. Je te dis ce que j'entends dans tes pleurs : « Je crois que tu as faim mon bébé » ou « Je pense que tu as très peur. » Je pense que le fait de t'expliquer les émotions que tu ressens permet déjà de te soulager d'une certaine façon, car tu n'es plus submergée par quelque chose d'incompréhensible à tes yeux. J'imagine que si je te montre que ce que tu ressens a un sens pour moi, cela t'aide à donner un sens à ton émotion. Je pense alors que tu n'es plus perdue et isolée dans ta souffrance. Je sens que tu as fondamentalement besoin que je reconnaisse tes besoins et tes ressentis.

Autant je trouve important de nommer tes émotions, autant la mise en pratique me semble délicate. J'ai besoin d'être vigilante à l'écart possible entre ce que tu exprimes et ce que je perçois. En nommant ma perception, est-ce que finalement, je ne t'enferme pas verbalement dans ce que je perçois ? Surtout qu'entre dire « Je pense ceci ou j'entends cela » et affirmer « Tu as faim ou tu as peur », il n'y a qu'un pas que je franchis parfois sans m'en rendre compte. Le risque est que je n'arrive pas à reconnaître l'émotion que tu vis réellement et que je dise des mots qui correspondent à ce que je pourrais projeter sur toi. C'est tellement facile de me mettre à penser pour toi au lieu d'être à l'écoute de ce que tu vis. Je finis par trouver un compromis qui me satisfait. Quand tu exprimes une émotion, je l'exprime, mais sous forme de question : « Est-ce que tu as peur ? » Ou bien :

« Tu sembles avoir du chagrin », « Je pense que tu as faim ». Je te propose bien des mots mais je ne t'y enferme pas. Je reconnais un risque d'erreur et je laisse ton émotion réelle exister quels que soient les mots que j'emploie.

Cette formulation m'aide à te respecter et à te considérer comme une personne à part entière, capable de sentir et de communiquer. Au-delà de la syntaxe, tu as surtout besoin de mon empathie, de ma capacité à t'entendre avec mon coeur. Les mots n'ont de sens à tes oreilles que s'ils sont en cohérence avec un ressenti. S'ils vibrent comme une émotion.

Je te parle donc, mon bébé. Je sens que tu me comprends. Les mots me semblent importants car ils te font exister en tant que petit d'homme, ils t'humanisent et vont peu à peu te permettre d'accéder au langage parlé. Mais je sens que, pour le moment, tu comprends au-delà des mots. Tu connais le langage du corps, tu reconnais les vibrations, les ondes, les je ne sais quoi. Tu es sensible au climat qui t'entoure, à nos humeurs. Nous sentons à ton attitude que tu comprends très bien quand nous parlons de toi. Quelque chose se fige dans tes gestes, comme si tu guettais.

Parfois, je me sens fatiguée ou triste. Alors je te le dis. « Je me sens un peu triste aujourd'hui, mon bébé, mais ce n'est pas à cause de toi. Excuse-moi si je suis un peu moins disponible pour toi. » Cela ne sert à rien de te faire croire que tout va bien et de me forcer à te sourire si je me sens triste. Tu vas détecter un message contradictoire perturbant pour toi. Tu vas sentir ma tension, ma tristesse derrière un sourire qui se voudrait en vain rassurant. Tu risques en plus de croire à tort que c'est de ta faute. Tu es sensible au « parler vrai ». Tu as fondamentalement besoin de cohérence entre les mots, la façon dont ces mots sont dits et ce que tu perçois au-delà des mots. Cela t'aide à découvrir le monde et à te développer d'une façon équilibrée. Comme le dit Caroline Eliacheff (13), « Au lieu de le protéger, le mensonge crée chez [l'enfant] un sentiment désagréable d'incompréhension et d'étrangeté. L'enfant va éprouver un puissant mal-être lié au décalage qui existe entre ce qu'on lui dit et ce qu'il ressent. Au contraire, la parole vraie, émise par une vraie personne, donne un sens, relie, met de l'ordre, remplit et apaise. Il est frappant de constater, surtout chez le nourrisson, que la possibilité d'organiser les sensations et de leur donner un sens prime, dans un premier temps et de loin, sur l'horreur éventuelle des choses que l'on a à lui dire ».

C'est pour cette raison qu'il est utile de parler à un nouveau-né placé en couveuse ou hospitalisé. Lui donner le sens de cet événement, une durée approximative et lui confirmer l'attachement qu'on a pour lui permet d'atténuer l'angoisse provoquée. C'est aussi pour cette raison qu'il est indispensable de dire son histoire à un bébé et sa place dans la famille. Il a besoin d'entendre si quelqu'un de proche est mort (surtout s'il s'agit d'un jumeau mort in utero ou d'un de ses parents), les conditions de sa conception et de sa gestation si elles présentent une particularité… Il a besoin d'être déculpabilisé, d'être légitimé dans son histoire et sa place. Ces mots, en donnant un sens et en libérant l'émotion contenue chez le parent, vont prévenir d'éventuels symptômes physiques ou des pleurs incessants, témoins d'une souffrance psychique du bébé (2).

Bien sûr, il ne s'agit pas de te noyer sous un flot verbal, ni de te charger de tous nos soucis. Je te dis si je suis triste mais ne t'en précise pas les raisons si elles ne te concernent pas. Je t'explique seulement ce qui te concerne. Je te confirme régulièrement mon amour et ma confiance en tes ressources.

Je t'explique aussi ton quotidien. À chaque fois que je m'absente, même peu de temps, je t'assure que je reviens et te précise la durée de mon absence. En effet, j'imagine que tu découvres les événements uniquement au moment où tu les vis, sans être capable de les anticiper ni de les comprendre dans leur globalité avec un début, une fin et un sens. Quand je pars, même si c'est pour prendre ma douche, tu vois ta mère disparaître soudainement sans savoir si je vais revenir un jour. J'essaie donc, dans la mesure du possible, de te donner les informations qui te permettent de comprendre ce que tu vis et d'être rassurée. Je te dis ce que j'aimerais que l'on m'explique dans la même situation. Petit à petit, tu vas associer les mots au rythme de ton quotidien.

Comme pendant la grossesse, il ne s'agit pas non plus de te parler mécaniquement. Ce sont les mots remplis d'affectivité que tu perçois le mieux.

Certes, cela peut sembler farfelu de parler à un si petit bébé presque comme à un adulte. On pourrait être tenté de regarder derrière soi pour s'assurer que l'on n'est pas observé ! En fait, je te parle comme à un être doué de perceptions très fortes mais encore trop petit pour tout interpréter ou comprendre. Et puis, je me rends vite compte de tes capacités de compréhension et du pouvoir apaisant des mots. En effet, à presque un an, ton père t'explique qu'une dispute à laquelle tu as assisté quelques jours auparavant ne te concerne pas et n'est absolument pas de ta faute. Instantanément, tu émets un petit rire et pars jouer toute joyeuse alors que tu étais irritable et grognon depuis les quelques jours en questions ! Nous essayons donc, avec ton père, d'être cohérents et honnêtes avec toi. Nous essayons d'être sensibles à ce que tu peux percevoir et de t'aider à y donner un sens par nos mots. Plusieurs fois, je ferai l'expérience merveilleuse de ta capacité de collaboration. Après t'en avoir parlé, il t'arrive régulièrement de décaler une tétée pour me permettre une absence ou bien d'être très calme lors d'un rendez-vous important.

Bien sûr, ce n'est pas rationnel et je n'ai aucune preuve à apporter. Mais il faut avoir soi-même vécu cette rencontre d'âme à âme – ou d'être à être – pour se rendre compte qu'il se passe entre nous quelque chose d'indescriptible et subtil et de néanmoins perceptible, authentique et réel.

Pour moi, le « parler vrai » ne concerne pas que les mots, mais également les actes. Si je te laisse jouer avec mon journal, mais qu'au fond de moi cela m'énerve que tu le déchires, tu te retrouves face à un message paradoxal. Mon visage souriant te dit « Tu peux jouer avec mon journal ». Mais la tension que tu perçois te dit « Tu ne peux pas jouer avec mon journal ». Tu es face à un message contradictoire auquel tu ne sais pas répondre. Il en est de même avec une mère qui donnerait le sein alors que cela la gêne ou la dégoûte. Tu es très forte aussi pour détecter les manipulations subtiles que nous pourrions être tentés d'utiliser: s'allonger à côté de toi, non parce que cela nous fait plaisir, mais dans le but de t'endormir, par exemple... Tu as besoin de cohérence pour organiser ton univers.

Trouver tes repères

Bébé, tu as fondamentalement besoin de cohérence pour trouver tes repères, te construire, t'apaiser. Cohérence entre tes besoins exprimés et les réponses qui y sont apportées. Et cohérence entre les mots ou les actes de tes parents et l'intention et la manière dont ils sont dits ou faits. Tu es sensible au « parler vrai » et à « l'attention vraie ».

De même, quand je m'occupe de toi, j'essaie régulièrement d'être dans une totale disponibilité d'esprit pour toi. Tu sens très bien quand je t'allaite en pensant à autre chose. Ton comportement n'est pas le même. À un mois, tu ne souris qu'aux personnes qui te regardent ou qui te parlent en pensant vraiment à toi. Tu ne réagis pas devant les personnes qui te regardent mais parlent à quelqu'un d'autre ou les personnes qui te parlent tout en étant perdues dans leurs pensées. La disponibilité d'esprit, de regard et d'attention est ce que j'appelle l'attention vraie. Je sais et je sens que l'on ne peut pas te mentir à ce sujet. Tu le détectes instantanément. C'est alors beaucoup plus agréable, pour toi comme pour moi, de te donner de l'attention vraie aux moments où je m'occupe de toi. Je préfère ne pas être toujours disponible pour toi (cela me serait d'ailleurs impossible), mais te donner de l'attention vraie quand je te consacre du temps plutôt que de me faire croire que je m'occupe de toi tout le temps, tout en pensant à autre chose. Quand je m'occupe de toi, il est rare que je décroche le téléphone. Je me sens alors en pleine communion avec toi. Je sens, à ton attitude et aux sourires que tu m'adresses à six mois dans ces moments-là, que mon regard et cette attention vraie te font exister et avoir pleinement le sentiment d'être quelqu'un.

Ce que j'appelle l'attention vraie est également une attention la plus inconditionnelle possible. Certes nos échanges de sourires ou de signes sont formidables pour toutes les deux car nous sommes alors dans un partage, une communication. Nous avons besoin de ces interactions. Mais, quand je m'occupe de toi, quand je te parle ou te souris, j'évite de rechercher à tout prix un sourire ou un signe de reconnaissance de ta part, si gratifiant pour des parents, même si je les accueille avec joie bien sûr. C'est tellement craquant de te voir nous sourire, nous observer ou tendre la main vers nous qu'il est tentant de chercher à provoquer ces réactions à tout moment. Quand on agit ainsi, en s'adressant à toi, on finit par être plus dans la recherche d'une réponse que dans l'observation et la découverte de ta personnalité ou de ton humeur. La communication est alors biaisée car on voudrait pouvoir avoir une influence sur ta réponse aux sollicitations. On te chatouille, on te fait sauter sur nos genoux, on te fait des grimaces sans se préoccuper de savoir si tu n'es pas trop petite pour l'apprécier ou si tu es dans un état d'esprit adéquat. En réalité, je ne pense pas que, si tu as mal ou as du chagrin, tu puisses apprécier une sollicitation dans le but de te faire rire. Je crois que te donner de l'attention dans l'attente d'une réponse ne me permettrait pas d'être pleinement en relation avec toi, telle que tu es.

Tant que tu es nouveau-né, je préfère m'occuper de toi en étant attentive aux interactions que tu apprécies et accueillir comme un cadeau tout ce que tu m'offres, à commencer par tes regards profonds et tes sourires. Vers onze mois, tu commences à venir spontanément vers nous pour nous faire des câlins. Tu arrives à quatre pattes et appuie doucement ton front contre le nôtre. Quel cadeau extraordinaire et émouvant tu nous fais là.

Deux semaines.

Deux semaines, tu as donc déjà deux semaines d'existence sur terre. Tu commences ta troisième semaine de vie avec nous. Nous avons une chance inouïe : ton père est avec nous à plein temps depuis notre retour de la maternité et pour une semaine encore. Il avait prévu cette période de congé autour de la date présumée de ta naissance. Ton avance de dix jours est bienvenue, puisque nous sommes tous réunis à la maison. Nous apprenons à prendre nos marques et nos repères à trois, nous apprenons à devenir une famille. Surtout, il participe et vit de très près ton rythme.

Le mari d'une amie, jeune mère également, est beaucoup moins compréhensif. L'arrivée de leur petite fille avec un mois d'avance ne lui permet pas de s'arranger et de décaler ses congés de façon aussi précipitée. Il travaille donc pendant que sa femme, de retour de la maternité, a tout loisir de s'occuper du bébé. Il a un mal fou à comprendre pourquoi sa femme n'a non seulement rien fait du ménage ou du repas, mais en plus a l'audace de se déclarer épuisée. Elle s'occupe d'un nouveau-né qui est sensé dormir seize heures sur vingt-quatre ! C'est incompréhensible. C'est effectivement totalement incompréhensible pour le non initié.

Je découvre que la réalité est toute différente de ces a priori et qu'un nouveau-né occupe pleinement la journée. Ton père le vit et donc le découvre de visu avec moi. Tu es à huit tétées réparties relativement uniformément dans la journée, car tu ne connais pas encore la différence entre le jour et la nuit : tu réclames donc du lait toutes les trois heures environ. En théorie, tu bois vers trois heures du matin, six heures, neuf heures, midi, quinze heures, dix-huit heures, vingt et une heures et enfin minuit. En réalité, les écarts entre deux tétées vont de une heure trente à six heures. Impossible de le savoir à l'avance et d'organiser mon temps. Chaque tétée dure dix ou quinze (rare), vingt (le plus fréquent), trente (régulièrement) ou quarante minutes et plus (quand tu as besoin de te rassurer).

Aujourd'hui, je me réveille vers neuf heures du matin par tes petits grognements de faim. Je ne me suis pas levée avant toi, car t'ayant allaitée à minuit, trois et six heures, je tente de gagner quelques heures de sommeil. Je t'allaite allongée contre moi dans le lit. Je ne peux te quitter des yeux. T'observer boire est un plaisir sans cesse renouvelé. Il est neuf heures vingt. Je te prends contre moi quinze minutes pour le rot et pour le petit câlin d'après manger. Je savoure toujours ces moments précieux de corps à corps. Neuf heures trente-cinq. Je change ta couche. Cela prend dix à quinze minutes, car il s'agit là aussi d'un moment privilégié pour nos tête-à-tête. Je prends le temps de te caresser et te masser. J'en fais un moment plaisir pour toi et pour moi. Tu t'endors vers dix heures. J'en profite pour prendre ma douche et mon petit déjeuner. Je lance une machine à laver le linge. Il est onze heures et tu t'éveilles. Je te fais couler un bain. Tu es propre, changée et habillée vers onze heures trente. Dix minutes plus tard, tu émets à nouveau ces adorables grognements de faim, donc je t'allaite. Midi dix, avec le rot. Tu te mets à pleurer. Bon, a priori, ce n'est pas la faim puisque tu viens de manger, mais avais-je assez de lait ? Mes seins n'avaient pas l'air très pleins. Peut-être as-tu trop chaud. Je t'enlève ton petit pull. Midi vingt. Tu pleures toujours. Bon, a priori, tu n'avais pas trop chaud. Je préfère alors te remettre ton pull. Je ne voudrais pas que tu aies froid parce que j'ai mal interprété tes pleurs. Midi trente. Peut-être est-ce la couche. Je vais te changer. Catastrophe, cela a débordé. Qui dit changer le body, dit te déshabiller intégralement. Les séances d'habillage sont tout sauf faciles. T'enfiler une manche tient de la traversée d'une grotte souterraine en spéléologie. Je m'en sors enfin à douze heures quarante-cinq. Il ne s'est pas écoulé dix minutes avant que, soudain, tu régurgites. Allons bon, ton vêtement est tout mouillé. Je dois le changer de peur que tu n'attrapes froid. Nous voilà reparties pour une nouvelle séance de gymnastique vestimentaire. Treize heures cinq. Tu pleures toujours. Je ne sais pas pourquoi. Je te garde contre moi. Tu continues à pleurer dans mes bras puis tu te calmes doucement. Tu t'endors sereine vers treize heures vingt. Je me prépare un repas et prends le temps de manger calmement. Je commence une lettre pour une amie. Je n'ai pas fini le premier paragraphe que déjà, tu te réveilles. Qui a dit qu'un bébé dormait tout le temps ? J'ai l'impression de passer ma journée à t'habiller, te nourrir, te tenir. J'ai l'impression de passer ma journée à me poser des questions, à essayer de comprendre pourquoi tu pleures et à essayer d'agir pour répondre à tes besoins. Je me sens épuisée. La tétée d'après, tu restes accrochée à mon sein pendant quarante minutes. Il fait très chaud aujourd'hui et ce changement de température t'inquiète sûrement un peu. Tu t'endors ainsi. Epuisée, j'en fais de même. Ce sommeil m'est de plus indispensable pour maintenir une bonne montée de lait. Toute la journée s'écoule sur le même rythme. Je comprends qu'un mari qui travaille ne puisse pas imaginer tous ces moments d'hésitations passés à essayer de décrypter son petit. Il me semble alors capital d'en parler et de s'expliquer. Mais c'est difficile pour la mère d'expliquer pourquoi la journée est passée à une vitesse ahurissante, remplie de petits riens indescriptibles, mais au bout du compte, épuisants.

Je n'ai pas honte de le dire, je me sens débordée. Seule, je sais et je sens que j'aurai beaucoup de mal à tout assumer. Je sens à quel point j'ai besoin de ton père. Lui-même est sidéré de ton rythme. Pas plus que moi, il ne s'attendait à cela. Il m'aide énormément : repas, courses alimentaires, tournées de lessive… Il prend beaucoup de choses à sa charge. Autant que son aide ménagère, son soutien moral m'est indispensable. Sans lui et son appui, l'allaitement serait très difficile. L'allaitement n'est pas facile à admettre pour lui. Même s'il est convaincu des bienfaits de cette alimentation, il se retrouve « privé » de mes seins sensibilisés au moment même où leur forme est provocante de sensualité. Il doit accepter que je sois monopolisée par un petit bout de chou pour des durées relativement longues lors des tétées. De plus, il vit un sentiment d'impuissance quand tu as faim, et est lui-même dépendant de moi pour te nourrir. Il se sent parfois réduit à des tâches qui peuvent paraître moins nobles pour participer à ta vie quotidienne. Je me rends compte à quel point il est nécessaire de beaucoup discuter entre nous. Nous découvrons des qualités et des comportements que nous ne nous connaissions pas auparavant.

Nous essayons de prendre soin de nous deux et de créer des moments d'intimité. Il serait trop facile de tomber dans les lieux communs : une jeune mère débordée, s'occupant de son bébé vingt-quatre heures sur vingt-quatre, ne vivant que pour ce dernier n'a plus de place pour son conjoint dans sa vie. Pour peu que le mari, lassé, se retourne vers ses copains de virées « en célibataires », et nous courons droit à la catastrophe. D'ailleurs, pour la majorité des couples qui se séparent, la rupture intervient peu de temps après la naissance d'un premier enfant. L'enfant n'est pas directement responsable. À mon avis, il met en évidence une faille déjà existante dans le fonctionnement du couple. Quand je vois la difficulté des premières semaines avec toi, mon bébé, je pense encore plus qu'il est totalement vain et erroné de croire qu'un enfant peut aider et rapprocher un couple fragilisé. Il va rapprocher un couple qui fonctionne déjà sur de bonnes bases. Il risque fort de créer un grand terrain de mésentente et d'incompréhension supplémentaire dans le cas contraire. Cette période de transition n'est pas toujours très facile à négocier.

Les liens avec ton père peuvent sembler confus au début. Nous parlons essentiellement de toi, de ce que nous sentons être le mieux pour toi. Nous ne cherchons pas à être d'accord sur tout, nous cherchons à respecter le point de vue de l'autre. La reprise de la sexualité demandant quelques semaines – voire quelques mois –, il n'est pas évident pour une femme, comblée par son bébé, de ne pas s'investir uniquement et pleinement dans sa fonction maternelle… et d'oublier qu'elle est une femme en plus d'une mère. Ton père me sensibilise très vite à cet aspect des choses ! À deux, nous retrouvons vite nos petits rituels, nos moments d'intimité dans lesquels le lien amoureux reprend sa place. Nos discussions s'orientent alors sur notre vie, notre couple, nos découvertes. Des petits riens alimentent les attentions l'un envers l'autre : l'habillement, une table avec une bougie, un regard…

Le couple : entre lien conjugal et lien parental

Deux liens nous relient maintenant avec ton père. Le lien parental où nous nous retrouvons comme étant le père et la mère de notre enfant commun. Nous discutons alors de ce qui te concerne, de ce que nous sentons être le mieux pour toi.

> Nous ne cherchons pas à être d'accord sur tout, nous cherchons à respecter le point de vue de l'autre. Mais nous devons aussi nourrir notre lien conjugal et nous retrouver comme mari et femme. Nous devons prendre le temps de nous occuper de nous, dans ce lien de couple, d'intimité et de séduction.
>
> (Jacques Salomé, 31)

Le premier mois avec toi me semble très dur. Cela n'enlève rien au plaisir de te découvrir et de m'occuper de toi. Mais, sincèrement, je trouve cette période très difficile. À la fatigue physique, liée aux nuits interrompues, s'ajoute une fatigue nerveuse non négligeable de ne pas arriver à te comprendre, mon bébé, et à tâtonner autant pour tenter de répondre à tes besoins. Il me faudra un peu plus d'un mois pour commencer à différencier tes différents pleurs, et donc à mieux comprendre ce dont tu as besoin. Il nous faudra environ cinq semaines pour nous habituer l'une à l'autre. Je me rends compte que ma fatigue nerveuse est aussi grandement due à un sentiment de culpabilité tenace. Comme je ne déchiffre pas encore tes pleurs, je me sens très sensible et vulnérable aux « il faut faire comme ceci ou comme cela ». Quand tu pleures le soir avant de t'endormir, je ne peux m'empêcher d'aller te rechercher pour te prendre dans mes bras. Rien à faire, je ne me sens absolument pas le cœur à te laisser pleurer seule dans ta chambre. Tu es si petite et le monde qui t'entoure est tellement nouveau pour toi. Mais, quand je vais te chercher, je ne peux m'empêcher de penser aux avis généralement partagés : « Tu as tort d'y aller, tu as déjà vérifié qu'elle n'a besoin de rien », « Si tu vas la chercher tout le temps, elle ne pourra plus s'endormir sans toi. Elle va devenir capricieuse. Tu es en train de te faire avoir ». Si je vais te chercher en pensant à ces avis contraires, je sens quelque chose se tordre dans mon ventre, une boule de stress. Je ne me sens pas à l'aise avec mon choix. De même je ne suis pas à l'aise si je ne vais pas te chercher alors que mon instinct me hurle le contraire. Les tensions que crée ce sentiment de culpabilité sont pour une grande part dans ma fatigue.

Je réagis en décidant de suivre mon intuition et les élans de mon cœur, d'assumer ma propre façon d'être mère et de moins tenir compte des avis extérieurs. Très vite, je me sens beaucoup moins fatiguée. À partir du moment où je décide de bien vivre mes choix, je ne subis plus les petites nuits et me passe même de siestes. Me sentir stable devant des avis contraires prend juste un peu de temps. En effet, mieux je te comprends, mon bébé, plus il m'est facile de m'affranchir des conseils des autres. J'apprends de plus en plus à me faire confiance pour savoir ce qui nous convient le mieux à toutes les deux. Je prends donc le temps de bien observer tes « signaux », tes différents types de pleurs pour mieux les connaître. J'apprends ton langage en attendant que tu apprennes le mien.

Lâcher la culpabilité de « comment il faut faire », pour ÊTRE pleinement avec bébé

Les tensions que crée le sentiment de culpabilité sont pour une grande part dans la fatigue. À partir du moment où l'on décide de suivre pleinement les conseils de son intuition et de son cœur, de les assumer et de faire réellement abstraction des a priori sociaux et familiaux, on se sent beaucoup moins fatiguée. Agir suivant son cœur est un fabuleux remède à la fatigue.

Trois semaines.

Différents types de pleurs.

Tu pleures. Parfois le soir, quand la nuit tombe, tu es prise de grosses crises de larmes intarissables, sans rapport avec de la faim ou une autre cause connue. Dans ces cas-là, je te prends dans mes bras avec tendresse. Tes pleurs me semblent tout à fait légitimes. Je pars du principe que la nature est bien faite. Si elle a créé les pleurs pour les bébés, ce n'est sûrement pas dans l'unique but d'embêter les parents. À ton âge, les pleurs de « comédie » n'existent pas. Je suis convaincue qu'ils sont l'expression d'une souffrance ou d'un besoin réel. Je reconnais aux pleurs une réelle fonction. Certains pleurs correspondent à l'expression d'un besoin immédiat. Comme tu ne sais pas parler et que tu es encore complètement impuissante, tes pleurs sont l'un des moyens à ta disposition pour exprimer un besoin et appeler ton entourage auprès de toi.

D'autres pleurs, comme ceux que tu as parfois le soir, peuvent être l'expression d'une détresse psychique à décrypter. Ils peuvent aussi être l'expression d'un excès d'émotions et de stress. Comme si tu avais atteint un seuil trop élevé de stimulations. Certains font même l'hypothèse que ces pleurs contribuent à t'apaiser en libérant le corps de tes tensions et en évacuant avec les larmes des éléments biochimiques liés au stress. Il semble effectivement que les larmes d'émotions soient plus concentrées en protéines et en hormones liées au stress (dont l'ACTH et certaines catécholamines) que des larmes d'irritation. De plus, elles aideraient à réguler certaines réactions au stress (notamment la tension artérielle et le rythme cardiaque). (32) (33). Tu découvres tout de notre monde. Tout est nouveau, tout est rapide. Tu dois assimiler une multitude d'informations en un temps record. Il me semble normal que de temps en temps, à bout de nerfs et de tensions, tu exprimes ainsi des émotions trop lourdes pour toi. Après les pleurs, tu sembles effectivement plus apaisée et détendue.

Le bébé, un être d'émotions.

Quand tu as quatre mois, je me sens régulièrement capable de reconnaître quand tu pleures de peur, de chagrin ou de colère – parfois, tu exprimes plusieurs émotions en même temps. Je ne pense pas qu'il s'agisse là de mon interprétation de tes pleurs. Ces émotions « de base » me semblent reconnaissables, car relativement « universelles ». Quand tu es en colère, tu as des pleurs proches de cris, très forts et fermes. Tu sembles donner des coups avec tout ton corps contre la cause de ta colère. Quand tu as peur, ton corps devient comme paralysé. Tous tes muscles sont tendus et crispés mais immobiles. Tes cris deviennent stridents, aigus et tes yeux s'accrochent à mon regard avec la même force que tu mettrais à tenir une bouée de sauvetage au milieu de l'océan. Tes muscles semblent se relâcher dans le chagrin. Tu es alors animée de véritables sanglots qui secouent tout ton petit corps. Si toi, mon petit bébé, tu es capable d'exprimer ces différentes émotions, c'est bien que tu es capable de les ressentir. Je sais qu'il est difficile pour beaucoup de monde de te prêter ces capacités. À partir du moment où tu ne parles pas, tu n'es pas sensée ressentir les émotions qu'un adulte ressent. Il n'est pas loin le temps où l'on t'aurait opérée sans anesthésie car on pensait que tu ne ressentais pas la douleur. Maintenant, on sait que tu peux ressentir une douleur physique. On admet plus difficilement que tu puisses ressentir une douleur psychique. Pourtant, plus les spécialistes se penchent sur la question et plus ils découvrent l'étendue de tes capacités sensorielles et émotionnelles. Les revécus d'adultes en sophro-analyse permettent de retrouver, de restructurer et d'apaiser ces ressentis intenses de cette première période de la vie. Dans quelques dizaines d'années – plus tôt, je l'espère –, avoir pensé qu'un bébé ne ressent pas d'émotions nous semblera aussi inhumain que l'absence d'anesthésie.

Tu ressens donc, entre autre, de la peur, de la colère ou du chagrin. Quand tu ressens ces émotions, tu es beaucoup plus démunie qu'un adulte. Suzanne Robert-Ouvray en précise deux raisons. D'une part, tu n'es pas encore capable, contrairement à nous, de mettre des mots et de conceptualiser ce qui se passe. Quand tu as peur, tu ne peux pas encore te dire « Tiens, quelque chose m'a fait peur mais finalement ce n'est pas dangereux, ma vie n'est pas en danger. Après ce choc initial, mon cœur va battre à nouveau normalement, ma respiration va reprendre son rythme, je vais à nouveau me sentir sereine. » Pouvoir mettre en mot, c'est une façon de « cerner » le problème, donc de se calmer. Pouvoir conceptualiser permet de contenir l'émotion en la reliant à quelque chose de connu. Or cette capacité de conceptualisation demande d'une part la maturité suffisante de ton cerveau et d'autre part la compréhension du monde dans lequel tu évolues, ce qui n'est pas encore ton cas.

D'autre part, tu vis ton émotion dans ton corps de façon très intense. Quand tu éprouves de la peur, tu subis les manifestations corporelles et hormonales de la peur : tu ressens une contraction intense de tes muscles proche de la tétanie et tu sens ton cœur s'accélérer. Tu n'en vois pas la fin et peux croire que ta vie est en jeu. Tu es littéralement submergée par l'émotion. Ton corps entier se contracte. Avant tes trois mois, rien ne peut arrêter cette vague énorme qui te submerge car ton cerveau n'en a pas encore les capacités (25). Il suffit de voir la puissance de tes pleurs et la force musculaire que tu déploies pour se convaincre de la violence avec laquelle tu vis les émotions. À un mois, dans ta colère, tu te tiens parfois debout contre nous, droite sur tes jambes.

Empêcher tes pleurs ou te laisser seule, deux attitudes peu appropriées.

Quand tu vis ce genre d'émotion, il n'est pas facile de réagir et pourtant tu as besoin d'une réaction appropriée de notre part. J'essaie de me projeter à ta place. J'imagine que j'arrive chez ma meilleure amie avec un énorme chagrin. J'attends d'elle qu'elle entende mon chagrin. J'ai juste besoin de le partager avec quelqu'un de compréhensif pour m'en décharger. Si, au lieu de m'écouter, elle me dit « Mais, non, ce n'est rien, cela ne vaut pas la peine d'avoir du chagrin », je me sentirai jugée, mais pas entendue. Je ne veux pas qu'elle minimise, qu'elle juge ou qu'elle dénigre mon chagrin, je veux qu'elle m'écoute le dire, tout simplement. De quel droit pourrions-nous te dire : « Tu n'as aucune raison de pleurer, tu n'as aucune raison d'avoir peur » ? Personne ne peut prétendre connaître ou maîtriser tes émotions ou ta sensibilité. Si en plus, mon amie, au lieu de m'accueillir tendrement à pleurer sur son épaule, me met d'office une grosse part de gâteau dans la bouche et m'oblige à manger, sa réaction est à côté de mon besoin et ne m'aide pas à évacuer mon chagrin. Je peux donc m'interroger sur la tentation de t'offrir le sein à chaque fois que tu es bouleversée. Te donner le sein serait pour moi un moyen facile et efficace de te calmer, même si tu n'as pas faim. Certes, téter peut te procurer une sensation de douceur et d'enveloppement d'amour réconfortante lors d'une émotion. Mais téter t'apporte aussi à manger. Téter ne te permettra pas de dépasser ou donner du sens à l'émotion que tu vis. Cela n'évacuera pas ton émotion. Si te donner le sein devient récurrent et non occasionnel, tu vas associer l'apaisement avec le fait de manger. Cela ne t'aidera pas à organiser tes sensations. De plus, tu peux même apprendre à retenir tes pleurs et à refouler tes émotions, car tu « perçois » que tu n'as pas le droit de pleurer en la présence de tes parents. Tu sens que ta souffrance dérange si dès que tu l'exprimes, on cherche un dérivatif pour l'empêcher ou si tu perçois la gêne ou l'irritation de ton parent face à tes pleurs.

Bien évidemment, il ne s'agit pas d'une règle absolue. Il s'agit surtout d'entendre que tu ne pleures pas toujours de faim et de ne pas te proposer systématiquement le sein dès que tu pleures.

Aletha Solter travaille sur les pleurs des bébés depuis plus de vingt-cinq ans. Elle a analysé ce processus de refoulement avec précision et est convaincue de l'importance des pleurs comme moyen de libération et de régulation des émotions. Selon elle, si je nie ton besoin d'être entendue et que je cherche à te distraire dans mes bras ou par un autre moyen, tu apprends à t'adapter à moi et à arrêter tes pleurs. Comme il est difficile pour toi de refouler tes pleurs, tu as besoin de quelque chose qui t'y aide. Ce quelque chose est souvent ce que ton entourage t'a lui-même systématiquement proposé au début pour calmer tes pleurs : le sein (donc manger), les bras, la tétine ou tout autre chose qu'on t'a proposée de façon récurrente alors que tu avais besoin d'une écoute attentive, d'une présence affective, d'une stabilité dans la tempête émotionnelle. Elle observe que t'obliger à refouler tes émotions, c'est prendre le risque que ces tensions accumulées se manifestent de façon moins souhaitable pour toi et ton entourage : réveils nocturnes, boulimie, agressivité ou certains problèmes de santé.

Heureusement, il n'est jamais trop tard pour se libérer d'émotions refoulées, même longtemps après (26).

À l'inverse, te laisser pleurer seule n'apporte pas non plus une bonne réponse à tes besoins. Tu te sens déjà submergée par une émotion intense que tu ne maîtrises pas, ni ne comprends. Seule, souvent dans le noir, tu ne ferais qu'ajouter une couche de stress ou de peur à ton émotion déjà violente. Selon Suzanne B. Robert Ouvray (25) : « (...) livré seul à l'épreuve du pleurs, ses émotions coulent. [Le bébé] se vide sans fin, sans limites. Vidé, épuisé, anéanti, il s'endort de fatigue après avoir beaucoup crié, parfois des heures entières. Personne n'est venu fermer le sac de ses émotions. L'expérience émotionnelle reste inscrite sous forme de tensions musculaires et de pressions organiques associées à des angoisses de morcellement et de vidage. Aucune contention et aucun sens psychique ne sont donnés. (...) Ces vécus précoces perdurent souvent très longtemps et peuvent entraîner de fréquents troubles d'endormissements avec des cauchemars, des terreurs nocturnes, des chagrins intenses et inconsolables. » Selon elle, les pleurs ne sont pas un besoin, mais l'expression d'une souffrance.

Contenir tendrement tes pleurs dans nos bras.

Elle propose alors de te prendre et de te contenir tendrement dans mes bras. Cela t'apporte la chaleur physique de mon corps et la chaleur psychologique du réconfort dont tu as besoin pour détendre la crispation douloureuse de tes muscles et dépasser mentalement la souffrance vécue (25). Nos bras et notre amour deviennent comme un contenant de ton émotion, qui t'évite alors de te sentir dispersée. Ces pleurs sont l'expression ultime quand tu n'as plus la capacité de contenir ce qui se passe à l'intérieur de toi. Je n'ai pas à les empêcher ni à me sentir impuissante : j'ai à t'aider à dépasser ce moment. Accompagnée par la chaleur de mes bras et de mon amour, tu vas découvrir qu'après l'épreuve des pleurs et de l'émotion, tu retrouves ton intégrité, le soulagement et l'apaisement.

Aletha Solter est convaincue que les pleurs sont un moyen efficace pour toi de te soulager efficacement des émotions, présentes ou passées, liées à des souffrances ou des frustrations. Elle recommande d'inviter l'enfant à décharger ses pleurs dans la sécurité des bras de ses parents pour se libérer de ses émotions. Elle l'illustre bien dans l'exemple suivant : « (un) petit enfant (...) perd sa mère dans un grand magasin. Quand il la retrouve, il a un comportement typique : il se jette dans ses bras, s'y cramponne bien fort et, si on l'y autorise, pleure, se met en colère et tremble pendant un bon moment. En déchargeant sa tension de cette manière, il se soulage des sentiments résultants de cette expérience effrayante ». Souvent on n'autorise pas son enfant à pleurer car on considère que la cause du stress (l'enfant perdu dans le magasin) est terminée (il est retrouvé), donc il n'a plus besoin de pleurer. « Là, là, ne pleure plus, c'est fini ». Or justement, l'enfant s'est contenu pendant tout le temps passé à rechercher ses parents et éprouve un besoin irrésistible de pouvoir se soulager de cette tension accumulée. La cause du stress est finie, mais le stress est encore bien présent (26).

Après une phase de pleurs intenses, les enfants pleurnicheurs, crampons ou difficiles à calmer semblent retrouver l'apaisement. Elle constate dans son travail que les enfants autorisés à pleurer sont globalement plus calmes et souriants, moins agressifs, plus autonomes et attentifs à l'environnement. Ils semblent avoir un rapport sain à l'alimentation et un bon sommeil. Son travail, fourni, apporte également un grand nombre de repères dans les interactions avec son enfant (26) (33) (44).

Je ne sais pas si on peut assimiler le fait de pleurer à un besoin, comme le pense Aletha Solter, ou plutôt à une souffrance, comme l'exprime Suzanne Robert-Ouvray. Dans tous les cas, tu signales que tu as atteint une limite non gérable pour toi, à l'image d'une crise de nerfs. Bien sûr, si tu as mal, pleurer ne va pas arrêter ta douleur et constitue l'expression de ta souffrance. Mais si à cette douleur et à ta peur qui y est associée, tu dois contenir tes pleurs, on te rajoute une difficulté. Respecter ton émotion permet au moins que tu rencontres de l'empathie à ce que tu vis. Quand j'ai du chagrin, c'est de pleurer et d'avoir l'écoute attentive de mon mari ou d'une amie qui m'apaise le plus. Même s'ils ne me comprennent pas. Peut-être as-tu aussi besoin de cela, tout simplement. Pleurer en ma présence, dans mon amour et mes bras. Même si je n'ai pas compris ou résolu ce que tu exprimes.

Concernant certaines émotions (peur ou chagrin, par exemple) je n'exclus pas que ce processus de pleurs, même s'il est certainement éprouvant pour toi, puisse constituer un processus d'apaisement, au moins en ce qui concerne l'excès d'émotion contenue. En tant qu'adulte, on peut se sentir physiquement soulagé après avoir « craqué » et donc pleuré, même si le problème n'est pas forcément résolu pour autant. Je peux supposer que tu puisses ressentir la même chose. Peut-être que pleurer, outre bien sûr le fait d'appeler à l'aide, constitue parfois aussi pour toi un moyen de réguler l'excès d'émotion en attendant que quelqu'un t'aide à en trouver la cause. Ou bien en attendant que le temps et donc ta maturité grandissante te permettent de digérer toute seule ta difficulté.

Ne pas remettre en cause sa qualité de mère quand bébé pleure.

Les réflexions actuelles sont donc loin des phrases toutes faites qui évitent d'être en contact avec ta souffrance, mon bébé « C'est bien, tu dois te faire les poumons. » Ce genre d'affirmations m'aide certes à déculpabiliser, en tant que jeune mère impuissante à calmer tes pleurs, mais nient totalement que tu es dépassée par le stress.

À l'inverse, on croit souvent à tort qu'un bébé heureux est un bébé qui ne pleure jamais. C'est pourtant ce qu'on demande souvent en premier : « Elle est bien sage ? Elle ne pleure pas ? ». En gros, soit belle et tais-toi. Je ne t'ai pas mis au monde, petite fille, pour te faire taire. Il serait facile de me sentir impuissante et vexée, car culpabilisée par le regard des autres, quand tu continues de pleurer dans mes bras. Quelle mauvaise mère suis-je qui ne peut consoler mon enfant ? Tu devrais, dans l'esprit des gens, te taire dès que tu retrouves mes bras protecteurs. En fait, je ne me sens pas remise en question dans ma qualité de mère parce que tu pleures. Tes excès de stimulation sensorielle ne dépendent pas totalement de moi. Tu es une personne à part entière dont je ne contrôle pas les émotions.

Au contraire, je trouve normal, comme l'a observé Aletha Solter, que tu craques quand tu es dans mes bras. Quand je vois la façon intense dont tu vis tes émotions, je pense qu'il te faut une bonne dose de confiance, de sentiment de sécurité et de relâchement pour te laisser aller totalement à ton émotion et lâcher l'excès de tensions (26).

On attribue souvent aux coliques les pleurs du soir. Je ne nie absolument pas la réalité de certaines coliques, mais c'est incroyable le nombre de bébés, même ceux nourris au sein dont les selles sont tout à fait normales et dont le visage n'exprime aucune douleur physique, qui pourtant « souffrent » de coliques. Nous avons besoin de nous rassurer de notre impuissance. Mettre les pleurs sur le compte des coliques permet parfois d'éviter de s'avouer qu'on ne sait pas pourquoi son enfant pleure.

On pense souvent cerner les causes des pleurs en faisant le tour des causes connues et reconnues : la faim, un rot coincé, la chaleur, un besoin de câlin, une aide pour trouver le sommeil… En dehors de ces causes, causes bien rassurantes car on peut alors agir efficacement, on se sent très vite complètement désemparée. Dans les premières semaines, on peut passer par quelques phases de vertige et culpabiliser avec une rapidité étonnante. De nombreuses mères – dont moi – passent par la question : « Qu'ai-je pu faire – et donc mal faire – qui te conduit aux larmes ? » Dans l'excès, on pourrait vite se croire une mère incompétente. Il est alors essentiel de savoir que tes pleurs ne signifient pas que je m'occupe mal de toi ! Car sinon, je risque de mettre de l'énergie vers l'extérieur (des conseils, des livres) et augmenter ma sensation que je ne porte pas en moi les solutions pour apaiser mon enfant. C'est un des glissements possibles vers la dépression post-partum. Un enfant a des milliers de raisons de pleurer, même quand sa maman s'occupe très bien de lui.

Nourrisson, tu réagis et perçois autre chose qu'un adulte. Une fête de famille où cinquante personnes géantes et inconnues viennent te tripoter et te chatouiller peuvent fortement t'impressionner. Sentir tes parents tendus et stressés peut aussi t'inquiéter. Ou un silence inhabituel qui te donne l'impression d'être seule dans la maison. Et tant de causes que j'ignore mais que je peux néanmoins respecter. J'admets très bien que tu puisses accumuler des tensions au cours de la journée, voire de la semaine, et ne laisser déborder tes émotions que plus tard. Je sens que tu ne réagis pas uniquement à l'instant présent. « Tu n'as aucune raison de pleurer » a donc d'autant moins de fondements si tu es en train de réagir à la fameuse fête de famille qui a eu lieu… la veille.

Tu peux donc être rassasiée et au chaud, et être néanmoins terriblement sur le point de pleurer. Cela explique que, parfois, des pleurs d'une intensité incroyable sont déclenchés par un événement anodin à mes yeux. Tes pleurs peuvent alors me sembler complètement disproportionnés. Dans ce cas, très souvent, l'événement en question n'est qu'un prétexte, la goutte d'eau, qui fait déborder le vase d'émotions accumulées. J'apprends à ne pas juger l'intensité de tes pleurs par rapport à la cause identifiée. (26)

Parfois, je me sens démunie à comprendre la cause réelle de tes pleurs. Mais si je ne la trouve pas, je peux admettre mes limites à te comprendre. Cela ne m'empêche pas d'être présente à ce que tu vis, plutôt que de mettre toute mon énergie à essayer de te faire taire.

Chercher l'origine de certains pleurs.

Bien sûr, en tant que mère, je vais chercher à identifier la cause de tes pleurs. Mais cette recherche va surtout concerner des pleurs récurrents ou intenses. Il serait complètement utopique de croire que je peux tout décoder ou comprendre.

Certes, il est toujours très intéressant d'identifier l'origine de ton émotion. Je peux ainsi identifier une cause récurrente de stress et la supprimer. Je peux aussi identifier un événement désemparant pour toi et te l'expliquer, lui donner du sens. Si tu es un bébé très sensible, je peux chercher à te protéger d'un excès de stimulation. Un ostéopathe peut te soulager efficacement de douleurs physiques liées à l'accouchement. Autant d'actions ou de mots qui peuvent t'apaiser et t'éviter des pleurs.

Les revécus en sophro-analyse laissent penser que tu peux vivre des détresses psychiques intenses. En l'absence de sens ou de cohérence, tu sembles avoir la particularité d'intégrer les événements de ta vie et les réactions ou émotions parentales systématiquement contre toi. Combien de ressentis d'abandon, de rejet, de dévalorisation ou de culpabilité semblent te laisser dans une forte détresse. Tu peux croire que tes parents te rejettent, alors qu'ils te confient à tes grands-parents pour être choyée. Tant d'incompréhensions peuvent être source d'une angoisse authentique pour toi. Il est important, là encore, d'accompagner de mots nos décisions te concernant. T'expliquer nos intentions positives vis-à-vis de toi quand nous prenons une baby-sitter pour t'éviter une soirée bruyante et tardive… Te faire sentir notre amour et notre attention permanente, même si cela n'en n'a pas l'apparence à tes yeux de bébé.

Si tes pleurs sont récurrents, tu as peut-être besoin de lever des impacts émotionnels que ta courte vie pourrait déjà contenir (circonstance de la gestation, de l'accouchement, du contexte de naissance…). Il peut être alors très utile de décoder (avec l'aide d'une personne compétente) ce qui a pu être perçu par l'enfant et le restaurer dans son histoire. Un enfant peut être dans la douleur et la culpabilité d'avoir perdu un jumeau in utero. Il peut se croire mauvais ou dangereux si sa mère a souffert à l'accouchement, peut avoir ressenti le chagrin d'un parent s'il a vécu un deuil pendant la grossesse… C'est l'intensité et la fréquence de tes pleurs qui peut orienter vers la recherche d'une origine plus profonde à apaiser.

Tu as peut-être besoin d'être confortée dans ta valeur, ta juste place dans la famille, l'amour que tu reçois.

Tu peux aussi parfois ressentir mon désarroi de mère ou ma difficulté à m'attacher à toi. Dans ce cas, je porte en moi une solution à tes pleurs.

Une pratique au quotidien.

Je ne peux pas toujours te protéger des sources de tensions ou de stress pour toi. Je n'ai pas la responsabilité ni la clé des événements de ta vie qui t'ont déjà marqués. En contrepartie, je respecte quand tu l'exprimes. Quand tu pleures, la première chose que je fais est de vérifier si tu as mal ou besoin de quelque chose de précis (par rapport aux causes connues) et de t'apporter une solution concrète. Je fais attention aussi à des pleurs incessants, des changements de comportement, de la fièvre ou tout autre élément qui pourrait indiquer une douleur ou une maladie. Si j'ai le moindre doute, j'appelle bien évidemment un médecin (il s'agit alors de la première chose à vérifier).

Si je ne trouve aucun besoin particulier ou si ma réponse à ton besoin ne suffit pas, je te garde tendrement dans mes bras et t'apporte le réconfort des repères rassurants que tu connaissais dans mon ventre. Je te contiens dans mes bras. Je te place dans mon odeur, ma voix et un bercement très doux. Je respecte alors ta réaction. Soit tu t'apaises doucement car tu avais besoin d'un gros câlin, soit tu continues de pleurer dans mes bras.

Dans ce cas, je « t'accompagne » comme le propose Aletha Solter. Je ne cherche pas à tout faire pour que tu t'arrêtes de pleurer. Je te tiens dans mes bras et te montre que tu n'es pas toute seule, que je suis là. Je ne te secoue pas, je n'agite pas un hochet sous tes yeux. En effet, ces artifices sont effectivement de très courte durée. Certes, tu t'arrêtes de pleurer. Mais dès que j'arrête le hochet ou te repose dans ton lit, tu te remets à pleurer. Je ne fais que différer ta crise de pleurs. Au pire, je les diffère jusqu'à ce que tu craques en pleine nuit ou les refoules complètement, mais au prix de quelle énergie et d'énervement pour toutes les deux ? (26) (33)

Je préfère ne pas te distraire de l'émotion que tu es en train d'exprimer. Je pense en effet, que l'on peut passer beaucoup de temps à « calmer » un bébé, sans pourtant être réellement à son écoute et entendre ce qu'il a à dire. Or, tu as besoin d'être entendue et comprise, d'être considérée, quel que soit le besoin ou l'émotion que tu exprimes. Je préfère être là pour toi. Je suis disponible, avec toi, tout simplement. Je te tiens tendrement et fermement contre moi et te regarde, avec toute la compréhension et le respect que je sens au fond de moi pour ce que tu es en train de traverser. Je sens combien c'est une épreuve pour toi. Ton corps est tellement tendu, tes pleurs sont si puissants et si forts. Comment un si petit corps peut-il soudain trouver tant de force ?

Comment un si petit bébé peut-il crier et pleurer aussi fort ? Je t'entends avec mes oreilles, mais aussi avec mon cœur. Si je reconnais ton émotion, je mets des mots sur ce que tu sembles éprouver. Je me veux rassurante. Comme l'explique Suzanne B. Robert Ouvray, « Le mot du parent sur le corps du bébé crée une enveloppe et un lien. C'est comme si le parent fermait un sac d'émotions avec le lien de la tendresse. Le bébé se sent contenu, limité, sécurisé » (25). Je sens bien que mon attitude t'aide à traverser ce moment.

La plupart du temps, j'attends que tu t'arrêtes de pleurer de toi-même. Mais, comme toujours, il s'agit de trouver un juste équilibre : ni t'empêcher de pleurer, ni te laisser te perdre toi-même dans ton émotion. Quand tu sembles complètement prise dans l'émotion, intarissable, je peux aussi te parler d'une voix posée et affectueuse, te faire garder un lien avec moi : « Je suis là, calme toi, ça va aller. » Comme un pilier solide dans la tempête. Cela me demande aussi de rester calme pour pouvoir représenter un repère stable à tes yeux.

Tu redécouvres ensuite le calme après la tempête. Je ne peux que constater ce qu'indique Aletha Solter dans ses ouvrages : tu prends alors un visage extrêmement détendu, serein, confiant. Soit tu t'endors calmement, soit tu manges tranquillement, soit tu joues sur ton tapis, animée de grands sourires (26). Je suis toujours émerveillée de constater qu'après avoir pleuré et hurlé parfois pendant plus de vingt minutes, loin de t'être épuisée, tu retrouves de l'énergie. Ta sérénité de fin de pleurs m'impressionne toujours. Quand tu as pleuré de chagrin, tu restes secouée des derniers sanglots, à l'image d'un enfant plus grand ou d'un adulte. J'en suis toujours très émue. Parfois, nous t'avons demandé de différer ta crise de larmes parce que le contexte (un restaurant) ne s'y prêtait pas. Tu n'avais que trois ou quatre mois, mais tu as compris qu'il fallait attendre. Par contre, dès que nous sommes rentrés à la maison, pas une minute ne s'est écoulée avant que tu ne te laisses pleurer. J'admire cette compréhension tacite qui nous lie. Tu avais accepté le compromis.

Accueillir et contenir tes pleurs, une pratique difficile.

Ce choix, fait avec ton père, de respecter tes pleurs n'est pas facile. D'abord, il demande de la disponibilité et de la patience.

Parfois, je ne peux pas te prendre dans mes bras au moment où tu pleures – cela demanderait une disponibilité presque permanente donc irréaliste, et… de solides nerfs d'acier. Parfois mon humeur m'amène à arrêter tes pleurs très vite ! Parfois, je te laisse pleurer… sans moi. Cela ne m'empêche pas d'aller alors vers toi. Dans ce cas, je vérifie toujours en premier la cause de tes pleurs. Ensuite, je te montre que j'entends tes pleurs et que je reconnais ce que tu exprimes. Que je te place près de moi ou que je te laisse – rarement – dans ta chambre, je t'assure verbalement que je t'entends et que je suis là. Je t'assure toujours de mon amour. Tu rencontres ainsi mes limites : une maman n'a pas une disponibilité sans fin pour son enfant. Quand je t'ai laissée pleurer seule, et que je m'en sens la patience, en fin de pleurs, je viens te caresser tendrement.

De plus, il est réellement très difficile d'entendre son petit, son tout petit, pleurer. Cela tort littéralement les tripes. Parfois j'ai mal au-dedans de moi de t'entendre pleurer de cette façon et d'exprimer cette souffrance. Parfois cela m'est complètement insupportable. Et je te dis tout simplement ce que tes pleurs réveillent en moi : « Je vois que tu ne peux plus contenir tes pleurs. Je n'en trouve pas la cause. Tu as le droit de pleurer. Mais je tiens à te dire que j'atteins ma limite et que je ne peux pas rester t'entendre. » Je me sens attachée à toi en respectant tes émotions, mais je reste également attachée à moi-même en reconnaissant mes propres émotions.

Tes pleurs réveillent beaucoup de choses chez nous, parents. Comme je l'ai dit, ils peuvent réveiller des émotions liées à notre propre enfance et provoquer chez nous des attitudes complètement irrationnelles et parfois violentes.

Parfois, nous avons envie de crier sur toi pour que tu arrêtes de pleurer. À chaque fois que nous avons ces élans irrationnels, disproportionnés par rapport à ton attitude, c'est que nous ne sommes plus dans « l'adulte », et encore moins dans le « parent ». Nous sommes dans l'enfant non respecté, non entendu. C'est cette douleur intérieure que nous voulons faire taire.

Je respecte les sentiments que tu réveilles en moi. J'accepte d'être parfois en colère ou énervée, d'avoir parfois peur. Je fais le deuil de l'image de la mère idéale, toujours sereine, toujours disponible pour son enfant. Je suis humaine : je reconnais mes faiblesses, mes émotions, mes impatiences, mes énervements. Tu m'en apprends beaucoup sur moi-même et mes limites. Je me découvre dans mes capacités maternantes, avec des qualités mais aussi des difficultés. Mère, je ressens parfois un vif sentiment d'impuissance. J'apprends face à toi ce que signifie l'expression « être hors de moi », le jour où je ne me reconnais plus dans cette femme qui hurle, totalement exaspérée ! Je découvre en effet chez moi des comportements inconnus jusque là, dont je ne suis pas toujours fière.

Cependant, je crois qu'il est sain d'arriver à admettre que je puisse être parfois en colère contre tes comportements. Identifier cette émotion me permet de la prendre en charge et de ne pas te la faire subir. La société a parfois tendance à vouloir nous faire croire que, comme ce n'est pas toi qui as demandé à venir au monde, nous devons assumer notre décision en n'éprouvant que des sentiments positifs vis-à-vis de toi. Or, une relation me semble comme un tableau de peintre qui utilise toutes les couleurs, y compris les sombres, pour arriver à un ensemble harmonieux et beau. Je crois que nier les « couleurs moins acceptables socialement » de ma relation à toi pourrait au contraire faire naître en moi des aigreurs, qui risquerait d'altérer ce lien entre nous.

Pas plus que toi, je ne cherche à refouler mes émotions. J'accepte donc toutes les émotions qui tissent notre lien. Mais j'accepte aussi de me dire que ces émotions ne concernent parfois que moi, surtout si elles me semblent irrationnelles et « trop vives ». Elles font partie de mon histoire et ne sont pas forcément liées à tes cris (même si ce sont ces derniers qui les ont réveillées). Quand je sens monter en moi cette envie de crier sur toi parce que tes pleurs me sont insupportables, je pars dans une autre pièce. Je prends le temps de dépasser l'excès d'émotion et de reprendre mon calme. Pour cela, soit je crie dans un coussin (!), sois je me relie à notre lien affectif, jusqu'à le ressentir physiquement. Quand je reviens vers toi, plus détendue, je me rends compte que ma colère était complètement disproportionnée par rapport à tes pleurs. Déchargée de l'aspect irrationnel de cette colère, je me sens beaucoup plus disponible pour toi et pour réagir d'une façon adéquate. Par la suite, je peux décrypter ce qui a été le déclencheur de mon émotion et faire quelques pas de plus dans la connaissance de moi pour que petit à petit cela ne se reproduise plus.

Bien sûr, quand tu seras plus grande et que certains de tes actes me sembleront dépasser des bornes, je pourrai aussi admettre et te dire que parfois ma colère est justifiée par rapport à ton acte…

Pouvoir respecter tes pleurs demande réellement d'être attentif, d'adopter ton point de vue et de ne pas nous laisser submerger par nos propres émotions. Si nous n'arrivons pas à nous maîtriser, si ces pleurs nous semblent trop insupportables, il vaut mieux ne pas se forcer à les entendre. Une démarche thérapeutique peut être alors une aide.

Ce choix de respecter tes pleurs est également difficile à réaliser car il se heurte à une forte pression sociale et familiale. Cette approche est régulièrement incomprise. Plusieurs fois, des témoins me demandent « Mais, elle pleure et tu ne fais rien ? Tu n'essaies pas de la calmer, de la distraire ? Tu ne lui proposes pas le sein ? » Je ne fais rien ? Si, bien au contraire. Je t'enveloppe de ma présence, de mon amour. Je te respecte. Je suis là et je t'écoute. C'est beaucoup.

Au début, c'est très difficile de reconnaître tes différents pleurs.

Pendant le premier mois de ta vie, dans le doute, je te donne souvent le sein. Régulièrement, tu ne tètes que quelques minutes pour te calmer. Parfois, tu te remets à pleurer quelques minutes après la tétée ou bien tu continues à téter frénétiquement (et douloureusement pour mes seins!) alors que tu as reçu une bonne quantité de lait: c'est donc que ton besoin était ailleurs… J'essaie d'éviter de me culpabiliser (Tu vas fatiguer ton estomac à boire trop souvent ou je n'aurais pas dû te donner le sein car tu n'avais pas faim). Ce n'est pas en si peu de temps que tu vas prendre l'automatisme de demander à boire pour te calmer. Cependant, même si le sein et son odeur, faisant partie d'un de tes repères essentiels, ont aussi une fonction d'apaisement, j'apprends dans les premières semaines ou premiers mois de ta vie à ne pas te nourrir systématiquement à chacun de tes pleurs. Nouveau-né, tu ne sembles pas distinguer la faim, une gène ou un stress puisque tu les manifestes d'une façon similaire par un besoin de téter en grignotant tes poings. À moi de t'aider à déchiffrer ton propre besoin en t'apportant la bonne réponse. À toi de trouver également tes solutions: au bout de quelques semaines, tu arrives à attraper ton poing et à le « tétouiller ». Tu auras alors moins besoin de mon sein pour te calmer.

Je suis également vigilante car je ne voudrais pas passer à côté d'un besoin particulier auquel je peux répondre. J'apprends petit à petit à reconnaître tes pleurs. Et tu différencies aussi de plus en plus tes pleurs. Nouveau-né, tu pouvais réagir aux crampes d'estomac de la faim par des cris d'angoisses très soudains. Mais après un mois de cycles crampes-pleurs-lait-apaisement, tu appelles pour manger de façon plus sereine. La faim se manifeste alors chez toi par des petits grognements puis des pleurs de plus en plus forts, car tu ressens une gêne croissante dans le ventre avant une douleur. À partir du moment où je différencie tes signaux, il est rare que j'attende que tu pleures pour te nourrir : je te donne le sein quand j'entends tes grognements. Même s'il ne s'agit pas d'une règle absolue, les pleurs très soudains et forts n'expriment donc plus pour toi, à l'âge d'un mois, de la faim. Je me sens sereine pour t'accompagner dans tes pleurs à partir du moment où je suis intimement convaincue que tu n'as pas un autre besoin. Il me faudra environ deux mois pour être plus à l'aise avec tes signaux et savoir intuitivement ce dont tu as besoin. Je reconnais alors régulièrement, mais pas toujours, ces pleurs parmi les autres.

Un bébé serein.

C'est maintenant, mon bébé, que tu construis ton développement psychique et moteur. Tu poses maintenant les bases de ton psychisme d'adulte. Nous tenons donc à te donner les meilleures chances d'être équilibrée et bien dans ta peau. Nous souhaitons t'aider à avoir confiance en toi et en ta propre valeur, même s'il est difficile de dire si nous y arriverons… Nous te prenons au sérieux dès ta naissance. Chaque jour, ton attitude nous conforte dans l'idée que notre attitude te convient. Tu es sereine. Et non pas calme. Quelle tristesse, un enfant calme. Qu'est-ce, un enfant calme ? Un enfant qui ne pleure jamais, qui ne dérange jamais, qui ne fait pas trop de bruit, qui ose à peine parler, qui ne tente rien, qui n'ose rien, qui se fige. Le contraire de la vie. Non, tu n'es pas sage, tu es sereine. Tes yeux respirent la malice. En dehors de certaines crises de pleurs intenses, tu es très souriante et détendue. Tu observes attentivement ce qui se passe autour de toi. Dès trois mois, tu pars à la découverte du monde sur ton petit tapis. Tu débordes d'énergie, mais sans énervement. Il semble que tu diriges toute l'énergie que tu n'as pas à mettre dans le refoulement de tes émotions vers la découverte de ton environnement. Et il en faut de l'énergie pour refouler les émotions. Même quand on est un adulte capable de conceptualiser son émotion, il est difficile de contenir ses pleurs. Alors pour un bout de chou comme toi. Quand j'observe la puissance de tes pleurs, je me demande vraiment où les bébés trouvent la force de refouler leurs émotions quand ils n'ont pas le droit de pleurer. Je trouve dommage de monopoliser tant d'énergie dans cet unique but.

En plus d'être souriante, curieuse et énergique, tu es relativement autonome. Tu ne me demandes pas d'être toujours près de toi, tu ne réclames pas mes bras en permanence. Tu vis déjà ta petite vie. À trois mois, tu te retournes seule sur le ventre. Je te place donc régulièrement sur un tapis sur le sol. Tu y joues, tu découvres ton corps et les mouvements, tu attrapes les jouets que je place près de toi, tu observes. Un regard, un mot de ma part suffisent à t'encourager. Nous sommes souvent toutes les deux dans la même pièce, mais chacune à nos activités. Bien évidemment, j'évite de tomber dans l'extrême inverse : sous prétexte de te croire autonome, je ne te laisse pas non plus de longues heures sur ton tapis sans te prendre souvent dans mes bras ou jouer avec toi. Je relativise ton autonomie par rapport à ton besoin réel de contact avec moi.

Nous constatons également que tu manges bien et t'arrêtes toute seule dès que tu es rassasiée. Par la suite, tu sauras intuitivement bien équilibrer tes aliments, allant jusqu'à manger moins de viande et réclamer régulièrement plus de légumes ! De même, tu dors très profondément. Je crois qu'en six mois, tu n'as pleuré que cinq fois la nuit. Mis à part les interruptions pour manger (que tu manifestais par des grognements et non des pleurs), rapidement tu as fait des nuits longues et sereines. Nous également par la même occasion. Nous observons également que tu es très peu malade sans savoir si nous pouvons le relier au fait de pouvoir exprimer tes émotions (26).

Quand parfois tu es grognon, au lieu de m'énerver contre toi, je suis les indications d'Aletha Solter et l'interprète comme un signal : tu as accumulé des tensions sans arriver à les évacuer. Quand tu pleurniches et que tu fuis mon regard, je prends plus de temps avec toi dans une présence attentive. Dans cette intimité, soit tu t'apaises, soit tu te mets à pleurer. Tu sembles te laisser aller à craquer, même quelques minutes. Après quoi, tu redeviens souriante et détendue. La transformation est radicale et immédiate. Quand je fais ce constat, je ne peux qu'être persuadée qu'un enfant n'est pas le persécuteur décrit si souvent. Tu es un enfant en état de besoin (26) (33).

Quand tu seras plus grande, il en sera de même : à chaque fois que tu deviens irritable ou agressive, nous te donnons plus d'attention au lieu de sévir. Souvent, rassurée sur l'amour que tu reçois, tu redeviens apaisée et attentive aux autres.

Quand tu tombes, je remarque vite que tu ne pleures pas plus longtemps – souvent deux minutes- si je te dis « Tu as dû avoir mal et peur » et te laisse pleurer le temps que tu le souhaites. Non seulement les « Mais non, tu n'as pas mal, c'est fini » ne te calment pas plus vite, mais ils t'empêchent de te libérer pleinement et profondément de ton stress. De même, tu ne deviens pas une « pleureuse professionnelle » et ne pleures pas plus souvent ou pour « un rien » sous prétexte que je respecte et accepte tes pleurs (26).

Rester spontanée face à tes pleurs.

À mes yeux, il ne s'agit pas non plus de tomber dans l'extrême inverse. Car, si t'obliger à refouler tes pleurs revient à vouloir te contrôler, il en serait de même si je cherchais à te faire évacuer tes émotions. Pleurer reste un vécu de souffrance pour toi. Et pleurer n'est pas suffisant à mes yeux pour te permettre de restructurer en profondeur des ressentis ou des événements douloureux. Tu préfères parfois serrer ton doudou ou sucer ton pouce, bercée dans mes bras. Je te fais confiance dans le choix des attitudes qui te réconfortent et accueille simplement les émotions qui débordent de ta coupe personnelle.

Je ne cherche pas à apporter à tout prix la bonne solution à chacun de tes pleurs, telle l'élève qui applique consciencieusement une théorie. Tu as besoin de ma spontanéité. Parfois, je me trompe. J'agis souvent simplement en fonction d'un élan instinctif, sans me poser de questions. J'ai conscience de représenter une base connue et rassurante pour retrouver tes repères et reprendre confiance.

Ce qui compte, c'est une attitude globale dans le temps : je ne cherche pas systématiquement à arrêter tes pleurs, car je les considère comme un langage et je te respecte, avec toute ta palette d'émotions. Le fait que, occasionnellement, tu n'aies pas la bonne réponse à tes pleurs ne peut pas perturber ton développement. Les erreurs font aussi partie de l'apprentissage d'une mère. Je continue à en faire. C'est pour cette raison que je n'ai pas de certitudes et que je me remets continuellement en questions.

Ce qui m'importe, c'est que tu saches que tu es autorisée à t'exprimer et que nous t'aimons même quand tu pleures. Notre amour n'est pas conditionné à une petite fille sage et sans histoires. C'est toi tout entière que nous aimons, avec tes joies, tes frustrations, tes colères, tes chagrins. Tout. Comment te dire à quel point tes pleurs nous émeuvent.

Quand bébé pleure

La première chose à vérifier est le besoin précis que le bébé pourrait exprimer : la faim, une douleur (dont les vraies coliques), l'irritation liée à une couche humide, un rot coincé, la chaleur, une gène (liée à une position ou des vêtements trop serrés), une lumière ou un bruit trop fort (sur-stimulation), une angoisse d'être seul dans une pièce silencieuse (sous-stimulation), les besoins affectifs (câlin, présence, être rassuré)…

En dehors d'une cause médicale ou d'un besoin précis, si je ne détecte pas l'origine de tes pleurs, je peux admettre que ces derniers sont une façon de communiquer ton désarroi ou une émotion trop vive, et en ce sens, respecter tes pleurs : je n'ai pas à chercher à tout prix à les stopper mais à t'aider à dépasser ce moment. Je peux te prendre calmement dans les bras et « contenir » ton émotion physiquement par mes bras et ma chaleur et psychiquement par l'amour et la tendresse. Je peux, par une voix tendre et calme, t'aider à garder le lien avec l'environnement comme un repère stable et te ramener progressivement vers plus de calme. Ce « contenant » t'aide à traverser l'épreuve des pleurs jusqu'à retrouver ton intégrité et l'apaisement.

Bébé, tu as aussi des crises de croissance, pendant lesquelles tu connais d'importants changements au niveau de ton cerveau et du système nerveux. Ces crises font évoluer ta façon de percevoir ton environnement et ton corps, ce qui peut te perturber. Dans ces périodes, tu es sensible et peut connaître des épisodes de pleurs plus fréquents. Tu as besoin plus fréquemment de ta base rassurante – les bras de tes parents – avant de te familiariser avec tes nouvelles perceptions et compétences. Les premières crises de croissance surviennent vers cinq, huit, douze et quinze semaines après la date de ton terme (et non de naissance effective). (27)

Au-delà de la réponse que l'on apporte à tes pleurs, c'est d'une réelle attitude d'empathie, d'amour, de stabilité et de chaleur dont tu as fondamentalement besoin. Tu as besoin de notre capacité à entendre du fond du cœur ce que tu dis plutôt que notre tentation de faire taire tes pleurs ou de les interpréter par rapport à nous-mêmes.

Faites-vous confiance pour explorer et trouver les rituels, les attitudes ou les gestes qui semblent apaiser le plus votre enfant.

En cas de pleurs très fréquents ou incessants :

– Consulter un médecin pour identifier toute origine médicale, surtout si vous constatez un changement de comportement ou dc la fièvre.

– Un ostéopathe peut soulager des tensions physiques (liées à l'accouchement par exemple).

– Bébé a parfois besoin d'être restauré dans son histoire, sa place dans la famille, sa valeur. Par exemple en cas d'une perte d'un jumeau in utero, d'un deuil qui rend un de ses parents tristes, un parent dépressif ou malade, un rejet de la grossesse par un des deux parents… Dans ce cas, on peut parler au bébé avec des mots emplis d'affectivité, déculpabilisants et positifs.

– Comment chacun se situe dans le lien au bébé ? Y-a-t-il une défaillance de ce lien ou une inquiétude vis-à-vis de l'enfant chez l'un des parents ? C'est parfois dans l'inconscient du parent que l'on décrypte la résonance du mal-être d'un bébé. Par exemple : la maman d'un garçon peut avoir inconsciemment peur de la violence supposée des hommes et donc de son fils. Ainsi, un bébé garçon avec une énergie forte peut mettre une maman en difficulté si elle a subi elle-même un rapport à l'homme difficile (père colérique, conjoint dominant…). Son bébé peut y réagir par de forts pleurs. La mère comme le bébé peuvent avoir inconsciemment peur de la puissance masculine - tant qu'elle n'est pas canalisée dans la bienveillance. Restaurer la relation au père ou la représentation inconsciente de l'homme libère le parent et le bébé. On accède à l'inconscient du bébé par sa résonance avec l'inconscient de son parent et en lui parlant.

Quatre semaines.

Je ne peux m'empêcher d'adopter spontanément ton point de vue sur notre monde quand je m'occupe de toi. J'essaie de ne pas interpréter tes gestes ou tes expressions et je ne cherche pas à imaginer les paroles que tu pourrais prononcer. Je regarde juste ce qui nous entoure avec les yeux neufs d'un bébé qui à tout a découvrir et une sensibilité nouvelle. Or, certaines de nos attitudes me semblent vraiment crispantes, voire inhumaines.

Je me rends compte à quel point nous jugeons les choses de notre point de vue d'adulte et oublions de considérer les événements par rapport au cours de ta vie de bébé. Quand tu régurgites sur ton vêtement parce que j'ai retiré ta serviette trop tôt et qu'une personne témoin de la scène te traite de petite cochonne, je te parle aussitôt : « Non, mon bébé, tu n'es pas une petite cochonne. Tu régurgites, comme certains bébés, et cela n'est sûrement pas très agréable pour toi ». Pire encore sont les remarques quand une couche déborde. Tu n'y es pour rien si les couches – heureux progrès – ne s'adaptent pas parfaitement à ton petit corps et si je n'ai pas encore acquis une grande dextérité dans le maniement des attaches. Comment peux-tu comprendre les visages ravis et radieux pendant les tétées qui prennent soudain une expression de fort dégoût quand tu sens quelque chose de chaud sur tes fesses ? Pour toi, comme pour ces personnes qui semblent soudain l'oublier, faire caca est aussi naturel et normal que manger. Je ne vois pas pourquoi on te ferait croire qu'il s'agit de quelque chose de sale en poussant de grands cris, en riant fort ou en exprimant du dégoût. Je passe peut-être pour une femme sans humour, mais j'arrête souvent les plaisanteries douteuses qui ne manquent pas de jaillir à chacune de tes selles. Devant toutes ces remarques, je ressens un réel nœud dans le ventre. J'ai physiquement mal de toutes ces petites humiliations que l'on t'inflige. Je refuse également de dévoiler des moments d'intimité que nous vivons ensemble ou encore certaines de tes habitudes qui risqueraient de devenir un sujet de plaisanterie. Notre intimité est précieuse et ne laisse pas de place à la moquerie…

Te respecter, c'est aussi, à mes yeux, te porter et te déplacer comme la petite fille que tu es, et non comme un objet. Tu n'es pas un objet inerte que je « trimbale ». J'évite de te surprendre et de te soulever brusquement du sol si tu ne t'y attends pas. J'observe ton regard et tes mouvements, et cherche à t'accompagner. Comme le souligne Catherine Dolto-Tolitch (13) « la façon de porter un bébé, de le déplacer est signifiante comme un langage. Une main qui se pose et qui empoigne un membre pour un soin apparemment anodin provoque chez tout être humain une intense activité intérieure. (…) Elle permet au sujet de prendre très vite position par rapport à la main et au geste (...). Les questions sont multiples : cette personne me permet-elle de réagir comme cela me semble juste, m'autorise-t-elle à être moi-même, à engager de mon initiative (...) le geste de réponse qui me donne le sentiment d'agir moi-même avec l'assistance de l'autre ? Ou bien la main de cette personne m'impose-t-elle implicitement le silence profond de celui qui fait taire jusqu'à ses perceptions les plus évidentes parce qu'il sait qu'il n'a d'autre choix que la soumission ? C'est-à-dire, déjà, le choix de l'infidélité à soi-même avec tout ce que cela implique pour l'avenir dans la façon de prendre place au monde. (...) S'abandonner à la pesanteur dans des bras maladroits, s'agrippant à vous et traduisant l'insécurité du porteur demande une vaillance quotidienne. (...) La passivité est une des stratégies de défense le plus utilisées pour faire face à ces épreuves. (...) Ce ne sont pas les gestes ou les positions des mains qui sont importants, c'est une manière de faire qui invite l'enfant à se porter lui-même grâce à notre assistance ».

Un jour, tu fixes des yeux la vitrine d'un magasin décorée de formes géométriques de couleurs vives. Constatant ton vif intérêt pour ces motifs, je te tiens dans mes bras face à eux. J'attends que tu détournes toi-même les yeux pour repartir. Je sais que je ne peux pas agir ainsi en permanence. Il me semble que respecter au moins de temps en temps ce que tu sembles indiquer t'aide à te sentir une personne à part entière et non un bébé impuissant.

Je commence enfin à mieux décrypter tes pleurs et tes besoins. Ce n'est pas encore évident, mais suffisant pour m'aider à diminuer ma fatigue nerveuse. Le premier mois est vraiment dur. Plein d'émerveillements certes, mais difficile. Il nous faut au moins un mois pour nous apprivoiser, pour nous adapter l'une à l'autre. Te comprendre prend du temps. M'occuper de toi occupe très vite… toute la journée. Et puis, j'aurais envie d'être la mère idéale, qui comprend tout ce que tu exprimes et comble tous tes besoins et tes désirs. Je sais, bien sûr, qu'il est illusoire de vouloir répondre à tous tes désirs, et, même, que cela ne serait pas souhaitable. Evidemment, il est indispensable de répondre rapidement à tes besoins, tels la faim ou le sommeil, bien sûr il faut éviter que tu aies froid ou peur. Bien sûr, je t'accompagne dans tes chagrins et tes douleurs. Mais je ne peux pas t'empêcher d'être frustrée quand tu n'arrives pas à manipuler un jouet, ni d'avoir peur parce que tu ne connais pas un lieu ou des personnes nouvelles. Je ne peux pas t'empêcher d'être en colère parce que tu essaies, en vain, de me faire comprendre quelque chose…

À ton échelle, il existe des causes incessantes et infinies d'insatisfactions ou de frustrations. Même en cherchant à tout combler, on serait encore bien loin du compte. Dire que certains auteurs déclarent que les premiers mois de la vie correspondent à une période bénie, sans souci, où tous les besoins et désirs sont comblés. Je suis intimement convaincue que c'est loin d'être aussi simple et idyllique. Je vois mal une période de frustration supérieure à celle où l'on ne peut ni se déplacer ni parler pour se faire comprendre. En plus, cette affirmation donne, à mes yeux, une pression à la mère qui croit alors qu'il est naturel pour toutes les mères – sauf pour elle ! – d'arriver à éviter toute frustration à son bébé.

Ces frustrations ne sont pas forcément négatives en soi – quand elles concernent tes désirs, mais pas tes besoins ! Elles semblent au contraire constituer un moteur pour toi. C'est ce qui va te permettre de progresser. Bien sûr, je ne cherche pas à te frustrer pour essayer de te faire progresser plus vite ! Il existe bien assez de frustrations auxquelles je ne peux pas répondre pour ne pas en ajouter volontairement. Je passe donc beaucoup de temps à m'occuper de toi tout en acceptant de n'être pas la mère idéale dont j'avais rêvé et de ne pas arriver à combler tous tes désirs.

L'image de la mère idéale me semble d'autant plus loin que mon esprit est régulièrement traversé par des images morbides. Je t'imagine parfois morte. Ces visions me glacent. Est-ce que cela signifie que j'ai le désir inconscient que tu meures ? Je me sens tellement attachée à toi que cela me semble incompréhensible. Un peu inquiète, je pars à la recherche d'une réponse. Avoir un enfant fait naître de la peur. Je ressens la responsabilité énorme que représente le fait d'être parent. Une responsabilité de tous les instants, pour toute la vie. De plus, à partir du moment où tu nais, naît aussi en moi la peur de te perdre. Je t'ai donné la vie, et comme toute vie, elle a un début mais aussi une fin. T'avoir avec nous, c'est accepter le risque de ne plus t'avoir un jour. Je sens en moi un tel instinct de protection qu'il me semble que je préférerais mourir plutôt que de te voir mourir. Je comprends maintenant dans mes tripes les gens qui risquent leur vie pour sauver leur enfant. L'idée de te perdre m'est insupportable.

Or, plus tu avances en âge, et plus je me rends compte combien tu es fragile. À huit mois, à l'heure du quatre pattes, tu fouilles partout dans la maison. Tu portes à ta bouche tout ce que tu trouves. Une pistache tombée à terre, une prise non protégée… Tout peut devenir un danger. Les conséquences d'un tout petit moment d'inattention peuvent être dramatiques. Sans devenir paranoïaques, nous sentons, avec ton père, ta fragilité et le poids de notre responsabilité. Cela pourrait paraître un soulagement d'arrêter l'aventure, de souffler un peu. C'est peut-être ce qu'exprime mon cerveau en m'envoyant ces images morbides. Peu nombreuses, elles ne sont pas inquiétantes en soi. Elles n'expriment pas du tout le désir que tu meures, mais le désir parfois de me soulager de la tension ou de mes peurs liées à la présence d'un enfant. Elles expriment toute l'ambivalence de la vie, qui est rarement toute noire ou toute blanche. Elles invitent à revoir ma perception de la responsabilité, de la confiance. Symboliquement, la mort représente aussi un passage, une évolution dans les prises de conscience. Etre mère représente un formidable tremplin d'évolution personnelle.

« Abandonner l'image de la mère idéale »

Il est important de lâcher l'image de la mère idéale, d'oublier le questionnement « Comment je devrais faire ou être dans ce moment pour être une bonne mère ? » pour plutôt se centrer sur la question « Quelle mère suis-je dans ce moment ? Qu'est-ce que je ressens de bon pour mon enfant et pour moi ? ». Trop de mère croulent sous une vision trop lourde de la maternité où chaque mot, chaque geste pourrait avoir des conséquences sur son enfant.

Lâcher la quête de la mère idéale ou la culpabilité de ne pas l'être est d'autant moins facile qu'un certain nombre de personnes renvoient les parents, et surtout la mère, à cette culpabilité : « Comment, vous avez oublié le pull en laine ! » m'a-t-on dit alors que j'étais en plein accouchement, dans les contractions de poussées, et alors que la valise regorgeait d'habits pour mon bébé ! « Comment, vous n'avez pas épluché l'œuf dur du pique-nique ! Comment, votre enfant se comporte ainsi ! » Quand ces interpellations résonnent ou déstabilisent, c'est que vous êtes reliée à cette culpabilité. La proposition est de se recentrer sur soi et sur ce qui vous semble essentiel dans la relation à votre bébé : les temps de jeu ensemble, la communication et l'écoute dans la relation ou le fait que les vêtements soient toujours impeccables? Plus vous êtes claire avec votre vision de la maternité et moins vous serez touchée par la culpabilisation.

Accepter de ne pas être parfaite et d'apparaître comme telle aux yeux de son enfant, c'est aussi accepter sa qualité d'être humain.

De plus, une mère n'a pas pour vocation de tout résoudre pour son enfant, mais de l'accompagner à trouver ses propres solutions dès que cela est possible. La relation devient alors de plus en plus joyeuse et légère.

Certes la capacité à s'interroger et à se remettre en cause est une qualité. Mais vous pouvez aussi faire confiance à votre enfant. Il a son propre filtre de perception et d'interprétation. Face à une même attitude parentale, un enfant se soumettra là où un autre se rebellerait. Un enfant a les ressources pour grandir sur vos qualités et vos limites. Ne pas tout résoudre à sa place l'invite à trouver ses propres solutions et mobiliser son propre potentiel.

Winnicott avait une belle expression: l'idée est d'être une « mère suffisamment bonne » pour son enfant.

En parallèle du temps que je te consacre entièrement, je sens que j'ai besoin de vivre aussi des choses pour moi. Je ne peux pas m'occuper de toi en permanence, tous les jours de la semaine avec la même qualité d'attention. J'ai des moments d'énervements, de fatigue, d'impatience. Quand je souhaite prendre une heure pour moi, pour écrire une lettre par exemple, et qu'en fin de journée, je n'ai pu en écrire que les deux premières lignes, je me sens frustrée et énervée. L'impression de n'avoir eu aucun moment à moi. Ta présence m'invite à modifier ma conception du temps, de ma vie pour calmer l'irritation.

Je crois que pour être une bonne mère pour toi, il faut aussi que je sois une bonne mère pour moi-même. Je prends le temps de m'occuper de moi et d'avoir mes activités propres. Outre que cela m'évite de m'enfermer dans l'unique rôle de mère, cela représente un bon exemple pour toi : celui de quelqu'un de bien dans sa vie et dans ses projets. Je sens que j'ai besoin d'avoir un projet pour moi, une activité personnelle. Je n'ai pas envie de devenir une mère sclérosante, dont le projet de vie est son enfant. Je n'ai pas envie de vivre uniquement pour et à travers toi. Je n'ai pas envie de faire dépendre de toi mon bonheur ou ma satisfaction, même si tu y contribues grandement. Je me sens responsable de mon propre bonheur. Se marier et avoir des enfants correspond parfois socialement et psychologiquement au but ultime de la vie d'une femme. Le projet d'un enfant devient alors le projet de vie. Dans ce cas, il me semble qu'une mère peut, petit à petit, ne plus vivre que pour ses enfants au point de vivre sa propre vie par procuration. Ses enfants peuvent, par conséquent, se sentir responsables du bonheur de leur mère. Dans ce cas, le risque est qu'ils cherchent à répondre aux attentes conscientes ou inconscientes de leur mère pour la rendre heureuse au lieu de vivre leur vie et de développer leur propre personnalité.

Ne pas vivre uniquement pour et à travers son enfant.

Je plonge donc avec délice dans ma fonction maternelle, mais je mène avec non moins de délice ma propre vie. J'essaie de me réserver quelques plages de temps libre dans la semaine. Je m'autorise à vivre des choses sans toi. Dans ce cas, je te confie à une personne en qui j'ai une totale confiance. Cela me semble très difficile, surtout au début, de te confier. Je ressens la culpabilité que toute mère semble éprouver à laisser, même peu de temps, son enfant quand elle pourrait être avec lui. Petit à petit, j'apprends à ne pas me sentir coupable d'être en congé maternité, de disposer de tout mon temps et pourtant de m'offrir quelques « échappées » personnelles. J'accepte de me sentir triste de « perdre » ainsi des moments précieux avec toi, de ne pas partager les sourires ou les mimiques que tu as pendant ce temps. J'apprends petit à petit à respecter que tu as une vie, ta vie, toi aussi. J'apprends à accepter le fait que je n'ai pas accès à tout ce que tu vis, que je ne suis pas présente à tous les instants de ta vie, que tu peux partager des moments avec d'autres personnes et créer des liens avec eux. Je me réjouis que tu puisses vivre ta vie tout simplement.

En même temps, je crois que notre organisation du temps est saine. Je ne te confie pas dans le but de rester seule chez moi à ne rien faire. J'utilise ces moments pour avancer sur ma propre route et répondre à des besoins personnels. J'effectue des recherches sur des sujets qui m'intéressent et j'écris ce livre. J'ai le sentiment de progresser et de répondre à ma soif de connaissances nouvelles. Je pense que tu es sensible à une mère bien dans sa tête et dans sa peau. Je pense que le fait de me voir vivre aussi pour moi, d'avancer dans mes propres projets, t'autorise toi également à mener ta vie. Il ne s'agit pas non plus de te délaisser pour mes projets : c'est mon rôle de t'aider à identifier tes passions et de t'accompagner pour les vivre.

Tu en profites donc pour vivre ta vie, découvrir ce qui t'entoure, jouer et développer ton caractère. Je découvre avec plaisir ta personnalité. Je passe des heures à observer tes mimiques. Ton visage exprime un nombre incroyable d'expressions différentes. Je me rends compte à quel point tu as déjà ton propre caractère. Tu es une terre sauvage déjà forgée par les vents et ton histoire de neuf mois dans mon ventre que je découvre petit à petit, émerveillée. Je vais essayer de t'aider à te donner des valeurs, des limites, des repères tout en respectant la petite fille que tu es, ton identité, ta sensibilité et ton intelligence.

DEUXIÈME MOIS

❧ Cinq semaines.

Pour la première fois, tu nous souris. Tu as déjà eu des sourires que nous n'avons pas osé interpréter – à tort? – comme un signe à notre intention. Celui-ci est délibérément adressé à ton père. Ce sourire nous rend fous de joie et nous bouleverse. Tu apprends à communiquer avec nos signaux. Bien sûr, tu communiques déjà à ta façon, de tout ton corps et de tout ton regard. Souvent, nous nous regardons longuement les yeux dans les yeux, sans une parole. Je n'arrive plus à détourner mes yeux de toi tellement je suis surprise par l'intensité de ton regard. Les yeux m'apparaissent alors effectivement le miroir de l'âme. Je trouve très émouvant de te voir maintenant adopter nos signes d'échanges : le sourire d'abord, la parole ensuite. Dire qu'il y a quelques décennies, on prenait tes sourires pour des grimaces liées aux coliques. Quelle insistance on avait à cette époque à nier tes capacités d'éveil et de sensibilité.

Tu continues à grandir aussi vite que quand tu étais dans mon ventre. Tes pyjamas taille naissance sont déjà devenus trop petits. Tu es une petite fille de cinquante-deux centimètres et de trois kilos neuf cents grammes. Quatre centimètres et sept cent cinquante grammes en cinq semaines. Ton corps, tes os, tes organes, ton cerveau, tout grandit harmonieusement en respectant les bonnes proportions. Je suis impressionnée devant cette organisation de la nature. Un sans faute. Tes sens ont une acuité qui me surprend. Tu vois bien plus loin que ce qu'on pouvait penser : il n'est pas rare que tu me suives des yeux à quelques mètres de distance. La palette de tes attitudes et expressions est très vaste et m'apparaît à la hauteur de tout ce que tu sembles comprendre et exprimer.

J'apprends à t'accueillir « plus grande ». J'ai un pincement au cœur en pliant tes premiers pyjamas. Tu changes si vite. Et la course du temps ne me semble pas tout à fait prête à ralentir.

Après un mois d'allaitement, je suis prise d'une crise de « ras le bol » et je pleure nerveusement. Je me sens lasse de la forme de mes seins, qui ne m'est pas familière et de leur taille qui m'empêche de courir, même pour rattraper un bus démarrant sous mon nez. Je suis fatiguée de ces seins qui coulent sans prévenir et provoquent parfois, malgré les cotons absorbants, des auréoles peu esthétiques sur mes chemisiers, juste au moment où je fais mes courses en ville. En même temps, je trouve cela incroyable de voir à quel point mes seins réagissent. T'entendre émettre un léger piaillement suffit à provoquer un écoulement de lait. C'est comme s'il y avait un lien télépathique entre ton ventre et mes seins : tu as faim, mes seins fabriquent et le lait coule ! Il en est de même si je pense à toi avec émotion ou si ton père me dit un mot d'amour. Ce n'est pas toujours évident de voir mes seins couler au milieu de moments d'intimité avec ton père. Et puis, je ne me trouve pas réellement séduisante car je ne ressens pas l'aspect érotique de mes seins.

Ce n'est pas non plus facile à vivre d'avoir une garde robe réduite pour cause de poitrine volumineuse. Je vois passer l'été sans pouvoir mettre mes petites robes que je n'arrive plus à fermer.

Et puis l'allaitement occasionne quelques désagréments. Je me réveille un matin avec de la fièvre et une boule douloureuse – un engorgement – dans un sein : un canal de lait s'est enflammé. J'apprends qu'il n'y a aucun danger pour toi à continuer de téter quand même. Au contraire pendant vingt-quatre heures, je te fais téter souvent. J'utilise aussi un tire-lait après avoir massé mon sein sous une douche chaude pour aspirer régulièrement le lait bloqué. La boule disparaît toute seule rapidement. Dans le cas contraire, j'aurais consulté un médecin car cela peut s'infecter si ce n'est pas traité rapidement.

Cela me pèse d'être seule à pouvoir te nourrir quand tu es encore à six tétées par jour et de n'avoir que de petites plages de temps libre. Surtout que depuis quelques jours, tu pleures plus et réclames mon sein plus souvent. Alors que je commençais tout juste à te comprendre, je ne reconnais soudain plus tes réactions ! Tu pleures souvent et sembles inconsolable. Et quand tu as attrapé mon sein dans ta bouche, tu ne le lâches plus pendant un temps qui me semble infini ! Tu tètes plus d'une heure, et réclame le sein une heure après. Au début, j'imagine que tu as chaud, et donc soif. Je me renseigne. Je découvre deux causes. D'abord, tu connais une période de croissance physique. En deux jours, à force de téter si souvent, tu provoques une nouvelle montée de lait qui répond à tes besoins accrus.

Il semble également que tu connaisses à la même période une croissance « mentale » pendant laquelle tu te sens très vulnérable. Ce besoin de contact fréquent et prolongé avec ta mère vient d'un réel besoin de te rassurer. Les spécialistes Hetty van de Rijt et Frans X. Plooij (27) ont étudié les bébés pendant plus de vingt-cinq ans et ont conclu à l'existence de phases sensibles où un bébé se sent réellement perturbé et fragile. Dans ces périodes, que les auteurs appellent des « périodes crampons », le bébé pleure beaucoup et réclame souvent les bras de ses parents. « Il résulte de ces travaux que tous les parents, à un moment ou à un autre, sont aux prises avec les pleurs incessants d'un bébé. En fait, nous avons découvert avec étonnement qu'au même âge, tous les bébés normaux et en bonne santé pleurent plus et se montrent plus pénibles, plus exigeants et plus "crampons" (…) ».

Il semble que ton évolution mentale se fasse par à-coups. Les auteurs expliquent que lors de ces évolutions, tu connais, entre autre, des modifications importantes au niveau du cerveau et de ton système nerveux, comme le confirment des travaux de neurologues. Grâce à l'évolution de tes capacités mentales, tu vas acquérir de nouvelles compétences. Mais tu acquières aussi de nouvelles perceptions sensorielles qui modifient complètement ta vision du monde. Pour toi, cela équivaut à être, à nouveau, projetée du jour au lendemain dans un univers totalement inconnu. Vers cinq semaines, tu connais des sensations nouvelles et inconnues liées d'une part au développement de tes organes internes et de ton métabolisme, mais également au fait que tu sois plus alerte. Tu ne vois plus les mêmes choses puisque tu vois plus loin, tu ne sens et n'entends plus les mêmes choses, tu ne digères plus de la même façon. Tu as donc fondamentalement besoin de te rassurer et de te familiariser avec ton « nouvel » environnement avant de pouvoir exploiter tes nouvelles compétences. Ces phases sont en effet toujours suivies d'un grand bond en avant sur le plan des compétences (27).

Ces informations m'aident donc à mieux comprendre ton développement, mon bébé, et à mieux comprendre à quoi correspondent ces périodes lassantes pour moi où tu pleures beaucoup et demandes sans cesse mes bras, où « tu retournes à ta base, pour te rassurer ». Comme je sais maintenant que tu es complètement désorientée par les évolutions physiques et sensorielles que tu connais, je me sens plus patiente avec toi et plus disposée à t'apporter chaleur et réconfort ou à accompagner tes pleurs de détresse. Les observations de ces chercheurs sont précises : « Nous sommes maintenant capables de prédire, pratiquement à une semaine près, à quel moment les parents peuvent s'attendre à ce que leur bébé passe par une de ces « périodes crampons ». Il existe sept phases clairement identifiées avant un an, notamment vers cinq, huit, douze, quinze, vingt-trois, trente-quatre et quarante-deux semaines à partir de la date du terme prévu lors de la grossesse (et non de la date de naissance réelle). J'ajoute donc à ces dates tes dix jours d'avance pour connaître l'âge où tu es concernée par ces phases. Ces périodes ont donc toutes lieu au même « âge » par rapport à la conception. Elles semblent génétiquement « programmées », comme une étape normale du développement. Pour chacune d'entre elles, les auteurs précisent les signes annonciateurs et les compétences acquises par l'enfant (27).

Tu n'es donc pas pendue à mon sein sans raison. Tu cherches à te rassurer à mon contact. J'y réponds le plus possible. Cette « crise » ne dure que deux ou trois jours. Effectivement, tu sembles avoir acquis de nouvelles compétences : tu sembles plus éveillée et attentive et ce, pendant plus longtemps. C'est également la première fois que tu pleures avec de vraies larmes, ce qui m'apparaît très touchant.

En parallèle, tu redeviens sereine et autonome, et l'allaitement se simplifie. La mécanique devient bien rodée, les inconvénients disparaissent et je ne subis plus de la même façon les contraintes. Comme tu es plus grande, j'en profite pour m'accorder quelques sorties en solitaire que je savoure : plusieurs fois, je tire mon lait et confie à ton père le soin de te rassurer et te donner un biberon. Passés ces quelques jours, je retrouve intact mon plaisir de t'allaiter. Ce contact charnel et intense me comble toujours autant. Quand nous sortons en famille, je n'hésite pas à t'allaiter en public. Il ne s'agit nullement d'un exhibitionnisme déplacé puisque cela peut être très discret quand je choisis bien mes vêtements. J'ai ainsi le sentiment de participer d'une certaine façon à la promotion de l'allaitement maternel.

Six semaines.

Trouver l'équilibre à trois.

L'arrivée d'un bébé est un vrai séisme pour le couple. Il vaut mieux avoir de solides fondations si l'on souhaite éviter des fissures. Tout d'abord, il est difficile de ne pas retomber dans les lieux communs : je m'occupe du bébé tandis que ton père travaille. Car ton père, en effet, travaille. Il revient le soir après une longue journée. Pendant ce temps, je prends des habitudes avec toi, je te comprends de mieux en mieux et devine tes besoins. Il faut un père très motivé pour te baigner, changer tes couches ou te donner un biberon après son travail. Il lui faut de la conviction pour assumer sa fonction paternelle face à une mère, moi, qui a l'impression – à tort – de savoir mieux que lui ce qui convient à son petit. Comme il m'est parfois difficile de laisser ton père s'occuper de toi sans intervenir ! Il semble que le sport national des pères soit de retirer le pull que les mères ne manquent jamais de mettre dans la crainte que leur bébé n'attrape froid. Difficile de ne rien dire quand il ôte donc ton pull. Difficile de ne pas critiquer les vêtements qu'il t'a choisis alors que je lui ai moi-même demandé de t'habiller. Un jour, il t'assoit sur ses genoux au moment où ta couche est pleine. Spontanément, je fais le geste de te prendre dans mes bras pour te changer. Ton père m'interrompt et me dit en souriant : « Je vais le faire. » Je n'avais même pas prêté attention à mon réflexe envahissant d'assumer seule ce qui te concerne. Je dois apprendre à lui laisser la place, sa place. Je dois apprendre à lui laisser vivre des moments en tête-à-tête avec toi, sans vous interrompre, sans être tentée, par jalousie inavouée, de prétexter l'heure du bain pour casser votre intimité.

Nous évitons de rentrer dans une compétition malsaine : compétition entre ton père et moi pour nous occuper de toi ou compétition entre ton père et toi pour avoir mon attention et ma disponibilité. Nous apprenons à être trois, tout en respectant l'intimité entre deux. Ce qui n'est pas évident. Les premiers mois, nous avons une relation très rapprochée et privilégiée toutes les deux, face à laquelle ton père a parfois le sentiment d'être exclu. Plus tard, à mon tour, je vis mal une période de plusieurs semaines où tu réclames sans cesse les bras de ton père, même en ma présence. Je sais que tu as besoin de ton père et je me réjouis de la relation que vous créez tous les deux. Mais cela ne m'empêche pas d'être mal à l'aise face à ce sentiment d'être exclue. Curieusement, à partir du jour où j'en parle à ton père avec émotion, tu rééquilibres tes demandes entre nous. Peut-être le fait d'en parler m'a-t-il permis de changer subtilement quelque chose dans mon attitude et t'a permis de revenir plus facilement vers moi. Je ne sais pas. Mais cela me conforte dans l'importance d'en parler.

Je dois apprendre à faire confiance à ton père pour bien s'occuper de toi, même s'il agit autrement, surtout s'il agit autrement. Tu n'as pas besoin d'une seconde mère ou d'une mère suppléante. Tu n'as pas besoin d'un père qui imite ta mère. Un père n'est pas un homme réduit à aider sa femme dans sa fonction maternelle. Tu as besoin d'un père, d'un vrai père, qui assume sa fonction paternelle, une fonction à part entière. Difficile de trouver sa place de père dans une société où la femme montre qu'elle sait tout assumer. Après le père dictateur, la société a inventé le « papa poule », pour revenir à une définition plus floue. Il doit trouver une place d'autant plus difficile à définir que la société elle-même est en mutation sur les rapports entre les hommes et les femmes. De même, en cas de divorce, les enfants sont majoritairement confiés à la mère, même si les gardes alternées se développent, laissant supposer, à tort, que l'enfant aurait plus besoin de sa mère que de son père pour grandir. Je refuse de croire en la toute puissance de la mère.

C'est flatteur, mais c'est erroné. Christiane Olivier, dans son livre *Filles d'Eve* (35), explore le psychisme féminin, et explique très clairement les conséquences néfastes pour une petite fille d'une éducation exclusivement maternelle. Elle souligne la différence entre le rôle et la fonction paternelle : « Le rôle de père se résume à certaines obligations bien connues de tous : donner son nom à ses descendants et assurer leur vie quotidienne par son travail. La fonction paternelle est beaucoup plus une charge individuelle vis-à-vis de l'enfant qu'une obligation sociale : il y a actuellement des tas d'hommes qui assurent le rôle de Père, mais en évitent la fonction affective qui est d'aimer l'enfant en le paternant, c'est-à-dire en s'occupant de lui moralement et physiquement (…) Autant le rôle est une obligation sociale, autant la fonction est une responsabilité affective, dont beaucoup d'hommes n'ont pas saisi l'utilité pour l'enfant de quelque sexe qu'il soit. »

Guy Corneau, lui, consacre son livre *Père manquant, fils manqué* (36) aux conséquences, pour un garçon, de l'absence physique ou affective de son père. Ces deux auteurs ne parlent pas seulement des familles monoparentales, mais également des familles dont le père, présent physiquement dans la maison, reste cependant absent pour ses enfants. L'enfant a, idéalement, besoin de ses deux parents pour se construire. Il a besoin tout au moins de personnes référentes dans ces deux énergies, masculine et féminine. Outre l'aspect éducatif, il a besoin de découvrir la beauté et la complémentarité de ces deux polarités dont il est lui-même composé.

Ton père, par sa présence active et légitime auprès de nous deux, va t'aider à te construire sur un plan psychique comme un petit être autonome et à te socialiser. Il évite à notre couple mère-enfant de devenir trop fusionnel et t'aide ainsi à comprendre que tu as une identité propre, différente de la mienne. Il t'aide aussi à te situer sexuellement. Par sa présence, il t'apporte de la sécurité. Il incarne la loi et les limites à ne pas dépasser. Je me rends compte qu'il a une attitude très différente de la mienne vis-à-vis de toi. Comme s'il avait avec toi des activités qui « ouvrent » sur l'extérieur, quand j'ai tendance à être plus « enveloppante ». Nos attitudes complémentaires me semblent donc toutes les deux nécessaires à ton épanouissement.

Pour assurer sa fonction paternelle, ton père a aussi besoin de mon soutien et de ma confiance. De nombreux pères se plaignent des critiques incessantes et décourageantes de leur femme dès qu'ils tentent de s'occuper de l'enfant. Elles trouvent souvent qu'ils ne font pas « comme il faut » tout simplement parce qu'ils ne font pas comme elles. Ils finissent par abandonner. Peut-être manquent-ils de persévérance, mais il faut reconnaître qu'ils ne sont pas toujours, voire pas souvent, soutenus par leur épouse.

La place du père

Avec l'arrivée d'un bébé, on apprend à être trois, tout en respectant l'intimité entre deux. Il est important de laisser de l'espace à la relation entre le père et son bébé. La maman n'a pas à juger la façon dont le papa s'occupe de son bébé sous prétexte que ce n'est pas « comme il faut » ou « pas comme elle ». Bébé n'a pas besoin d'une seconde mère, mais de ce que lui apporte son père. À commencer par une séparation du lien fusionnel avec sa mère qui permet une ouverture sur l'extérieur et une socialisation, un repère pour définir son identité propre et sexuée, une incarnation de la loi et des limites, un référent de l'énergie masculine…

Avec ton père, nous en parlons souvent tous les deux. Je lui demande régulièrement s'il se sent évincé, si mes remarques l'énervent ou le lassent. Je lui demande de me dire non ou de me dire stop. Je lui demande de ne pas se laisser écarter, de ne pas accepter tout ce que je serais prête à faire pour toi. Je lui demande de revendiquer à la fois sa place de père auprès de toi et sa place de mari à mes côtés. Avec beaucoup de vigilance et de discussions ouvertes, avec parfois quelques heurts, nous apprenons petit à petit à respecter la place de chacun.

Sept semaines.

J'ai depuis peu des visions pénibles au moment où je te prends dans mes bras. Très souvent, je me vois tomber avec toi ou bien je t'imagine tomber de mes bras. Cela devient très angoissant. Ces images sont présentes même quand je prends d'infinies précautions en te portant. À bout de nerfs, je finis par me remémorer un épisode que j'avais éludé de ma mémoire. Un matin, en me levant de mon lit avec toi dans mes bras, mon pied s'est pris dans les draps et je suis retombée sur le matelas. Tu n'as pas eu mal car j'ai retenu le poids de mon corps sur mes coudes. Mais, j'aurais aussi bien pu tomber par terre, à côté du lit. En repensant à cette chute bien involontaire, je suis prise de gros sanglots. Je laisse remonter les émotions fortes que cet événement a provoquées en moi. Je pleure de peur rétrospective. Je me sens ensuite beaucoup plus détendue. Après avoir ainsi évacué mes émotions, je ne suis plus jamais hantée par ces images de chutes. J'en déduis que des émotions vives, si elles ne sont pas évacuées, peuvent rendre plus difficile mon attachement et ma disponibilité pour toi. Difficile en effet d'être en réel contact avec toi quand des images s'intercalent entre nous deux.

L'attachement est un processus qui demande toute une série de deuils successifs. Pour rester attachée à toi qui fais tes premiers pas, je dois faire le deuil du petit bébé entièrement dépendant que tu as été et me relier à tout le positif de cette nouvelle situation. Rapidement, tu cesses de te blottir contre nous pour dormir. Tu es tellement curieuse que tu t'arc-boutes pour mieux voir ce qui se passe autour de toi. Avec ton père, nous nous sentons un peu nostalgiques de l'époque pourtant peu lointaine où tu te recroquevillais contre nous. Nous apprenons à faire le deuil de ce tout petit bébé pour mieux accueillir la petite fille que tu deviens. Il en sera de même à chaque étape de ta croissance. Il en sera de même quand tu cesseras de boire au sein, quand tu commenceras à aller à la crèche, à marcher, à parler, quand tu seras adolescente puis femme. Je dois éviter de m'accrocher à des regrets de ce que tu n'es déjà plus. Mentalement, je dois apprendre à accompagner ta croissance pour rendre mon esprit et mon âme à nouveau disponibles pour ce que tu es vraiment au moment présent.

L'attachement : un processus de deuils successifs

L'attachement est ma capacité à t'accueillir et à me réjouir de ce que tu es, à tout moment de ta vie. Je dois éviter de m'accrocher à des regrets de ce que tu n'es déjà plus, ni à ce que tu ne seras jamais. Mentalement, je dois apprendre à accompagner ta croissance pour rendre mon esprit et mon âme à nouveau disponibles pour ce que tu es vraiment au moment présent.

Je crois que l'attachement est un lien vivant, qui évolue avec le temps et avec ton développement. Je ne le considère pas comme un lien acquis une bonne fois pour toute. De la même manière qu'il pouvait exister ou non un décalage à la naissance entre mon bébé fantasmatique et mon bébé réel, ce décalage peut apparaître au fil de ta croissance. Je dois apprendre à me situer en permanence par rapport à toi. Si j'avais rêvé que tu marches à un an et que tu es encore à quatre pattes à dix-huit mois, comment est-ce que je vis cet écart? Comment j'investis affectivement mon enfant qui possède son propre rythme et ne correspond pas à mes « normes »?

L'attachement prépare le détachement. En étant attachée à toi, pour ce que tu es réellement, je serai plus tard heureuse de ton épanouissement, qui passera par ton autonomie et ton envol. Toi, plus tu vis ce bon attachement, respectueux de qui tu es, et plus tu intériorises une sécurité intérieure qui te permet l'autonomie.

Actuellement, tu es un petit bébé très entouré, mais parfois par des gens maladroits malgré eux. Je me rends compte combien j'étais moi-même maladroite avant de t'avoir, mon bébé. Maintenant, face à certaines réactions qui me semblent inappropriées, je deviens une vraie louve protectrice. Les attitudes sont de plusieurs ordres. Souvent on te prend pour un hochet et on te secoue comme un grelot. Certes on entend souvent dire que tu aimes être bercée. Plus que cela, les bercements semblent même participer à ton développement. Mais encore convient-il de s'entendre sur le terme bercer. Te bercer, mon bébé, c'est te permettre de retrouver les mouvements doux et réguliers que tu connaissais dans mon ventre quand je marchais, me levais ou bien respirais tout simplement. Donc, hormis si j'avais pris l'habitude de danser des rocks endiablés quand je t'attendais, je ne suis pas sûre que tu apprécies d'être secouée avec de petits mouvements vifs, comme on le voit encore si souvent. Bercer. En plus des mouvements doux, serrée contre ma poitrine, tu entends et retrouves les battements réguliers, familiers et apaisants de mon cœur. Il ne semble pas être le fruit du hasard si la grande majorité des mères bercent leur nouveau-né sur le côté gauche – celui du cœur –, qu'elles soient droitières ou gauchères (21). Outre la chaleur physique, tu te sens englobée et rassurée dans l'affection que je te témoigne.

Souvent, on n'aime pas qu'un bébé se mette à pleurer dans ses bras. On se sent rejeté par l'enfant et on le vit parfois mal. Dans ce cas, on est tenté de secouer le bébé de plus en plus fort pour essayer de calmer des pleurs qui vont crescendo. Je pense même que l'on cherche moins à calmer tes pleurs qu'à faire taire en soi cette douloureuse gêne, peur ou colère que tes pleurs provoquent. Or un nouveau-né ne tient pas encore bien sa tête, et son petit cerveau ne remplit pas encore sa boite crânienne. À l'extrême de ce processus existe ce que les médecins appellent communément le syndrome de l'enfant secoué: le cerveau cogne contre la boite crânienne et subit des lésions parfois irréversibles qui, dans les pires des cas, peuvent entraîner la mort (27). Dans ce cas, on agit souvent sous le coup de pulsions qu'on a du mal à maîtriser tant on ne supporte pas les pleurs de son enfant.

Une autre attitude très fréquente est d'agir envers toi de façon à avoir une réponse, tel un sourire. La façon la plus simple d'y parvenir, pense-t-on, est de te chatouiller. Les chatouilles font rire, c'est bien connu. Or, tu n'es pas un enfant de deux ans, capable de te défendre, de dire stop ou de partir. Tu es un nouveau-né totalement impuissant, qui ne peut pas parler, qui ne peut pas s'enfuir, qui ne peut que subir. Et, à mes yeux, tu subis littéralement ces mains immenses qui se précipitent sur tes côtes ou tes pieds.

Ton entourage semble parfois être aveugle aux signaux de ton corps. Tu es arc-boutée, les muscles de ton visage se crispent, ton regard se détourne. Tous les muscles de ton corps sont tendus à l'extrême. Or, quand on voit tes petits pieds s'agiter vivement sous les chatouilles, on en conclut que tu es chatouilleuse. On n'arrive pas à concevoir que tes pieds cherchent peut-être à fuir. J'arrête aussitôt ces gestes et je dis que tu me sembles trop petite pour les chatouilles. J'ai le sentiment, quand on agit ainsi, qu'on ne s'adapte pas à toi, à ton âge, à ce que tu aimes ou peux supporter. On agit pour soi-même, pour t'arracher un signe de reconnaissance. Quand j'agis pour toi, j'ai plutôt envie de voir ton petit corps se détendre sous des gestes délicats. Cette détente de plénitude vaut tous les sourires du monde.

Certes, ce point de vue correspond à ma tentation naturelle de te protéger et de t'envelopper de douceur mais pas à une réalité absolue. Je m'en aperçois grâce à ce même entourage ! À peine passée le stade du tout nouveau-né, tes oncles et tantes osent spontanément des jeux plus vigoureux avec toi (comme te porter en l'air et te donner l'impression de tomber vite). Et, à ma surprise, je te vois rire franchement ! Plus tu grandis et plus tu arrives à nous faire comprendre ce qui te plaît. Tu sembles chercher à prolonger ces jeux qui t'amusent. C'est toi, là encore qui nous guide. Petits à petits, ces personnes bienveillantes autour de moi m'aideront à lâcher l'excès de protection dont je fais preuve. J'apprends progressivement à leur faire confiance ainsi qu'à toi pour trouver les interactions qui vous conviennent. Heureusement que tu ne vis pas uniquement avec ta mère et que tu as la possibilité de créer d'autres liens, complémentaires donc forcément enrichissants. Comme une fenêtre additionnelle qui s'ouvre sur le monde.

Ces jeux qui te font rire sont très positifs, et même « thérapeutiques ». Le rire peut être un très bon moyen d'apprivoiser tes peurs. C'est pour cette raison que le jeu du cache-cache te fait tant rire : tu vis en jeu la situation d'absence de tes parents, qui dans la réalité provoque chez toi tant de peur. Mais il est alors indispensable de bien observer tes signaux. Il est très facile de franchir un stade au-delà duquel on provoque à nouveau de la peur. Si on reste caché trop longtemps, tu vis à nouveau l'absence de ton parent comme une absence angoissante. Par l'intermédiaire de ces jeux, on te fait rire pour toi-même et non pour obtenir un signe de reconnaissance.

Souvent également, on te noie sous un flot de paroles ou de moqueries. Ta coiffure et tes cheveux indomptables, entre autres, semblent une source inépuisable. J'ai le sentiment qu'on parle ou qu'on se moque car on ne sait pas se comporter autrement face à un si petit bébé. On ne sait pas quel ton ou quel geste adopter.

Aujourd'hui, en te découvrant au jour le jour, je pense que la meilleure façon d'entrer en relation et en communication avec toi est d'utiliser tes signaux. Tu regardes intensément toute nouvelle personne. Et bien, pourquoi ne pas plonger nos yeux dans les tiens avec la même intensité ? Cette communication intime et étroite se passe de toute parole. Nous pouvons te dire bonjour, te souhaiter la bienvenue dans notre monde, accueillir ta coiffure ou ton sourire sans jugement. Nous pouvons te caresser la joue ou bien tenir ta main minuscule dans notre main. Nous pouvons tout simplement être attentifs et accueillir ce que tu es et ce que tu exprimes.

Communiquer avec bébé

En attendant que tu utilises notre langage, nous pouvons entrer en relation et communication avec toi en utilisant tes signaux : un regard tendre, une caresse douce. Ton corps se détend sous des gestes délicats. Prenez le temps de ressentir physiquement l'émotion que vous procure un moment d'intimité avec votre bébé.

Huit semaines.

Ce matin, tu dis ton premier *Ah-euh*. Trois jours plus tard, tu nous offres ton premier *Areuh* académique. Depuis quelques temps, tu gazouilles et fais de longues vocalises, comme si tu étais toi-même surprise des sons que ta voix est capable d'émettre. Mais devant ces nouveaux « mots », j'ouvre de grands yeux ou plutôt de grandes oreilles. Cela peut paraître naïf, mais je ne savais pas l'origine du areuh prononcé par tous les parents de France. J'étais proche de trouver cela un rien ridicule. Je ne soupçonnais pas que ce mot venait du bébé lui-même. Spontanément, je répète après toi les sons que tu émets. Visiblement, cela te touche et te plaît : tu te sens comprise. Je me réjouis de tes progrès qui m'apparaissent fulgurants pour une si petite fille. Tu ne connaissais rien de notre monde il y a encore quelques semaines. Maintenant, tu es plus alerte face au monde qui t'entoure. Tu découvres ton environnement et toi-même. Tu passes des heures à frotter tes pieds l'un contre l'autre, comme si tu essayais de comprendre par le toucher ces drôles de choses éloignées de tes yeux qui pourtant semblent faire partie de ton corps. Tu sembles être dans une nouvelle phase d'apprentissage.

Accompagner l'enfant dans ses découvertes et réalisations.

Il n'est pas toujours évident d'accueillir tes progrès sans guetter en permanence le stade suivant, sans en vouloir toujours plus. Je sais que l'apprentissage est un immense jeu de ton point de vue. Tu prends plaisir à apprendre quand tu apprends en jouant. Autant que le résultat fini, c'est l'expérience, la réalisation, le moyen d'y arriver qui t'intéresse et te stimule. En tant qu'adulte, nous sommes ravis de contempler un objet fini. Toi, tu sembles être plus intéressée par l'objet si tu l'as construit toi-même. Ton succès est d'utiliser tes connaissances et tes compétences pour faire progresser l'ouvrage. Pour cette raison, tu me montres clairement que cela te fait rarement plaisir quand je termine à ta place un jeu ou une manipulation sous prétexte que tu n'y arrives pas seule. J'essaie plutôt de t'accompagner dans tes propres manipulations, sans me substituer à toi. Ma tentation d'intervenir ou de faire à ta place est pourtant grande quand tu pleures de ne pas y arriver. Or je prends vite l'habitude de te demander si tu veux de l'aide avant d'intervenir : j'ai plusieurs fois la surprise d'entendre ton refus alors que tu hurles de frustration. Quelques minutes après, grande est ta fierté si tu as réussi seule ! Dans le cas contraire, j'accueille simplement ta demande d'aide sans te le faire sentir comme un échec.

Malheureusement, à la recherche de résultat souvent imposée par les parents s'ajoute la notion de compétition, développée par la société et l'école. Tes résultats sont importants, mais ils doivent aussi être meilleurs que ceux de tes camarades. Au lieu de la collaboration, tu apprends la compétition. Le stress des classements d'école et de la comparaison fait vite oublier le côté ludique de l'apprentissage, côté pourtant indispensable à ta motivation et à ta curiosité.

Quand on t'offre un nouveau jouet, mon bébé, il est tentant de prendre ta petite main et de t'indiquer où appuyer pour déclencher le klaxon ou la lumière. On oublie que tu te fiches pas mal d'utiliser le jouet dans les règles de l'art. Certes, je t'accompagne dans la découverte du jouet afin de donner du sens à tes manipulations, mais à ton rythme et selon ton envie. Je ne vois pas d'inconvénients à ce que tu ne suives pas scrupuleusement le mode d'emploi. Ce qui m'importe, c'est que tes manipulations te plaisent, quelles qu'elles soient. J'accueille également tes erreurs comme un élément normal et sans gravité d'un processus d'apprentissage. Je préfère t'aider à intégrer que ta valeur n'est pas remise en cause par un échec. Je n'ai pas l'intention de faire de toi un singe savant. Je ne suis pas très tentée par les « Allez, montre ce que tu sais faire ». Je préfère que tu laisses à qui veut bien t'observer le soin de découvrir qui tu es.

L'importance d'une motricité libre.

J'essaie au maximum de suivre ton propre rythme de développement moteur. À trois mois, tu fais de grands efforts pour te retourner sur le ventre. Nous sentons qu'il s'agit là d'un moment important pour toi. Nous t'encourageons et tu y arrives. Nous t'aidons juste à débloquer ton bras coincé sous le poids de ton corps. Par la suite, nous te plaçons souvent sur un tapis molletonné, posé sur le sol. Petit à petit, tu vas y apprendre à te retourner, à saisir des objets, à ramper. Je suis toujours surprise par l'air extrêmement sérieux que tu prends quand tu fais un mouvement seule. Tu sembles alors réaliser la chose la plus importante au monde. Et je sens que pour toi, à ton échelle, c'est effectivement ce qui est le plus important au monde à ce moment précis. Tu découvres ton corps, la coordination de tes gestes et l'autonomie. Tu es autonome puisque tu te tournes pour attraper les jouets qui t'intéressent. Tu ne dépends pas d'une autre personne pour jouer ou découvrir les mouvements de ton corps.

Selon Suzanne B. Robert Ouvray (25), ton développement harmonieux et autonome sur un plan moteur participe fondamentalement à ton équilibre. Elle précise: « Les éducateurs de jeunes enfants n'insisteront jamais assez auprès des parents sur l'importance d'une motricité libre qui laisse l'enfant expérimenter tranquillement, à son rythme, tous les mouvements intermédiaires qui permettent le passage entre les grandes postures, coucher, assis, debout. En s'aidant de ses genoux, coudes et vertèbres, le bébé rampe, marche à quatre pattes, s'assoit de différentes manières, exerce les rotations des ceintures scapulaire et lombaire. Il invente sa motricité. (…) La possibilité de se redresser en tant que sujet dans l'espace psychique dépend de l'intégration des différentes phases de redressement. » Je t'invite donc, mon bébé, à découvrir de toi-même les positions de ton corps. C'est ainsi que tu maîtrises la station debout avant la position assise que tu ne découvres qu'à onze mois.

Pour moi, il n'y a aucune urgence à ce que tu passes les étapes de ton développement moteur puisque je te sens très à ton aise avec ton corps. Souvent, on essaie pourtant de faire tenir son bébé assis rapidement, puis, on l'incite à se tenir debout et à marcher le plus tôt possible. On trouve cela valorisant, car souvent les stades précoces du développement moteur sont associés tout simplement à un enfant plus intelligent. À l'extrême, on arrive à la situation décrite par Suzanne B. Robert Ouvray : « Répondant au parent séducteur qui le désire précoce, fort, beau, l'enfant se retrouve perverti dans son développement psychomoteur. (…) On remarque que l'enfant développe des conduites motrices très en avance sur son âge, mais le train des affects ne suit pas. La demande parentale de réussite motrice se prolonge le plus souvent avec la demande de réussite scolaire. Les parents sont glorieux alors que l'enfant se construit avec un manque fondamental de confiance en soi et une grande dévalorisation interne. Il n'est pas reconnu pour lui-même mais pour ses actions. L'enfant sert de nourriture à son parent. Il se vide de soi pour remplir l'autre. L'enfant nourricier est beaucoup plus fréquent qu'on ne le pense. » (25) L'enfant n'est alors plus considéré comme une personne mais comme un objet, un objet de progrès, de valorisation, de satisfaction et de jouissance personnelles. Il n'est pas toujours facile de prendre conscience de ces objectifs personnels que l'on projette sur toi ou des qualités que l'on te demande. Je ne suis pas sûre de réaliser consciemment toutes les « attentes » que tu pourrais ressentir de ma part, même si je fais beaucoup pour en prendre conscience. J'ai la certitude que c'est à moi-même de gérer ce que je serais tentée d'attendre de toi en terme de performance, et non à toi de les prendre en charge. Je te dis de temps en temps que tu as le droit d'aller à ton rythme et d'être toi-même.

Spontanément, si on te permet de te développer à ton rythme, tu vas probablement passer par un stade où tu vas ramper. Ce stade semble pouvoir jouer un rôle dans le processus d'apprentissage d'une façon générale. En effet, pour réaliser le mouvement complet qui constitue l'action de ramper, tu es obligée d'avoir recours aux deux hémisphères de ton cerveau. Tu apprends à faire collaborer tes deux hémisphères pour une même action, donc à utiliser toutes tes capacités. Ce schéma d'apprentissage te devient ensuite naturel pour les stades ultérieurs de ta croissance, à commencer par l'acquisition du langage. Face à toute situation nouvelle, et donc toute situation d'apprentissage, tu auras, d'abord enfant puis adulte, spontanément recours à tout ton potentiel (38).

De moins en moins d'enfants ont le loisir de ramper. Les équipements modernes ne vont pas dans ce sens puisque aujourd'hui de nombreux bébés passent une grande partie de la journée dans des sièges auto à dossier rigide utilisés comme transats malheureusement inappropriés. Suzanne B. Robert Ouvray le précise en ces termes : « Les parents doivent privilégier le mouvement d'enroulement inné chez leur enfant jusqu'à ce qu'il puisse se retourner seul dans son lit, généralement vers l'âge de trois mois. (…) Trop de bébés de trois-quatre mois sont déjà assis dans des sièges durs, alors qu'ils n'ont pas intégré la position enroulée qui leur permettra un bon redressement. Normalement, les mouvements de flexion et d'extension sont initiés par la tête. Une rigidité des muscles du dos empêche ce mouvement fondamental qui débute toute action vers l'avant. Quelque chose retient le sujet d'être complètement soi. L'immobilité des membres inférieurs due à une hyper tonicité empêche l'enfant de découvrir que ses pieds sont une partie de son corps. » (25)

De même, les jouets modernes font preuves d'innovation spectaculaire incessante. Les publicités en leur faveur soulignent l'importance de te stimuler, mon bébé, pour t'aider à t'éveiller sur le monde. Or, toute petite, tu reçois une foule d'informations et donc de stimulations sensorielles (visuelles, auditives, olfactives, tactiles et gustatives) que tu dois comprendre et trier. L'univers entier que représente ton environnement proche se déverse sur ton cerveau immature. Il n'est alors pas utile que je te noie sous une foule de jouets, surtout avant l'âge de trois mois. Je crois qu'il est plus judicieux de t'observer et de me laisser guider par toi (26) (27) (34). Il ne s'agit pas de ne plus te stimuler, mais de te stimuler en fonction de ton âge et de ta sensibilité : ni trop, ni trop peu. C'est toi qui m'indiques les jouets qui te plaisent en fonction de ton stade d'évolution. Tu es moins intéressée par un objet silencieux au moment où tu découvres qu'agiter un hochet fait du bruit. Je te propose alors des objets aux sonorités différentes. Je laisse à ta portée des jouets, parmi lesquels tu peux choisir assez vite celui qui te convient.

Je ne cherche pas non plus à me transformer en animatrice de camps de vacances pour toi. Je ne cherche pas à agiter sans cesse un hochet sous tes yeux, à te parler ou à te stimuler sans répit. À quelques mois, tu es capable, si nous prêtons attention à tes signaux, de nous solliciter et d'indiquer quand tu souhaites être stimulée et jouer avec nous ou bien quand tu souhaites t'arrêter. Il me semble que la peur que tu t'ennuies est une fausse peur. Je pense que toi aussi, tu as parfois besoin de moments calmes dans la journée. En tant qu'adulte, nous pouvons être étourdis par un interlocuteur intarissable ou une activité soutenue. Nous pouvons donc imaginer qu'il en est de même pour toi, si petite encore, dont l'attention et la concentration sont déjà fortement sollicitées par la découverte du monde. Et de mon côté, j'ai plus envie de représenter une base affective stable et chaleureuse que le clown de service. D'autres personnes de ton entourage seront autour de toi pour prendre ce rôle de partenaires de jeu. Je joue donc régulièrement avec toi, mais sans t'imposer un rythme intensif.

TROISIÈME MOIS

Neuf semaines.

Lors de la visite chez le pédiatre, le médecin nous parle des vaccins. J'ai envie de donner un sens à cet acte médical et de peser l'intérêt de chacun d'entre eux par rapport à ton contexte, tes risques et tes antécédents familiaux. Je souhaite, pour toi et tout ce qui te concerne, agir avec discernement.

Je découvre qu'être parents, être responsable d'un petit être comme toi, c'est aussi être responsable tout court. Et être responsable, c'est être critique. Je refuse d'être crédule. Je veux me faire ma propre opinion sur ce que je pense être bon ou non pour toi. Des questions que je ne me posais pas pour moi, j'apprends à les poser pour toi. J'ai tellement envie de te protéger et que tu te sentes en sécurité.

J'essaie de devenir une « bonne mère » pour toi. Quand tu es malade, j'essaie de me rendre disponible d'esprit mais également de corps : je te tiens contre moi des heures entières. J'ai le sentiment que le réconfort du contact physique t'aide physiquement à lutter contre la maladie. Bien sûr, j'essaie d'être autant présente quand tu es en bonne santé. Je ne pense pas que cela serait agréable et constructif pour toi de voir tes parents déployer de l'énergie uniquement quand tu es malade et as concrètement besoin d'aide. Tu as besoin que nous t'accompagnions en permanence.

Être mère. C'est toi aussi qui fait de moi une mère. En t'observant, en t'accompagnant dans ta croissance, je suis amenée à me poser des questions sur ce qui est le mieux, à mes yeux, pour toi. J'essaie de donner un sens à ce que je fais vis-à-vis de toi. Par exemple, si je vais voir un médecin, j'essaie d'identifier si j'y vais pour toi, parce que ton état de santé l'exige, ou, si j'y vais pour moi, pour me rassurer sur ta santé. Je te dis ce qu'il en est. Les gestes et les paroles deviennent plus cohérents à tes yeux si je te les explique avec authenticité et sincérité. Je crois que tu es sensible à l'harmonie que dégage toute chose cohérente et sensée. Tu comprends au-delà des mots l'harmonie entre les actes et les paroles, entre les actions et la sérénité intérieure de la personne qui agit. En cherchant à donner un sens à mes actions, je cherche aussi à me sentir en harmonie avec elles, c'est-à-dire à éviter tout sentiment de culpabilité, de honte, de gêne que tu ne manquerais pas de détecter instantanément.

Petit à petit, tu m'apprends également à devenir une « bonne mère » pour moi-même. Ce que je refuse de t'imposer, je n'ai aucune raison de me l'imposer à moi-même. Nous apprenons à prendre plus soin de nous en parallèle. Même si je fais peut-être parfois des erreurs, je crois que tu ressens l'énergie que je mets à te protéger et que tu te nourris aussi de cette énergie.

Difficile d'être une « bonne mère » et de bien réagir face à toi. Comment t'aider à devenir une fille équilibrée et bien dans ta peau ? Question légitime quand on est parent. Nous nous demandons comment faire et surtout comment être, dans la relation avec toi. Quels pourraient être les cadeaux d'une « bonne mère » à son enfant ? Le regard inconditionnel, l'amour inconditionnel, la main rassurante qui soutient le bas du dos, la sécurité, la chaleur, la disponibilité dans la relation, la proximité physique et les bisous, la confiance en son enfant, la qualité de la communication et bien d'autres choses encore.

J'ai le sentiment que si tu me vois agir en « suffisamment bonne mère », attentive, sécurisante et bienveillante, tu vas intérioriser ces choses positives. J'ai le sentiment que tu vas garder en toi de bons repères et une bonne intuition et, avec eux, la capacité de choisir ce qui est bon pour toi et de te protéger quand tu seras autonome. Oui, j'espère que tu auras alors un « bon guide » en toi.

❧ Dix semaines.

De mes bras dans le bus, tu observes attentivement tout ce qui t'entoure. Un homme s'approche et nous regarde. « Il est beau votre bébé. Il a des yeux plus beaux que les vôtres. » Je lui réponds : « Tant mieux, c'est que cela va dans le bon sens. » En tant que parent, j'accepte de pouvoir être dépassée par toi. Je me sens plus participer au grand cycle de la vie si je te vois aller plus loin que moi, faire plus de choses, t'élever par rapport à moi. J'ai envie de te faire profiter de ce que j'ai peut-être mis des années à découvrir. Je ne suis pas là pour te limiter à ce que je suis, mais pour t'aider à développer ton potentiel personnel. Tant mieux si ce potentiel te permet « plus ».

Le cycle de la vie. Mes parents m'ont donné la vie. Pouvoir donner à mon tour à mon enfant, pouvoir t'aider dans ton apprentissage et dans ton épanouissement personnel est ma façon de les remercier de ce qu'ils ont fait pour moi. Je mets toute mon énergie vers toi, vers le futur. C'est à mes yeux cela la transmission de la vie.

Je prends conscience de ce que représente une génération. Il m'est difficile de me représenter l'enfance et l'adolescence de mes propres parents. J'ai tendance à extrapoler à leur époque mon contexte matériel et psychologique. Je réalise que toi, ma fille, tu vas vivre autre chose que moi, lié aussi à ce décalage de trente ans. Tu nais avec Internet quand je peine avec l'informatique, tu nais avec l'euro quand je me moquais gentiment des problèmes de conversions des anciens en nouveaux francs de mes parents. Des éléments qui sont apparus progressivement dans ma vie deviennent ton contexte et ton époque. Ce avec quoi tu vas grandir.

Onze semaines.

Des amis m'observent avec toi. Ils ne semblent pas toujours me comprendre. À leurs yeux, j'exagère. Je prête beaucoup d'intelligence, de sensibilité à un si petit bébé. J'invente ton point de vue. Ces théories ne sont que des hypothèses non prouvées. Certes, si je m'appuyais uniquement sur mes observations personnelles de jeune mère d'un unique enfant, les preuves pourraient sembler minces. Mais de nombreuses observations d'enfants et des répercussions dans la vie d'adulte des événements de l'enfance par des spécialistes et des psychothérapeutes vont dans ce sens et tendent, selon moi, à être des preuves tangibles. Vivre au quotidien cette approche vis-à-vis de toi ne fait que nous conforter dans notre choix. Nous découvrons une petite fille sereine, éveillée, souriante, curieuse, énergique.

Dans l'esprit des personnes sceptiques, enfant, tu t'adaptes à tout. À trop te donner d'importance, tu attrapes la grosse tête, tu deviens capricieuse, invivable. Tant qu'on ne se penchera pas plus sérieusement sur les travaux de certains spécialistes qui révolutionnent la compréhension de ton développement psychique, effectivement ces théories apparaîtront toujours sans fondements réels. Je pense qu'après vingt ou vingt-cinq ans de recherche, d'analyses et d'études auprès d'enfants devenus adultes, ces spécialistes savent ce qu'ils avancent. Ils peuvent dire que ces jeunes adultes qu'ils suivaient bébés ne sont pas les êtres odieux que l'on avait prédits. Nous avons la chance de pouvoir être parent en fonction des connaissances de notre époque, encore faut-il y accéder. Les mentalités évoluent bien plus lentement que les découvertes actuelles et leur diffusion.

Bien sûr que tu t'adaptes. Tu as cette capacité extraordinaire de t'adapter. Tu t'adaptes parce que c'est vital pour toi. Pour te garantir l'amour. Tu peux apprendre à ne jamais pleurer ni exprimer tes émotions, tu peux apprendre à répondre au désir – de bons résultats scolaires ou tant d'autres – de tes parents, tu peux t'adapter à ce qu'on te demande. Mais plus tu t'adaptes et moins tu es toi-même, plus quelque chose se tort au fond de toi. Tu vas mettre toute ton énergie à répondre à un désir qui n'est pas le tien, à chercher à plaire à tes parents qui attendaient l'enfant idéal rêvé, à refouler tes émotions. Tu auras moins d'énergie pour t'épanouir telle que tu es et non telle que tu devrais être pour tes parents. Tu n'auras pas accès à tout ton « potentiel », car une partie de ce potentiel sera monopolisé pour t'adapter et pour contenir les émotions violentes. Tu fais face aux événements du mieux que tu le peux, avec ton petit bagage physique et psychique du moment. Dans ces vécus précoces, ton inconscient renforce des croyances erronées, des comportements ultérieurs ou des scénarios qui guident ta vie jusqu'à ce que tu les libères.

Tu es un petit d'homme avec de grandes capacités émotionnelles. En tant qu'adulte, nous oublions trop souvent le regard neuf et naïf qu'un bébé pose sur notre monde, nous oublions le besoin vital d'amour et de reconnaissance pour ce que tu es vraiment. Il est plus facile de dénigrer ce point de vue que de le tenter. Il est facile, avec notre compréhension d'adulte, de te transformer en un être habité de pulsions mauvaises, en un être vicieux et manipulateur. Je préfère admettre que tu possèdes une grande sensibilité et un « bon fond ».

Il y a quarante ou cinquante ans, on pensait que tu ne voyais pas et n'entendais pas à la naissance. Cela semble maintenant aberrant puisqu'il suffit de te voir, tout nouveau-né, nous suivre des yeux ou sursauter au moindre bruit pour être convaincu du contraire. Aujourd'hui, il faudrait simplement te regarder avec un regard neuf. En observant tes réactions, il devient évident que tu as une grande sensibilité émotionnelle. Sinon, c'est que nous sommes aussi aveugles que ceux qui te refusaient la possibilité d'entendre ou de voir.

Douze semaines.

Pour la première fois, tu saisis un objet avec ta main. Tu sembles mieux maîtriser les mouvements de ton corps qui deviennent plus fluides. Tu exprimes de mieux en mieux ce qui te convient ou pas. Ton caractère, bien affirmé me semble-t-il, émerge progressivement. Parfois, cela m'inquiète un peu. Arriverons-nous à faire cohabiter nos caractères ? Arriverai-je à te guider respectueusement mais fermement dans les limites qui délimiteront ta liberté ? Comment agir à la fois avec autorité et respect ?

La notion du respect de l'enfant est aujourd'hui relativement acceptée. On sait qu'il est nécessaire de respecter son enfant sous peine d'entraver son équilibre psychologique. Je crois que cette notion bien réelle a été souvent mal interprétée. Elle est devenue le culte de l'enfant roi que l'on ne doit jamais contrarier. Aujourd'hui, face à la montée de la violence chez les jeunes, on est un peu désemparé. On entend dire que les enfants n'ont plus de repères, ne respectent plus rien.

Je ne pense pas que te respecter, mon bébé, soit tout te permettre et ne jamais te contrarier. Les limites constituent des repères structurants. D'après Jacques Salomé, il est très utile de différencier tes besoins de tes désirs. En tant que parent, je dois satisfaire tes besoins, car ils sont vitaux pour toi. À l'inverse, quand tu exprimes un désir, une envie, je n'ai pas l'obligation d'y répondre. Mais il est alors important que je reconnaisse l'existence de ton désir. Tu as besoin d'être reconnue dans ta frustration, ta douleur et ta colère quand tu te heurtes à ces limites. Nous pouvons t'interdire quelque chose, tout en t'expliquant les raisons et tout en respectant ton désir et l'émotion que cette interdiction fait naître en toi. « Non, tu ne touches pas cet objet, il est dangereux. Oui, tu voulais le prendre et tu es frustrée, mon bébé », « Je vois que tu as envie de cette poupée, mais je ne vais pas l'acheter. C'est vrai qu'elle est belle, je comprends que tu en aies envie. Tu as le droit d'être en colère ou déçue. » Il y a des règles dans une maison, au même titre qu'il y a des règles dans une société. Tu vas apprendre que ta liberté connaît des limites. Je pense sincèrement que nous pouvons t'expliquer et te donner ces limites tout en respectant tes désirs et tes émotions. Cela demande d'apprendre à assumer tes crises de larmes de frustration (31).

Quand je constate que tu n'obéis pas à ma demande ou mon interdiction (surtout à l'âge difficile de deux à trois ans), la première question que je me pose est « Est-ce qu'au fond, intimement, je suis moi-même convaincue du bien fondé de ma demande ou de l'interdiction ? » En d'autres mots, est-ce que je crois en ce que je dis. Si, tout au fond de moi, ce que je dis ne me semble finalement pas si essentiel ou important, tu es la première à le ressentir et à t'engouffrer dans la faille. La conviction intime est une excellente aide pour une autorité ferme et sereine.

Pour les interdictions ou les refus, j'essaie aussi, dans la mesure du possible, de trouver le compromis entre ton besoin et le mien. J'essaie de distinguer le sens de tes actions :

si tu laisses tomber des petits objets de ta chaise haute, je ne te l'interdis pas si je sens que tu observes attentivement leur chute et que tu sembles découvrir la gravité terrestre. Il en serait différemment si tu étais plus âgée et si je sentais que tu cherchais à me tester ou à braver une interdiction déjà émise.

Parfois, il peut être déconcertant d'avoir à t'interdire le même comportement plusieurs fois. Je pourrais finir par penser que tu agis volontairement, par provocation ou pour nous tester. Or, je peux admettre qu'il te faut du temps pour intégrer la permanence d'une règle établie. Et du temps pour apprendre à mobiliser ta volonté pour décider de respecter une règle (37). Nous nous armons donc de patience et te guidons à chaque nouvelle situation.

Quand malgré nos rappels, tu enfreins les interdictions, nous tentons avec ton père, quand c'est possible, de trouver une sanction qui te réinscrit dans les règles de la maison (tu nous aides à ranger ou nettoyer ce que tu as mis par terre, tu participes à laver la tapisserie dessinée, même si ta participation est symbolique…) au lieu de t'exclure (« va au coin »). Face à tes bêtises, nous nous demandons si tu savais que c'était interdit avant de te gronder : comment peux-tu savoir qu'il ne faut pas dessiner sur le mur si nous ne te l'avons jamais dit ? De même, nous essayons de différencier ce que tu fais de ce que tu es : dire « Tu es nulle » à un enfant correspond à assimiler sa valeur à ce qu'il fait et risque de saper sa confiance en lui. Or une bêtise peut parfois dévoiler de grandes qualités d'être : la créativité ou l'audace par exemple ! !

Etre parent, c'est, à mes yeux, t'aider à trouver le juste équilibre entre ta créativité par la liberté que l'on te laisse et ta volonté par les limites que l'on t'impose. Nous sommes légitimes à être autoritaires pour faire respecter des règles, à partir du moment où les règles ont un sens et ne sont pas arbitraires. Mais, le sens même du terme autorité me semble parfois mal interprété. Il est régulièrement confondu avec le pouvoir, le contrôle et la violence. Pour moi, faire preuve d'autorité n'est pas te frapper. Ce n'est pas non plus te contrôler. On est tenté d'entrer trop souvent dans de véritables bras de fer avec toi, car on pense que l'enfant qui résiste est mal élevé et dévoile notre manque d'autorité. On se sent rassuré quand on a le contrôle de la situation.

> L'autorité n'est ni le pouvoir, ni le contrôle, ni la violence.

Pour moi, l'autorité ne s'exerce pas dans certains domaines. T'obliger à finir ton repas n'est en aucun cas faire preuve d'autorité. Chacun y perd de l'énergie pour un enjeu qui n'a finalement pas d'intérêt. Ce n'est pas cela, je pense, qui détermine la qualité de l'éducation dispensée par des parents. Obliger quelqu'un à manger m'apparaît un acte de violence sur un corps. C'est à mes yeux un abus de pouvoir.

De même, me battre pour t'imposer d'acquérir la « propreté » ne me convient pas. Tout d'abord, ce terme me semble inapproprié car si, à deux ans et demi, tu portes encore des couches, tu sais te laver seule et réclamer des habits propres : tu as une très bonne idée de ce qu'est la propreté et ne pourrais pas comprendre ceux qui affirment que tu n'es pas « propre » ! Rien ne sert de s'acharner avec le pot avant tes deux ans : tes sphincters ne sont pas matures. Je n'obtiendrais qu'un réflexe conditionné au lieu d'un apprentissage d'une fonction corporelle. Je te laisse prendre conscience de tes selles (tes commentaires m'informent du degré de compréhension), jouer avec le pot (parfois, tu fais semblant et es très fière de ce résultat… invisible). Quand, tu réclames quasi systématiquement le pot, je t'achète des culottes pour te montrer concrètement l'avantage en terme de confort. Tu les enfiles d'abord sur tes couches, et abandonne la couche de ta propre initiative. Tu maîtrises tes sphincters du jour au lendemain, et dix jours plus tard, tu dors sans couche. Je dédramatise les très rares accidents et respecte un retour en arrière pour te rassurer. En respectant ton rythme et sans jamais insister sur le pot, tu as acquis rapidement, à un peu plus de deux ans et demi, la maîtrise de cette fonction sans heurts, sans bagarres, sans tabous.

L'autorité n'est pas d'user de mon pouvoir et de me sentir « gagnant » par rapport à toi si toi, tu te sens « perdant », sans avoir compris l'intérêt ou le sens de suivre la règle arbitraire émise. Nous sommes parfois perturbés dans la recherche de cet équilibre par des règles émises par les professionnels de l'enfant. Par exemple, pour sevrer un bébé, on conseille de remplacer une tétée, généralement celle de l'après-midi par un biberon, et ceci pendant cinq jours. Après ce délai, on peut à nouveau remplacer une tétée supplémentaire par un biberon.

Quand tu as quatre mois et demi, je me lance dans le sevrage. Or, à ma surprise, tu refuses le biberon. Comme tu ne réagis pas comme dans les livres, je suis tentée de te forcer à boire le biberon. Cela n'aurait aucun intérêt. D'une part, je me réjouis qu'à cet âge si précoce, tu sois capable de me dire non. Tu as suffisamment de sécurité intérieure et de confiance en toi pour oser refuser un biberon, sans savoir si je te donnerai autre chose à manger. Tu acceptes de prendre des risques. J'admire en cela ton comportement. De plus, je reconnais ton point de vue : tu es habituée au sein de ta maman, un sein doux et chaud à l'odeur si agréable. Rien ne t'assure que si tu bois ce biberon, tu retrouveras un jour le sein maternel. Plutôt que de me battre, je te donne le sein. Je ne considère pas cela comme un échec pour moi et une victoire pour toi. Nous ne sommes pas engagées dans une lutte d'intérêts. Je te présente à nouveau un biberon aux tétées suivantes. Tu refuses, puis en bois un peu du bout des lèvres. Je te laisse jouer avec le biberon, l'attraper, le repousser avant de finir ton repas au sein. Petit à petit, tu acceptes d'en boire un peu plus, jusqu'à un biberon complet. Tu passes ainsi en douceur à l'allaitement mixte. J'adopte ton rythme et m'évite des énervements ou questions inutiles. J'apprends ainsi que tous les enfants ne répondent pas aux mêmes sollicitations.

De même, pour diversifier l'alimentation, certains préconisent de te faire goûter la carotte avant le biberon, pour profiter d'un moment où tu as faim. D'autres, plus respectueux, préfèrent d'abord te donner le biberon, car, rassasiée, tu es plus disponible pour découvrir quelque chose de nouveau. Je te donne les premières purées dans un but ludique de découverte bien plus que dans un but alimentaire. Dans cet état d'esprit, la diversification alimentaire devient un plaisir et non l'élaboration de stratagèmes laborieux (16) (41).

Poser des limites : un rôle structurant.
Comment agir à la fois avec autorité et respect ?

Je ne pense pas que te respecter, mon bébé, soit tout te permettre et ne jamais te contrarier. Tu as besoin de repères et de limites structurantes. Il est important que je différencie tes besoins de tes désirs. En tant que parent, j'ai le devoir de satisfaire tes besoins (besoins physiques et psychiques : de dormir, de te nourrir, de sommeil, de protection, d'amour...). À l'inverse, tes désirs ne doivent pas forcément être satisfaits, mais ils doivent être systématiquement reconnus. Tu as le droit d'avoir envie. Si je reconnais ce qui te fait envie, une partie de toi existe aux yeux de ta maman et te permet d'entendre plus facilement mon refus. Souvent tu réagis plus pour te sentir exister et reconnue que pour posséder l'objet de ta convoitise (31).

Tu as besoin d'être reconnue dans ton vécu quand tu rencontres une limite. Nous pouvons t'interdire quelque chose en valorisant ton désir et en respectant ton émotion. Les parents craignent parfois d'augmenter la frustration s'ils parlent avec l'enfant de ce qu'il souhaitait. Or, c'est l'inverse qui se produit. Par exemple, quand tu veux refaire un tour de manège :

« Je t'avais dit que c'était le dernier tour, donc c'est fini. Mais je vois bien que tu aimes le manège et que tu voudrais refaire un tour. Quel animal tu aimes sur ce manège ?

– Le cheval !

– Le cheval ? C'est vrai qu'il est beau. Moi aussi, j'aimerais aller dessus. Tu lui fais un coucou et tu iras dessus la prochaine fois. » Reconnu dans ton attirance pour le cheval, tu te sens exister et t'apaises. Tu acceptes d'autant mieux le non.

En tant que parent, je peux te dire non sans avoir toujours à t'en justifier les raisons, ni à te convaincre : « Je refuse, et tous les papas et les mamans du monde disent la même chose que moi » ou bien « Je comprends que tu voulais autre chose, mais ça, ce sont les papas et les mamans qui décident ». Car, parfois, quand je te donne les raisons du non (finance, temps disponible, organisation…), tu te mets alors à rechercher pour nous une autre solution ! D'une part, tu te charges de responsabilités qui peuvent être trop lourdes pour toi, et d'autre part, trouver une solution n'est pas notre objectif de parent dans ce moment-là.

Il est important, pour la vie en famille puis en société, que tu apprennes que tu n'es pas tout puissant. Les adultes n'ont pas à être soumis à ta volonté. Tes parents sont là pour te guider. T'apprendre à gérer ta frustration et à canaliser ta volonté te sera utile par la suite. Mais pour l'apprendre, tu passes par des détresses, des larmes et des cris que nos décisions de parents peuvent faire naître en toi. En tant que parent, je ne peux pas l'éviter. Je peux par contre me sentir dans l'empathie et être présente chaleureusement.

Je n'ai pas à avoir peur que tu ne m'aimes plus, même si dans ce moment-là tu me lances un « Je te déteste ». Tu vis chaque chose intensément, mais tu continueras à m'aimer. Il est alors important que je puisse maintenir mon refus ou mon interdiction, calmement mais fermement, tout en respectant les sentiments de frustration et de colère que ce refus peut faire naître en toi. Respecter ton ressenti et tes larmes, c'est te respecter en tant que personne… sans tout t'accorder en tant qu'enfant.

Tu accepteras aussi mieux les non, si nous te disons oui à certaines de tes propositions. À moi de vérifier ma proportion à dire non par rapport aux oui que j'accorde.

Enfin, un enfant se construit aussi en refusant, en disant non, par opposition à ses parents. On dit souvent que pour apprendre à dire un vrai oui sincère, il faut savoir dire non. Autant éviter les bras de fers inutiles quand tu me dis non mais collabores dans tes gestes.

Il est important aussi de ne pas prendre au pied de la lettre tous tes mots d'enfants : « T'es méchant » n'est pas à considérer comme une insulte mais comme une émotion qui se dit maladroitement. Un petit enfant agressif ou qui se fait remarquer en permanence est peut-être avant tout en état de besoin. Les marques d'amour des parents peuvent être plus apaisantes et constructives que le crescendo de sanctions que de telles attitudes ne manquent pas de provoquer.

Être parent dans le respect de son enfant, c'est également, pour moi, accepter d'adopter ton point de vue sur notre monde. Quand tu découvres la marche à quatre pattes, après des mois d'immobilisation, tu peux enfin t'avancer vers les objets qui t'intéressent. Tu as une soif de découvertes. Or, tant que la pièce n'est pas adaptée pour tes explorations, les prises électriques, les objets fragiles, les angles de tables basses, les objets en équilibres instables sont autant de pièges et de dangers. Si nous commençons à te dire ou crier « non » à chaque fois que tu cherches à toucher quelque chose, tu vas trouver ton exploration moins engageante. Mais si, dès que tu explores quelque chose, tu te fais gronder, la découverte du monde va s'associer à un non magistral et décourageant. Au lieu de croire que tu es insupportable à vouloir sans cesse toucher ce qui est dangereux pour toi, nous choisissons d'aménager la pièce en fonction de toi et de ta mobilité. En retirant les objets dangereux ou fragiles et en condamnant certains endroits, nous réduisons d'autant nos interventions. Tu es libre de te déplacer mais tu comprends qu'il y a des limites. Comme celles-ci ne sont pas permanentes et omniprésentes, tu les respectes d'autant plus facilement. Tu sembles prendre confiance en toi dans ton exploration. Les limites ne sont pas très faciles à poser et nous sommes parfois tentés de les abandonner face à ta persévérance ou à ton air enjôleur. Mais nous nous accordons avec ton père pour nous tenir à une interdiction. Je me dis que tu aurais du mal à comprendre pourquoi quelque chose est interdite un jour mais pas le lendemain.

Je me rends compte également qu'il est plus efficace de formuler les limites de façon positive – quand c'est possible ! Curieusement, tu sembles spontanément intégrer les mots-clés d'une phrase sans prendre en compte les négations. Si je te dis : « Ne dessine pas sur la moquette » ou « Ne mets pas cela dans ta bouche », je te vois immédiatement faire la chose interdite ! Cela ne me semble pas être une provocation de ta part, car tu comprends et respectes très bien la même chose dite positivement : « Dessine uniquement sur la feuille ». Je constate que tu intègres mieux les règles quand elles sont exprimées ainsi.

QUATRIÈME MOIS

Treize semaines

La vie avec toi s'organise. Je ne me sens pas privée de films, de sorties, de restaurants. Pourtant, avant de t'avoir avec nous, un enfant me semblait une grande contrainte « vu de l'extérieur ». Plus de sorties improvisées, les horaires de siestes à respecter, le bain à donner, les couches à changer avec tout le côté rebutant que j'imaginais. Les contraintes me semblaient fort nombreuses. Je n'avais pas inclus un élément clé dans ce raisonnement : l'attachement. Cet attachement vibrant et vivant qui me relie à toi ne me donne pas envie de m'éloigner de toi longtemps et transforme en un vrai plaisir l'heure du bain ou des changes. Cet attachement m'aide à faire le deuil de cette période qui n'est plus, car tu es là. Oui, ma vie a changé. Mais j'aime ma nouvelle vie avec toi. Sans regrets.

Je réalise qu'un enfant n'arrête vraiment pas la vie. Assez vite, quand tu as trois mois, nous partons en vacances. Tu nous accompagnes dans de grandes promenades, au chaud contre nous dans le sac kangourou. Bien sûr, nous respectons tes siestes et tes horaires de tétées. Nous t'emmenons également au restaurant ou chez des amis.

Tu n'arrêtes pas la vie, mais tu donnes un nouvel ordre dans les priorités. Nous avons un nouveau regard sur notre vie, sur ce qui nous semble toujours important ou au contraire ce qui nous semble maintenant futile. Le temps prend lui aussi une autre valeur. J'avais parfois l'impression d'en manquer. Aujourd'hui, je me demande ce que je pouvais bien faire de tout le temps dont je disposais, quand je constate tout ce que j'arrive à faire dans une même journée.

Tu commences à saisir des objets et à te retourner sur le ventre. Tu découvres progressivement ton corps: tu regardes maintenant inlassablement tes mains s'agiter devant tes yeux. Tu observes attentivement ce qui t'entoure et sembles très curieuse d'explorer le monde. Je suis ravie de t'accompagner dans cette découverte et redécouvre mon propre regard d'enfant. Je te montre le jardin, les fleurs, les animaux, le beau temps. J'apprends comme toi à m'émerveiller de mon environnement et à accueillir les bonnes choses pour les partager avec toi.

❧ Quatorze semaines.

J'ai le sentiment de faire du mieux que je peux en tant que mère. Cela ne t'empêche pas d'avoir parfois des pleurs intenses qui semblent exprimer un grand désarroi. Je vois bien qu'il y a une différence entre ce que je dis, ce que je fais et ce que tu reçois, comprends, interprètes (42) (43). Je ne suis pas dans ta tête et n'ai pas accès à la façon dont tu vis ou ressens les moments que tu vis avec moi. Ce n'est pas parce que je t'aime et que je fais du mieux possible que tu n'éprouves rien. Je me rends compte qu'il est vain de me laisser assaillir par la culpabilité – même si c'est un sentiment tenace ! – sur ma façon d'être mère. Car je ne peux être pleinement responsable de ce que tu vis et de ce que tu vas devenir de ton histoire avec moi. J'apprends à accepter que je suis cette mère-là, une mère en évolution, avec mes limites et les prises de conscience qui sont les miennes à cet instant de ma vie. Je sais aussi qu'il n'est jamais trop tard pour te parler, sans culpabilité, de mes limites et de mes impuissances qui ont pu, à un moment, te faire souffrir. Je te fais confiance, toi, ma fille, pour trouver les ressources en toi.

Certes, j'ai acquis des connaissances sur « les bébés ». Mais aucun livre ne pourra me permettre de te connaître toi, avec ta personnalité. Je ne fais pas de chaque geste ou réaction une action réfléchie et pesée. Je laisse une grande part à la spontanéité, à l'émotion et à l'intuition.

Il n'y a pas de mode d'emploi applicable à tous les bébés. Les enfants et les parents sont tous deux uniques et ont une histoire individuelle qui leur est propre. Ils doivent inventer des repères pour s'adapter l'un à l'autre et créer un ensemble harmonieux qui leur est personnel.

Te découvrir est un émerveillement quotidien. Combien de fois je me sens émue aux larmes en t'observant. Tu es capable de prendre cinq minutes à observer et à essayer d'attraper un grain de riz posé sur ton doigt. Tu transformes un moment simple en un miracle d'émotion. Tu emplis notre vie. Etre avec toi est une quête et une recherche permanente. Tout se réécrit et se complète quotidiennement. Tu m'apprends aussi beaucoup. J'aborde chaque nouveau jour comme une rencontre avec toi. Je t'aime.

L'amour que j'éprouve pour ton père est différent. J'ai le sentiment de découvrir un nouveau sentiment que je ne connaissais pas avant : l'amour pour mon enfant. Il s'agit réellement d'une autre forme d'amour, nouvelle pour moi.

Tu es la multiplication de l'amour. Les gens qui te sont proches en éprouvent plus par le fait de ta présence : nous, tes parents bien sûr, mais également tes grands-parents, tes oncles et tes tantes.

Nous avons le sentiment de découvrir une petite fille qui vit avec nous mais qui n'est pas à nous. Tu viens de nous, sans notre rencontre et notre désir tu ne serais pas sur terre. Tu es là, toi, parce que c'était ce moment-là. Nous sommes profondément heureux que ce soit toi qui sois née dans notre famille. J'ai le sentiment que mon rôle est de t'accompagner dans cette grande aventure qu'est ta vie. J'ai très envie de faire ce long bout de chemin avec toi, mon petit, mon tout petit.

Index

Bibliographie

(1) Monique Bydlowski, *La dette de vie*, PUF, 1997.

(2) Docteur Claude Imbert, *L'avenir se joue avant la naissance, Prévenir et guérir pour le changer*, Édition Visualisation Holistique, 1998.

(3) Dominique Simonnet, *Bébé, mode d'emploi, Pour mieux comprendre son petit d'homme*, Seuil, 2000.

(4) Barbara Nees-Delaval, *Guide des Jeunes Parents*, Chantecler

(5) Annaëlle Chimoni, *Le livre d'Annaëlle*, Préface du grand Rabbin de France, Éditions du Rocher, 2000.

(6) Anne Givaudan et Daniel Meurois, *Les neuf marches, Histoire de naître et de renaître*, Éditions S.O.I.S., 1999.

(7) T. Berry Brazelton et Bertrand Cramer, *Les premiers liens, L'attachement parents-bébé vu par un pédiatre et un psychiatre*, Stock/Laurence Pernoud, Calman. Lévy, 1991

(8) Catherine Bergeret-Amselek, *Le mystère des mères*, Desclée de Brouwer, 1998.

(9) Professeur Jean-Pierre Relier, *L'aimer avant qu'il naisse, le lien mère-enfant avant la naissance*, Réponses/ Robert Laffont, 1993.

(10) Ian Wilson, *Enquête aux frontières de la mort*, Éditions Éxergue, 1998.

(11) Frédérick Leboyer, *Pour une naissance sans violence*, Seuil, 1980.

(12) Myriam Szejer, *Des mots pour naître, l'écoute psychanalytique en maternité*, Gallimard, 1997.

(13) *Le Nouvel Observateur* Hors série, *Le bébé cet inconnu*, N° 37.

(14) Boris Cyrulnik, *Sous le signe du lien. Une histoire naturelle de l'attachement.* Réédition, collection Pluriel, 1997.

(15) Docteur Marie Thirion, *Les compétences du nouveau-né. Tout savoir sur l'éveil à la vie*. J'ai lu. Bien-être. Nouvelle édition 1994.

(16) M.D. Linder et C. Maupas, *L'allaitement de mon enfant, Clés pour un allaitement épanoui*, Éditions Hachette, 2000.

(17) Joëlle Cukier, *Allaiter ou le bonheur d'aimer*, Londreys.

(18) Dr Élisabeth Rousseau, *J'allaite mon enfant*, Opuscule.

(19) Ligue La Leche, BP 18, 78 620 L'Étang-la-Ville

(20) *Notre Dame de Paris*, comédie musicale de Luc Plamondon et Richard Cocciante, 1997.

(21) Ashley Montagu, *La peau et le toucher, Un premier langage*, Seuil, 1979.

(22) Michel Odent, *L'amour scientifié, Les mécanismes de l'amour*, Éditions Jouvence, 2001.

(23) Magazine *Famili*, N° 72, février 1999.

(24) Magazine *Parents*, août 1998.

(25) Suzanne B. Robert Ouvray, *Enfant abusé, enfant médusé*, Desclée de Brouwer, 1998.

(26) Dr Aletha Solter, *Mon bébé comprend tout*, Marabout, 1998.

(27) Hetty van de Rijt, Frans X. Plooij, *Pourquoi pleurent-ils ? Comprendre le développement de l'enfant, de la naissance à 1 an*, Bibliothèque de la famille/Albin Michel, 1997.

(28) Alice Miller, *C'est pour ton bien, Racine de la violence dans l'éducation de l'enfant*, Aubier, 1984.

(29) Nina Canault, *Comment paye-t-on les fautes de nos ancêtres*, Desclée de Brouwer, 1999

(30) Tim Guénard, *Plus fort que la haine. Une enfance meurtrie : de l'horreur au pardon*, Éditions J'ai Lu, 2000.

(31) D'après une formation à la méthode E.S.P.E.R.E. de Jacques Salomé, auteur de *Le courage d'être soi*, Les Éditions du Relié et *Pour ne plus vivre sur la planète TAIRE, Une méthode pour mieux communiquer*, Édition Albin Michel, 1998.

(32) Magazine *Psychologie*, N° 185, avril 2000.

(33) Dr Aletha Solter, *Pleurs et colères des enfants et des bébés, une approche révolutionnaire*, Éditions Jouvence, 1999.

(34) Dr Aletha Solter, *Comprendre les Besoins de votre enfant, de 2 à 8 ans*, Marabout.

(35) Christiane Olivier, *Filles d'Ève, Psychologie et sexualité féminines*, Denoël, 1992

(36) Guy Corneau, *Père manquant, fils manqué, Que sont les hommes devenus?* Les éditions de l'homme, 1989.

(37) Dr Fitzhugh Dodson, *Tout se joue avant 6 ans*, Marabout, 1970.

(38) Docteur Paul Dennison, *Kinésiologie pour enfants*, Le souffle d'or

(39) Sylvie Simon, *Vaccination, l'overdose*, Déjà, 1999

(40) Monsieur Fluchaire, *La révolution du sommeil*, Laffont.

(41) Suzannah Olivier, *Comment bien nourrir mon bébé? De la naissance à 2 ans, un guide complet pour une alimentation saine et équilibrée*, Gründ,

(42) Éric Salmond, *ABC de l'ennéagramme*, Éditions Grancher, 2000.

(43) Helen Palmer, *L'ennéagramme*, Éditions Vivez Soleil, 1995.

(44) Caroline Éliacheff, *À corps et à cris, Être psychanalyste avec les tout-petits*, Éditions Odile Jacob, 1993.

(45) Bernard Martino, *Le bébé est une personne*, Éditions Balland, 1985.

(46) Thomas D'Ansembourg, *Cessez d'être gentils, soyez vrai, Être avec les autres en restant soi-même*, Les éditions de l'Homme, 2002.

(47) John Gray, *Les enfants viennent du paradis, Les comprendre pour mieux les élever*, J'ai lu, 1999.

(48) Anne Ray-Wendling, *Un soleil trop tard, au-delà de la mort*, Éditions du Rocher, 1998.

(49) Marie-Odile Brêthes, *Le dessin guérisseur*, Éditions Oriane.

(50) Chantal Birman, *Au monde, Ce qu'accoucher veut dire. Une sage-femme raconte…*, Éditions de La Martinière, 2003.

(51) Isabelle Filliozat, *Au cœur des émotions de l'enfant : comprendre son langage, ses rires et ses pleurs*, Marabout, 2001.

TABLE DES MATIÈRES

Pendant la grossesse, le nombre de semaines correspond à l'âge du fœtus, donc aux semaines écoulées depuis la fécondation. Il faut ajouter deux semaines pour avoir le nombre de semaines d'aménorrhée.

Premier trimestre :

Remerciements

Je tiens à remercier du fond du cœur Aliette, sans qui ce livre n'existerait tout simplement pas. C'est grâce à elle si je vis aussi pleinement ma maternité.

Je remercie Chloé, source d'inspiration et d'amour inépuisable. Petite fille à la joie de vivre communicative.

J'ai une pensée émue pour Marion, qui a rejoint la famille et m'en apprend à nouveau sur la maternité. Je te découvre chaque jour avec émotion.

Je remercie Guillaume, pour son amour et son soutien permanent et généreux.

Très grande gratitude à Claude Imbert qui m'a tant appris. Merci de t'avoir rencontrée.

Grand merci à Bernadette pour le chemin que nous avons fait ensemble.

Merci à Jean-Pierre Relier pour la qualité et la richesse de nos échanges.

Pensée sincère pour Marie-Odile qui m'a à nouveau fait grandir.

Merci aux personnes qui ont accepté d'être mes premiers lecteurs pour leurs commentaires constructifs et encourageants.

Je remercie mes parents de m'avoir donné la vie.

Je remercie Tiphaine, sage-femme, pour la qualité de sa préparation à l'accouchement et Aude, sage-femme également, pour m'avoir merveilleusement accompagnée lors de mon second accouchement.

Je souhaite également remercier les auteurs des ouvrages cités dans la bibliographie pour leurs travaux, sur lesquels je me suis appuyée.

Je remercie infiniment les femmes enceintes et les jeunes mamans que j'accompagne en séances, qui ont contribué à enrichir ce livre.

Achevé d'imprimer en octobre 2005
sur les presses de la Nouvelle Imprimerie Laballery
58500 Clamecy
Dépôt légal : octobre 2005
Numéro d'impression : 509085

Imprimé en France